カラー百科◎見る・知る・読む

能舞台の世界

［編集］
小林保治
表きよし

［写真監修］
石田　裕

勉誠出版

はじめに

能は仮面歌舞劇であり、様々な演目があるが、大まかに言えば、それらは、天地の神々が国土人間を祝福する祝言の歌舞、戦いに参加した老若の武士たちの悲哀の歌舞、天女や草木の精や品格高い女性美の讃歌の歌舞、人生の愛憎や別離や執着のドラマである歌舞や史的事件の人間劇である歌舞、雷神や天狗や獅子等、霊界の神々が神威を発現する歌舞、等々ということになる。

こうした能は、平安時代の文語と鎌倉時代の口語で書かれている古典劇である。一方、能と共に演じられる狂言は、稀にしか仮面を用いない、歌舞を含む滑稽な対話劇であり、世俗的人間性を掘り下げてみせる心理劇である。現代語のルーツとされる室町時代の口語で演じられるが、台本の整備された江戸初期の口語をも反映している古典的現代劇である。

そのような歌舞劇や対話劇が繰り広げられる場である「能舞台・能楽堂」を、試みに「主人公」として取り上げて、丁寧にみつめてみようというのが本書である。能・狂言に関する書物はおびただしく刊行されているが、能舞台を主役に据えた本はこれまで皆無なのである。

事新しく言うまでもないことだが、能舞台とは能楽師にとっては技を鍛え演技を披露する場、観客と出会う緊張と勝負の場所であり、観客にとっては能楽師を媒介として能・狂言と出会う場、能楽師との運命的な出会いを遂げる鑑賞と感動の場所である。

「能舞台は時間空間を過去にさかのぼらせるタイムマシーンだ」という名言を吐いたのは、柳沢新治氏である。旅人や勅使《ちょくし》や船頭や漁師のような現実界の人間であるワキ（脇役の役者）のいる空間が、橋掛りの奥の揚幕《あげまく》の背後から過去の時空や異界的時空を背負って現れたシテ（主役の役者）がワキと言葉を交わした直後から、たちまちにこの世ならぬ時空に一転されてしまうという詐術的転換《さじゅつてき》の不思議、観客の心をわれ知らず異界や過去の次元に引き込んで実見者《じっけんしゃ》にしてしまうという能舞台の魔術性というものを見事に言い当てている。

実はそれより以前、鏡の間で能面をつけた瞬間からシテの心は現実界から離れて能面的人格に移行している。能面の外の現実界とは異なる能面の内なる別世界に、着《つ》けている能面の表わす心を心としてシテは存立している。シテの周《まわ》りには、能面の表わす心を体現するシテの芸力の磁場が拡がっている。現実界の存在であるワキは、その磁場に引き込まれ、過去の時空や異界的時空の実見者となり、観客もまたそれに続くのだ。その磁場の拡がりを効果的に助長する構造を持つ場、それこそが能舞台・能楽堂なのである。

本書の内容は、第一部において、能舞台・能楽堂の多様な様態を能楽史家、建築家、さらには日本画家の知見の上に探求し、第二部においては、写真家の写し撮った斬新な映像に適任者による小史的な物語を添えて、その存在の実態を浮かび上がらせようというものである。

それによって、本書は、能楽堂というものの魅力ある記録であると共に能舞台・能楽堂の正確な群像の記録であることを目指している。

小林保治

二〇一七年十一月

◎第一部

能舞台の誕生と歴史

能舞台の変遷……表きよし…2

能楽堂の空間構成とデザイン……奥冨利幸…14

図面から読む能楽堂……大江新…28

◇鏡板をめぐる周辺

能舞台の鏡板……松野秀世…51

鏡板の松……松野奏風…57

鏡板　洛中洛外……松野秀世…70

奏風　秀世記念　松野藝文館――能楽への思いを受け継いで……長谷川三香…92

能舞台細見――入れ子式能楽堂を例として……小林保治…96

◎第二部

全国能楽堂・能舞台案内

◆東京都

観世、銀座に還る
二十五世観世左近記念 観世能楽堂……観世清和…106
［能楽堂追想］……観世能楽堂（松濤）……野村四郎…110
［能楽堂追想］……観昭会館能舞台回想……松田存…114

能楽の継承・普及・発展を担う拠点
国立能楽堂……表きよし…116

岩倉具視ゆかりの近代初の野外舞台
靖国神社能楽堂……小林保治…120

焼失・再建を繰り返した不屈の能舞台
宝生能楽堂……宝生和英…124

喜多流の芸風を象徴する鏡板の松
十四世喜多六平太記念能楽堂……塩津哲生…128

謡・仕舞の学校の中に作られた舞台
梅若能楽学院会館……表きよし…132
流行を先取りする街で伝統文化を守る
銕仙会能楽研修所舞台……表きよし（監修・九世観世銕之丞）…136
神楽坂近く、後方に座敷席を残す古風な造り
矢来能楽堂……観世喜正…140
万三郎家一門の本格的な稽古舞台
梅若万三郎家能舞台……三上紀史（監修・三世梅若万三郎）…144
邸宅に粛然と寄り添う温和な舞台
代々木能舞台……浅見真高…148
山本東次郎家の狂言に磨きをかける空間
杉並能楽堂……表きよし…152
ホテルの地下、料亭に隣接する舞台
セルリアンタワー能楽堂…156
［能楽堂追想］……銀座能楽堂……大江新…158
◆神奈川県
加賀文化の残香、明治の華奢な舞台
横浜能楽堂……中村雅之…160

［エッセイ］……横浜能楽堂誕生秘話……松田存…164

舞台と見所が一体になる空間
川崎能楽堂……北條秀衛…166

観客目線に合わせた座敷舞台の形式
鎌倉能舞台……中森貫太…170

［コラム］……仮設能舞台【二】…173

自然の中に平福百穂の鏡板が映える
宮越記念　久良岐能舞台……鍋嶋敏夫…174

◆埼玉県

宮大工の技が冴える対置式能楽堂
日本文化伝承の館　こしがや能楽堂……小林保治…178

◆京都府

現存最古を誇る国宝の北舞台など
西本願寺の能舞台……石黒吉次郎…182

親鸞の御遠忌に開場した明治の舞台
東本願寺能舞台……石黒吉次郎…186

京都の誇り、堂本印象の鏡板
京都観世会館……青木道喜……190

二階にも御簾席をもつ、雅な見所
金剛能楽堂……金剛永謹……194

明治・大正期の姿を伝える稀有な舞台
大江能楽堂……大江又三郎……198

その昔の花の御所の一隅に建つ舞台
河村能舞台……味方健……202

〔エッセイ〕……河村能舞台の思い出……河村晴道……204

〔能楽堂追想〕……関西セミナーハウス能舞台……天野文雄……206

〔コラム〕……仮設能舞台【二】……209

◆奈良県

春日野にある奈良初の椅子席舞台
奈良春日野国際フォーラム 甍 能楽ホール……金春安明……210

〔コラム〕……橋掛り……213

◆大阪府
柱が取り外せる先見的舞台
大阪能楽会館……小林保治（監修・大西智久）…214
〔コラム〕……虫干し…219
斬新な自主公演・セミナーを開催
大槻能楽堂……大槻文藏…220
社交場の再生。開かれた能楽堂を目指す
山本能楽堂……山本章弘…224
大阪府内最古・随一の風格を誇る舞台
住吉神社能舞台……澤木政輝…228
〔コラム〕……脇鏡板…233
◆兵庫県
楠公に演能を捧げる観阿弥父子の神殿
湊川神社神能殿……大山範子…234
篠山藩主の寄進、江戸城能舞台の写し
篠山春日神社能楽殿……中西薫…238

◆滋賀県
市民に親しまれ、三井寺の旧境内に建つ
大津市伝統芸能会館……澤木政輝…242

◆石川県
室町期からの加賀の能文化を伝える
石川県立能楽堂……児玉信…246
［能楽堂追想］……金沢能楽堂……佐野由於…250

◆新潟県
江戸時代から続く神事能と数多の舞台
佐渡の能舞台……池田哲夫…252
庭園を背景とする演出も可能
りゅーとぴあ新潟市民芸術文化会館……池田哲夫…260
［コラム］……後座…263

◆静岡県
五流による演能と伝統芸能普及の場
MOA美術館能楽堂……高見輝宏…264

◆愛知県

二種の鏡板をもつ、幅広な舞台

名古屋能楽堂……林和利…268

高層ビル内にある卓抜な和の空間

豊田市能楽堂……柳沢新治…272

ギリシャ円形劇場風の観客席

岡崎城二の丸能楽堂……小林保治…276

◆山梨県

信玄公の古図から復元された能舞台

甲陽舞能殿……佐々木高仁…280

［コラム］……伊豆・修善寺の旅館あさばの能舞台「月桂殿」…283

能装束が水に映る秀抜な景観

身曾岐神社能楽殿……増田正造…284

◆岩手県

伊達慶邦の寄進、江戸末期の能舞台

中尊寺鎮守　白山神社能楽殿……小林保治…288

◆秋田県
風や雲が共演する開放感溢れる舞台
まほろば唐松中世の館　唐松城能楽殿……石田裕…292

◆宮城県
城下町に建つ、東北屈指の本格舞台
古典芸能伝承の館　碧水園能楽堂……佐々木多門…294

竹林と松林に囲まれた美しい舞台
伝統芸能伝承館　森舞台……小林保治…298

◆山形県
黒川に根付く、貴重な「能」文化
黒川春日神社能舞台……奥山けい子…302

◆広島県
福山藩士の子孫一家の営む個人舞台
喜多流大島能楽堂……大島衣恵…306

海中に建つ毛利元就ゆかりの舞台
厳島神社能舞台……出雲康雅…310

収納可能な珍しい移動式能舞台
アステールプラザ能舞台……粟谷明生…314

［コラム］……能舞台の模型【万延元年再建江戸城本丸能舞台模型】…317

◆山口県
浄財で再生した中国地方屈指の本格舞台
野田神社能楽堂……小林責…318

◆高知県
長宗我部・山内氏に繋がる土佐の舞台
高知県立美術館能舞台……福島尚…322
［コラム］……能舞台の模型【金沢能楽美術館の模型】…325

◆福岡県
九州の能楽の発展を支え続ける拠点
大濠公園能楽堂……表きよし…326

あとがき…329
協力者一覧…330

凡例

本書は、能舞台・能楽堂の歴史と構造を概説した第一部と、約五十余の能舞台・能楽堂の写真と文による紹介である第二部とからなる。

第二部の配列は、能舞台・能楽堂の集中度の高い首都圏および関東と、京阪・畿内の所在舞台を先に置き、それらに続けて、中部、東北、中国、四国、九州の順に配した。

一、第二部で掲載した写真は、原則として石田が担当した。その場合、キャプションの記名は割愛した。また、各地で活躍する能楽写真家や能楽堂・能舞台にもご協力いただいた。

一、現役の施設とは別に、すでに使用されなくなった能舞台・能楽堂についても若干を取り上げ、思い出の施設として紹介文を掲載するとともに、現役の施設についての逸話を補説として掲げた。

一、また、能舞台・能楽堂の多面的な理解を進める見地から、コラムを設け、執筆には小林が担当した。

第一部

能舞台の誕生と歴史

能舞台の変遷

表きよし

能・狂言を演じるためには役者が動き回れる空間が必要であり、その演技を楽しんでもらうためには観客の居場所も必要である。今日では各地に能楽堂という能専用の劇場が作られ、その劇場の中に能舞台と見所（観客席）が収められている。能楽堂がない地域でも、立派なホール（市民会館や文化会館など）のある市町村が増えているので、ホールの舞台上に能舞台を仮設することで能を楽しむ機会を持てるようになった。春から秋にかけては寺社の境内や公園など屋外に舞台を設けて夜間に行なう薪能が催されるが、これは例外的なもので、能・狂言と言えば屋内で演じられるものというのが一般認識であろう。

しかし、能が誕生した時から能楽堂があったわけではない。能が屋内で演じられるのが当たり前になったのは明治時代以後であり、長い能の歴史から見れば、ごく最近のことに過ぎない。明治時代になるまでは能は屋外で演じられることのほうが多く、舞台も仮設舞台から常設舞台へと時間をかけて変化していった。能が成長・発展した室町時代の能舞台に関する資料は乏しく、その変化を詳細に把握することは困難であるが、ここでは能舞台がどのような変遷を遂げてきたかを見ていくことにしたい。

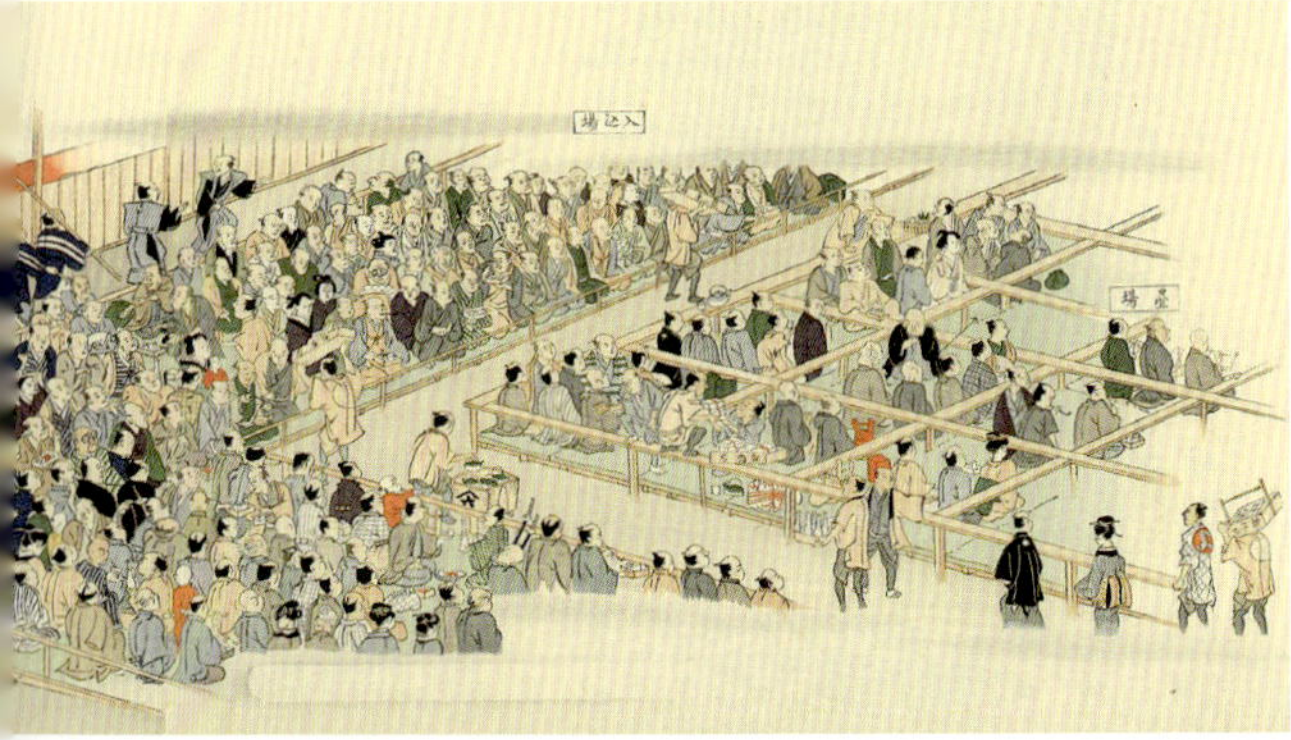

寳生勧進能絵巻「畳場入込場之図」◉早稲田大学図書館蔵

世阿弥時代の能舞台

室町前期に活躍した世阿弥《ぜあみ》の時代には、寺社の祭礼での能、貴顕の邸宅での能、河原や広場での**勧進能**《かんじんのう》などが催されていた。能の先祖である猿楽《さるがく》は、鎌倉時代になると寺社と結びついて**翁猿楽**を演じるようになり、やがて劇形態の芸である能や狂言を生み出した。能は早くから寺社と結びついており、寺社の祭礼で「翁」や能を演じるのは役者にとって最も重要な仕事だった。世阿弥や父の観阿弥《かんあみ》は、奈良の興福寺や多武峰寺《とうのみねじ》に参勤している。興福寺で二月に行なわれた**薪猿楽**《たきぎさるがく》では、南大門、春日若宮社頭、一条院や大乗院など、さまざまな場所で能が演じられた。もちろん常設の舞台があるわけではなく、演じる場に応じていろいろなパターンの舞台が設けられたらしい。南大門での能が芝の上で演じられたように、必ずしも板の上で演じられるとは限らなかったのである。

世阿弥は『風姿花伝《ふうしかでん》』など多くの伝書を遺したが、残念なことに能舞台に関する記述は大変少ない。そんな中で、世阿弥の折々の発言を息子の元能《もとよし》が書き留めた『申楽談儀《さるがくだんぎ》』に、勧進能の舞台に関する記事が見られる。勧進能は寄附集めを名目に入場料を徴収して行なわれる催しで、町中の空き地や河原などに舞台を設けて行なわれた。舞台を取り巻くように**桟敷**《さじき》と呼ばれる観客席が設置され、身分の高い人は桟敷で、一般庶民は舞台と桟敷の間の芝居《しばい》で能を見物した。世阿弥は桟敷について、数は六十二、三間が適当で、舞台を取り囲んだ桟敷の中央に舞台を設けるのがよいと述べている。今日では舞台後方に

勧進能◉寄付集めを名目として観覧料を徴収して行われる能・狂言の催し。寺社の修復や橋の再建などの名目が多かった。

翁猿楽◉劇形態である能が成立する以前から演じられていた祝祷的な芸。翁と三番叟が順番に登場して舞を舞う。古くは父尉・延命冠者も登場した。

薪猿楽◉奈良興福寺の修二会に付随する神事猿楽。観世・宝生・金春・金剛の四座が参勤の義務を負っていた。南大門での能や一座ずつが春日若宮社頭で能を演じる御社上りの能、興福寺の寺務を担当する一条院や大乗院での能などがあった。

は鏡板《かがみいた》があってそこに松の絵が描かれているが、世阿弥の時代には鏡板がなく、舞台後方からも能を見ていたことがわかる。また、地謡《じうたい》が座る場所は舞台より少し切り下げて畳を敷き、ワキが座る所には毛氈を敷くとしているので、今日では本舞台に向かって右側にある地謡座もまだ無かったことになる。さらに世阿弥は、能を始める前に舞台をよく点検し、釘が出ているなど危険な所がないかどうか確認するように、とも言っているので、今日の能舞台とはかなり違ったものだったことが知られる。舞台の上には屋根が設けられていたようだが、天候が悪ければ中止・延期になった。舞台と楽屋をつなぐ橋掛《はしがか》りも設けられたものの、橋掛りは舞台の後方に位置していたらしい。勧進能は世阿弥以後も盛んに行なわれ、寛正五年（一四六四）四月に世阿弥の甥の音阿弥《おんあみ》とその子の四世観世大夫又三郎が京都**糺《ただす》河原《がわら》で行なった勧進能図**が遺されているが、この図では橋掛りが舞台後方に描かれている。この図の正確さを疑う説もあるが、橋掛りの位置も舞台を設ける場所に応じて変動したのであろう。

室町後期の能舞台

能が発展して催しが増えるにしたがって、能舞台も仮設から常設へと変化を遂げることになり、形式も次第に整えられていく。

室町後期になると、**御成能《おなりのう》**の記録が見られるようになる。将軍が家臣の邸宅を訪問するのが御成で、主従の結び付きの強さを確認するためのイベントだった。訪問を受ける家

桟敷◉勧進能などの際に設けられる貴人のための観覧席。舞台から少し離れた場所に舞台を取り巻くように設営され、区分けされて将軍や大名などに割り振られた。

糺河原で行なった勧進能図◉寛正五年の糺河原勧進能（勧進猿楽）の舞台については『異本糺河原勧進猿楽記』に図が掲載されている。内閣文庫・尊経閣文庫・観世文庫蔵本の図では橋掛りが舞台後方に延びており、宮内庁書陵部蔵本の舞台図では橋掛りが舞台後方から斜めに延びている。

御成能◉主君が家臣の邸宅を訪問するのが御成で、その際に主君もてなすため上演された能を御成能と言う。臣従関係を確認し、家臣との関係を強化するために御成はしばしば行われた。

臣は、将軍を邸内に迎え入れる門や将軍の居場所となる御殿を新築するなど、準備に莫大な金額をかけた。将軍の滞在中は工夫を凝らした食事でもてなし、能を上演して将軍を楽しませた。

応仁の乱が勃発する前年に当たる文正元年（一四六六）二月二十五日に将軍足利義政が飯尾肥前守之種邸を訪れた時の記録が遺されているが（『飯尾宅御成記』）、それによると**観世座による能十三番**が上演され、大夫又三郎のほかに六十九歳の音阿弥もシテを演じた。舞台に万疋《まんびき》の禄物《ろくもつ》が積まれたと言う。この時の舞台は庭に仮設されたらしいが、将軍をもてなすにふさわしい舞台が作られたのだろう。楽屋は隣接する寺院の建物を借用したとも記されている。邸宅を新築する際には御成を想定して舞台を仮設する場所を確保しておくことが重要だとも言われ、仮設とは言えしっかりした舞台が使われていた様子が窺える。

室町時代から江戸時代にかけて、寺社の中で最も熱心に能に取り組んだのが本願寺だった。京都の西本願寺・東本願寺には今日も能舞台が存在しているが、本願寺では室町時代から布教や法楽《ほうらく》のため、また僧たちの慰労とさまざまな機会に能の催しが行なわれていた。それらの多くは僧たちによって演じられており、下間少進仲孝《しもつましょうしんなかたか》のように玄人を凌ぐ活躍をする者もいた。

その本願寺は様々な場所を転々としたため、それぞれの地でどのような舞台を設けて能を催していたかはわからない部分が多い。ただし、石山本願寺時代については籠谷真智子氏の考察があり（『芸能史のなかの本願寺――能・狂言・茶の湯・花の文化史』）、それによると、もともと説教の聴聞衆《ちょうもんしゅう》を集めるなど布教の手段として能が活用されていたが、証如上人《しょうにょしょうにん》

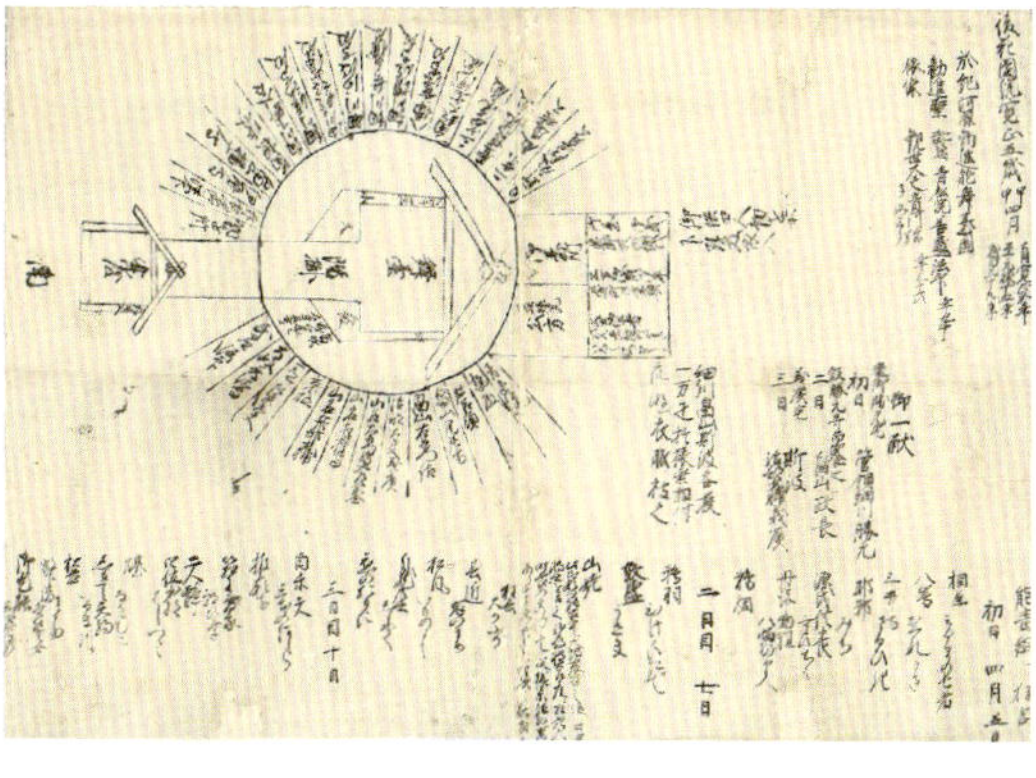

寛正五年糺河原勧進猿楽図◉観世文庫蔵

観世座による能十三番◉この時演じられたのは能〈磯の童・田村・飛鳥川・邯鄲・三輪・籠太鼓・景清・杜若・放下僧・岩船・重荷・猩々・実方〉。このうち〈岩船・実方〉を音阿弥が演じた。ほかは又三郎がシテ。

の頃になると法要の後に法楽能（仏への供養としての能の催し）が多く行なわれるようになった。最初は阿弥陀堂の内部に室内舞台を設けていたが、御堂内での能は柱が邪魔になって見にくい上、観覧できる人数が限られることから、御堂の前の庭に**仮設舞台**が設けられるようになる。さらに法楽能の数が多くなると、仮設ではあるがしばらくの期間設置したままにしておく置舞台が登場するようになる。この後本願寺はまた移転を繰り返すことになるので、屋外常設舞台が登場するのは京都の六条に移ってからになるが、**常設舞台**が設けられるようになる経緯が本願寺の様子からも窺えるのではなかろうか。

豊臣秀吉と能舞台

応仁の乱を契機に戦乱の時代に突入すると、能の催しは漸減して役者は厳しい時期を過ごさなければならなくなった。多くの人に楽しんでもらえる能の作品を作って演じたり、各地で頭角を現した戦国大名を頼ったりと、役者はさまざまな努力で苦境を乗り切ろうとした。そして苦しい状況にあった能を再び繁栄させたのが豊臣秀吉だった。

織田信長の後を受けて全国統一を果たした秀吉は、朝鮮半島への進出を企てた。その拠点となったのが肥前国《ひぜんのくに》（現在の佐賀県）の名護屋城《なごやじょう》である。天正二十年（文禄元年、一五九二）に名護屋城に滞在して戦況を見守っていた秀吉は、名護屋城を訪れた**暮松新九郎**《くれまつしんくろう》（金春系の素人役者）に能を習い始め、能にのめりこんでいく。『太閤記《たいこうき》』によると、秀吉は山里丸で稽古に励んだ。山里丸《やまざとまる》は城の域内に設けられた区画で、その名の通り山里を思わ

仮設舞台◉能の催しを行うにあたり設けられる能舞台。催しが終われば撤去される。

常設舞台◉長く使用するためにしっかりした構造で設けられた能舞台。

暮松新九郎◉京都府乙訓郡大山崎町にある離宮八幡宮の神職で、金春座系の素人役者だった。

十二番の能と狂言一番◉秀吉は禁中能の初日（十月五日）に能〈弓八幡・芭蕉・皇帝・三輪〉、二日目（十月七日）に能〈老松・定家・大会〉と狂言〈耳引〉、三日目（十月十一日）に能〈呉服・田村・松風・杜若・金札〉を演じた。狂言〈耳引〉は現在の〈口真似〉か〈井杭〉ではないかと推測されている。

大和猿楽四座◉大和国（奈良県）を本拠地として発展した観世座・宝生座・金春座・金剛座。

せるような庭園を指す。そこに舞台を設けて稽古したらしい。能を十番覚えたことを大坂にいた妻の寧々に知らせる手紙も遺されている。文禄二年には役者を名護屋に呼び寄せて演能させているので、名護屋城にはしっかりした常設舞台があったのだろう。

文禄二年八月に豊臣秀頼が生まれたため大坂に戻った秀吉は、自身の演じる能を皇族や貴族に見せようと考え、十月五日・七日・十一日の三日間、盛大な禁中能を催した。秀吉は**十二番の能と狂言一番**を演じたが、秀吉のほかにも徳川家康・前田利家・細川忠興など多くの武将が出演した催しだった。この催しの舞台は紫宸殿の前庭に設けられ、広さは二間四方で、後陽成天皇や貴族たちは紫宸殿《ししんでん》から能を見物した。秀吉の楽屋はかなり広いスペースが取られていたらしい。

秀吉は**大和《やまと》猿楽《さるがく》四座**に配当米を支給するという保護政策を実施したので、大坂城などで盛んに演能が行なわれた。また秀吉も家臣の邸宅への御成を盛んに行なったので、常設・仮設の舞台があちらこちらに設けられた。広島県福山市の沼名前神社にある能舞台は伏見城から移築されたものだが、材料に番号が付けられているので本来は組立・解体が可能な**移動式舞台**だったと見る説もある。行く先々で能が見られるようにとの秀吉の思いが反映されているかもしれない。能が繁栄した秀吉の時代に、能舞台の様式が整えられていったと考えられる。本願寺の**下間少進が遺した伝書の舞台図**からは、後座が設けられて橋掛りが後座の左横奥に付く形に進化していく様子が窺える。地謡座が登場するのは江戸時代に入ってからになるが、秀吉の能楽愛好は能舞台にも大きな影響を及ぼしたと言えよう。

移動式舞台◉出かけた先で能が演じられるようにするため、組み立てと解体が容易にできるよう工夫された舞台。

下間少進が遺した伝書の舞台図◉下間少進が慶長元年（一五九六）にまとめた伝書『舞台之図』は、各丁に本舞台・後座・橋掛りの図を描き、作り物の置き場所を示している。

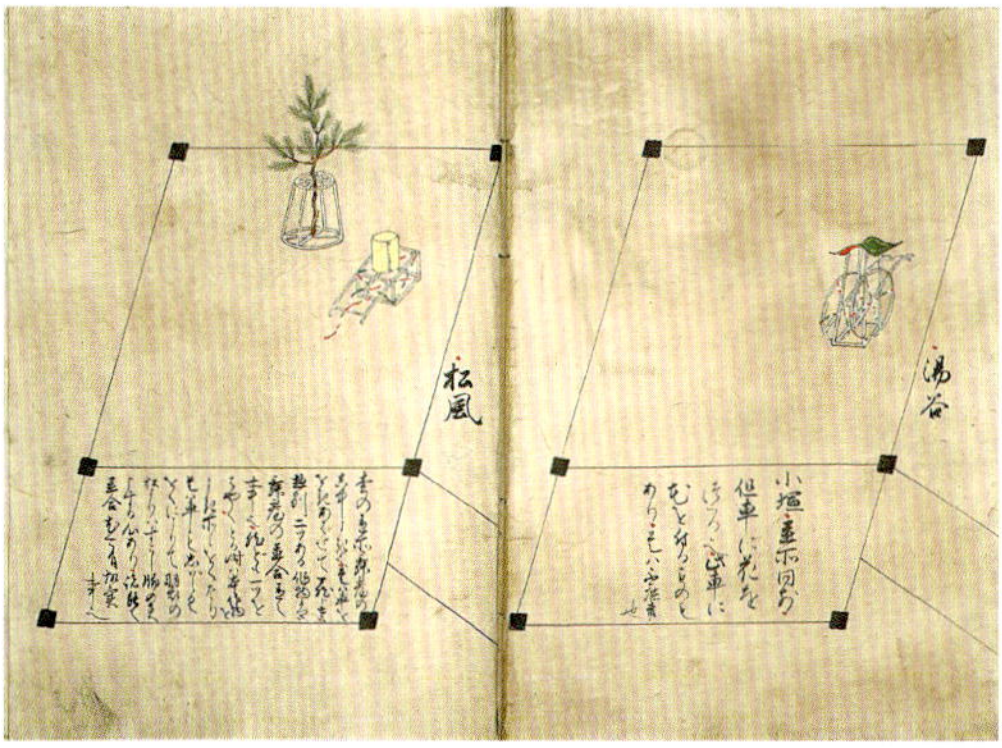

舞台之図◉法政大学鴻山文庫蔵

徳川将軍と能舞台

江戸に幕府を開いた徳川家康は少年期から能に親しみ、若い時から観世大夫とつながりを持つ能好きだった。秀吉が主催した文禄二年の**禁中能では能二番と狂言一番**を舞っている。家康は秀吉の能役者保護政策を踏襲し、能は**幕府の式楽**（公式芸能）に位置付けられた。幕府は機会あるごとに能の催しを行なったので、江戸城には常に複数の常設能舞台が設けられていた。

将軍の拠点である江戸城本丸は、表・中奥《なかおく》・大奥《おおおく》という三つの区域に分けられていたが、このうち表と中奥には屋外常設舞台があった。表は儀式を行なったり役人が執務を行なったりする区域で、能舞台は大広間の前庭に存在した。将軍宣下《せんげ》祝賀能、将軍の婚礼祝賀能や病気平癒祝賀能などのお祝いの催しや、公家衆《くげしゅう》饗応能《きょうおうのう》や日光門跡《もんぜき》饗応能といったもてなしの催しなどがこの舞台で行なわれ、江戸にいた大名も見物を命じられた。

中奥は将軍が日常生活を送る区域で、公務に励んだり、教養を磨いたり、趣味の時間を過ごしたりした。中奥の常設舞台は建物に囲まれるように設置されており、将軍の私的な催しや能の稽古などに用いられた。歴代の徳川将軍は嗜みとして能の稽古を行なっており、観世大夫や宝生大夫が指南役として指導を担当した。

将軍によって能への熱の入れ方は様々だったが、五代綱吉や六代家宣が能に熱中したことはよく知られている。十二代家慶も能好きな将軍で、公務が一段落すると中奥への人の

禁中能では能二番と狂言一番◉家康は禁中能で初日（十月五日）に能〈野宮〉、二日目（十月七日）に狂言〈耳引〉、三日目（十月十一日）に能〈雲林院〉を演じている。

幕府の式楽◉式楽は儀式に用いられる音楽や舞踊のこと。江戸幕府は四座の役者を召し抱えたので、能は幕府の式楽だったと言われる。

出入りを制限して能の稽古に励んだ。親戚や嫁いだ娘などが訪ねてくると、中奥の舞台で能や舞囃子を行なってもてなした。家慶自身が舞うこともあり、自分の芸を見せる機会を楽しみに待っていたようにも見える。

本丸のみならず、将軍の世子（後継者）や将軍を引退した大御所が居住した西丸にも能舞台が設けられ、将軍を招いての催しが行なわれたので、江戸城では能舞台は欠かせない存在だったことがわかる。

江戸時代の大名と能舞台

幕府が能に力を入れたので、諸藩も幕府に倣って積極的に能に取り組んだ。各地に作られた城には能舞台が設けられ、祝賀能や慰労の能が行なわれた。能を演じるには役者が必要だが、経済的によほど豊かな藩でないと、すべての役者を召し抱えることは困難だった。加賀藩のように、金沢だけでなく江戸や京都にもお抱え役者がいて、将軍の好みに合わせるため**複数の流派の役者を抱えた藩**もあるが、これは特別なケースであり、役者を召し抱えていても数人だけで、家臣が芸を学んで役者を兼ねるのが普通だった。参勤交代で江戸にいる時にプロの役者から稽古を受けたり、数年間江戸に滞在して修業を積んだりすることもあった。諸藩は経済力に応じて、能への取り組みを工夫したのである。

大名は参勤交代のため江戸に滞在している期間が長かった。そのため、江戸での住まいでもあり事務所でもあった藩邸に能舞台を設け、能に取り組んだ藩もあった。**藩邸の能舞台**

複数の流派の役者を抱えた藩◉加賀藩は宝生と金春の二流の役者を抱えていたが、ほかにも尾張藩は観世・宝生・金春・金剛、紀伊藩は観世と喜多、仙台藩は金春と喜多の役者を抱えていた。

藩邸の能舞台◉江戸の藩邸の見取り図が残されている福井藩や延岡藩などは、藩邸に常設の能舞台が設けられていたことがわかる。

では大名自身や家臣の慰労のための催しもあったが、他の大名を招いての社交の場としての催しや、将軍御成や老中招請《しょうせい》の際のもてなしの催しも行なわれた。すべての藩が藩邸に能舞台を設けたわけではないが、大名が能を好んだ藩では頻繁に催しが行なわれ、藩邸の舞台が大いに活躍したのである。例えば、岡山藩は二代藩主池田綱政の時代に盛んに演能が行なわれ、藩邸での能の催しは元禄九年（一六九六）には月平均七・一回だったという（西脇藍『岡山藩主池田綱政と能』）。綱政自身がシテを演じることも多かった。

岡山藩の記録を見ると、私的な催しである藩主の慰み能の時もさまざまな大名が見物に訪れている。岡山藩は喜多流を採用していたが、同じく喜多流を採用する藩の大名たちは、自分の藩で催しを頻繁に行なうのは大変なため、岡山藩邸での能を見物して能を学ぶこともあった。肥後国人吉藩の大名である相良《さがら》頼喬《よりたか》は、家臣とともに岡山藩邸での能を見物して演じ方を家臣に記録させている。頼喬自身が岡山藩邸の舞台で稽古のため能を演じた記録もあり、他の藩でも岡山藩邸での能にお抱え役者を出演させてもらっているので、岡山藩邸の能舞台は、能のトレーニングセンターとしての役割も果たしていたことになる。能舞台は藩の交流に大いに貢献していたのである。

江戸時代の庶民と能舞台

城の中に設けられた舞台は、庶民には縁遠いものだったが、ここで能を見る機会がまったくなかったわけではない。その機会の一つが町入能だった。江戸城では、将軍宣下祝賀

寺社の境内に常設舞台◉本書でもいくつかの舞台を取り上げているが、祭礼の際に能を演じた寺社では屋外に常設舞台を設けることが多かった。普段は能に接する機会の少ない庶民も、こうした機会に能を楽しんだ。

能など盛大な能の催しに町人を招いて参観させた。約五千人の町人が午前組と午後組に分けられ、町ごとに割り振られた人数が名主に引率されて城内に入り、舞台前の白洲に座って能を見物した。三番目の能が終了した中入りの際に午前組と午後組が交替し、それぞれ入場する際には降雨に備えた傘を、退場する時には銭一貫文と菓子を頂戴した。城内だからと神妙に能を拝見したわけではなく、役人の悪口を言ったり、竹の囲いを壊して持ち帰ったりと、気ままに能を楽しんだらしい。

江戸城だけでなく、地方諸藩でも町入能が行なわれた。例えば福岡藩では藩に貢献した有力な町人が城中での能に招待されており、多い時には二日間で七百人近い町人が能を見物したこともあった。町人だけでなく、親孝行者や善行の者、農業に出精した者など農民を城中での能の催しに招くこともあった。

江戸時代にも寺社の祭礼で能が演じられることが多く、**寺社の境内に常設舞台**が設けられた。常設舞台を設けるにはそれなりの費用が必要であり、多くの人の協力があって実現したものだろう。祭礼での能になると、すべてをプロの役者で賄うのは困難であり、たいていは地域の有力な町人が役者を勤めた。素人が謡・舞や囃子を稽古することはすでに室町時代から見られたが、江戸時代にはさらに庶民にまで広がりを見せ、能を観た機会は少なくても謡は上手だという人も多かった。稽古を受けるには費用がかかったが、それでも能に出演することは名誉であり、憧れの舞台に上がる機会を手に入れるべく稽古に励んだのである。演じる場合でも観覧する場合でも、寺社の祭礼での能は江戸時代の庶民にとって能と接する貴重な機会だった。

『旧幕府御大礼之節町人御能拝見之圖』
●都立中央図書館特別文庫室所蔵

また、勧進能も庶民が能を楽しむ絶好の機会だった。江戸時代にはいろいろな形態の勧進能が行なわれていたが、江戸では各座の大夫が一生に一度だけ許される**一代能**《いちだいのう》が多くの観客を集めて盛大に催された。一代能は幕府が後援する公的な勧進能で、公演場所が貸与され、桟敷を大名に割り当てたり、切符を各町に割り当てたりしたので、一日に五千人を超える見物客が押し寄せることもあった。当初は四日間・五日間程度だったが、江戸後期になると十五日間もの長さになった。江戸城門外などの空き地に場所を借りるので舞台は仮設だったが、良質の木材で建てられた立派な舞台であり、観客席の上には雨に備えて柿葺《こけらぶき》の屋根を設けるなど、手間と費用を惜しまず作られた舞台で、華やかな能が繰り広げられたのである。

江戸時代が終わりを告げると、能舞台も屋外常設舞台から能楽堂へと移り変わっていくことになる。室町時代から江戸時代にかけて、能舞台は大きく変化を遂げて来た。今日能を見に行くと、咳一つするのさえ憚られる静まり返った能楽堂で、ひたすら舞台に目を向けることになる。しかし、江戸時代の末まで能は屋外で演じられるのが普通だったのであり、風の音や鳥の声、時には犬の吠える声や人の話し声すら聞こえる環境の中で、のどかに能を楽しんだのである。板を敷き並べた程度の舞台や地面の上で能を演じることもあった世阿弥時代には、役者が今日のように摺り足で動き回ることは難しかっただろうし、舞台の背後から見物する人がいた時代には、そちらの方向も意識した演技が必要だったろう。後座や地謡座がなく橋掛りの位置も一定でなかった時には、舞台上での役者の居場所も今

一代能◉幕府や藩によって一生に一度だけ役者に興行を認められた勧進能。一世一代能とも言う。江戸での五座の大夫主催の勧進能の場合は、桟敷の大名への割り当てや、一般席の町内への割り当て、警備の役人の派遣など、幕府によるさまざまな後援があった。

弘化勧進能絵巻「舞台・階掛之図」◉法政大学能楽研究所蔵

とはかなり違っていたはずである。能舞台が変化を遂げることにより、能の演じ方も変化を遂げてきた。能舞台の変遷をたどると、時代に合わせて変化し続けていくのが古典芸能であることがあらためて感じられるように思う。

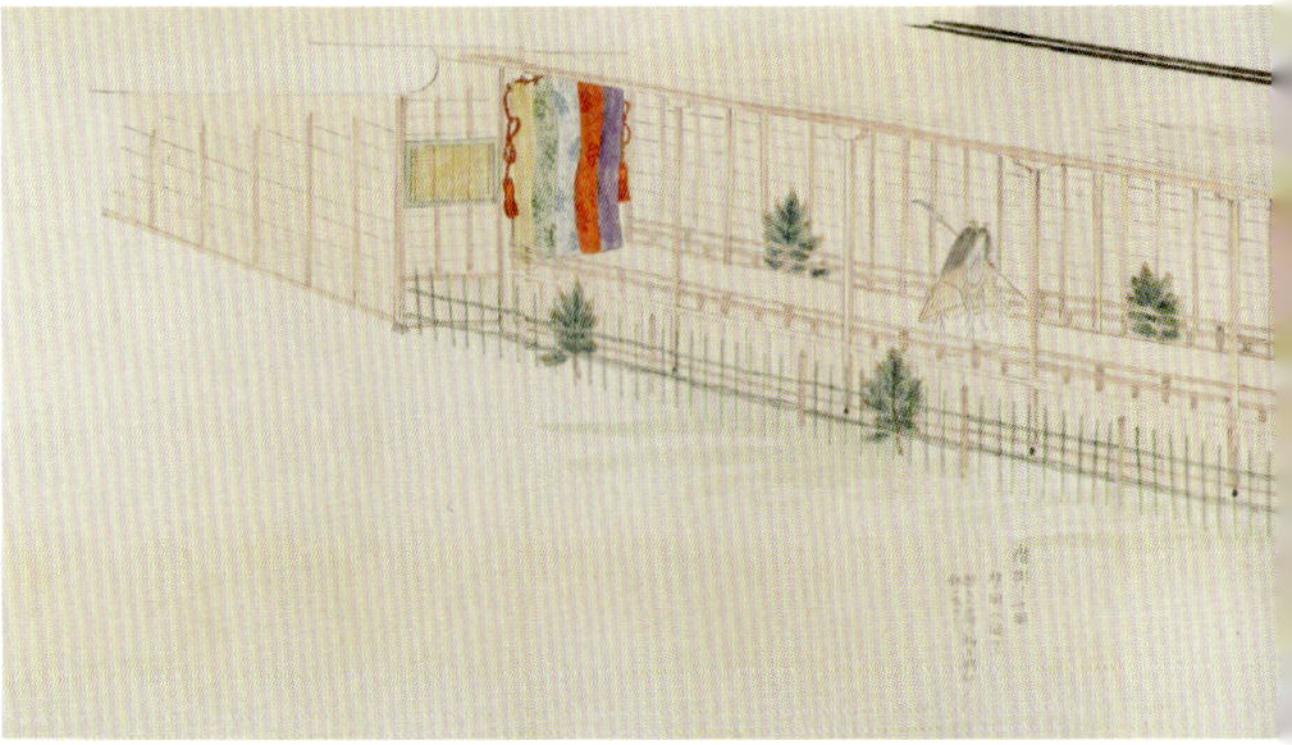

能楽堂の空間構成とデザイン

奥冨利幸……近畿大学教授

能楽堂は、日本の近代国家が形成される明治時代に登場した新しい劇場建築である。明治以前は、邸宅や神社、寺院などの庭に能舞台を設けるか、仮設の勧進能場で能が演じられていた。明治十四年（一八八一）に竣工した芝能楽堂［図①］は能楽を専門に演じる常設劇場で、初めての能楽堂である。

なぜ、明治時代に、能楽堂が誕生したのか。その要因は、日本という近代国家を成立させるために、対外的な外国貴賓饗応《きょうおう》芸能として能楽が位置づけられ、それを演じる劇場を必要としたからである。また、武家式楽から伝統芸能への移行に伴い、政治家、能楽師、実業家、学者、建築家などの関係者が、近代の能楽堂を劇場として成立させるための理念やデザインの手法を模索した結果である。加えて、その理念を実現させるための技術の進歩も必須条件であった。よって、能楽堂の成立過程に、近代の能楽が直面した様々な事象が集約されていると言っても過言ではない。

図①…芝能楽堂正面

能舞台から能楽堂へ

明治以前の演能場は、常設の観覧席を設けていなかった。これは近代の能楽堂との大きな違いでもある。能楽が元々武家式楽であったこともあり、演能場は、城内、御所、武家屋敷、寺院、神社などに限定されており、一般に開放されたのは、勧進能場や城内での町入能であった。勧進能場の場合は、観覧席が設けられたが仮設であり、数日間の公演後に取り壊された。一方、能楽堂は、能舞台を核としながら、観覧席、白州、楽屋、休憩所、食堂、トイレなどが備わって、劇場としての機能を整えた。

建築学の視点では、近代能楽堂はどのように分類できるのか。分類のポイントは、能舞台と観覧席（見所と呼ばれる）の関係である。この関係の変化こそが近代能楽堂における分類の指標になる。私は博士論文で能楽堂の空間構成を対置式、囲繞式、入れ子式と三つに分類した。

最初に出来た能楽堂は、伝統的な空間構成を継承した対置式《たいちしき》であった。続いて、囲繞式《いじょうしき》、入れ子式能楽堂が派生している。そして、明治末期から昭和初期にかけて、空間構成の主流は囲繞式から入れ子式に移行した[表①]。現在でも能楽堂という名称の施設の約八五％は、建物の室内に能舞台を内包した入れ子式能楽堂である。

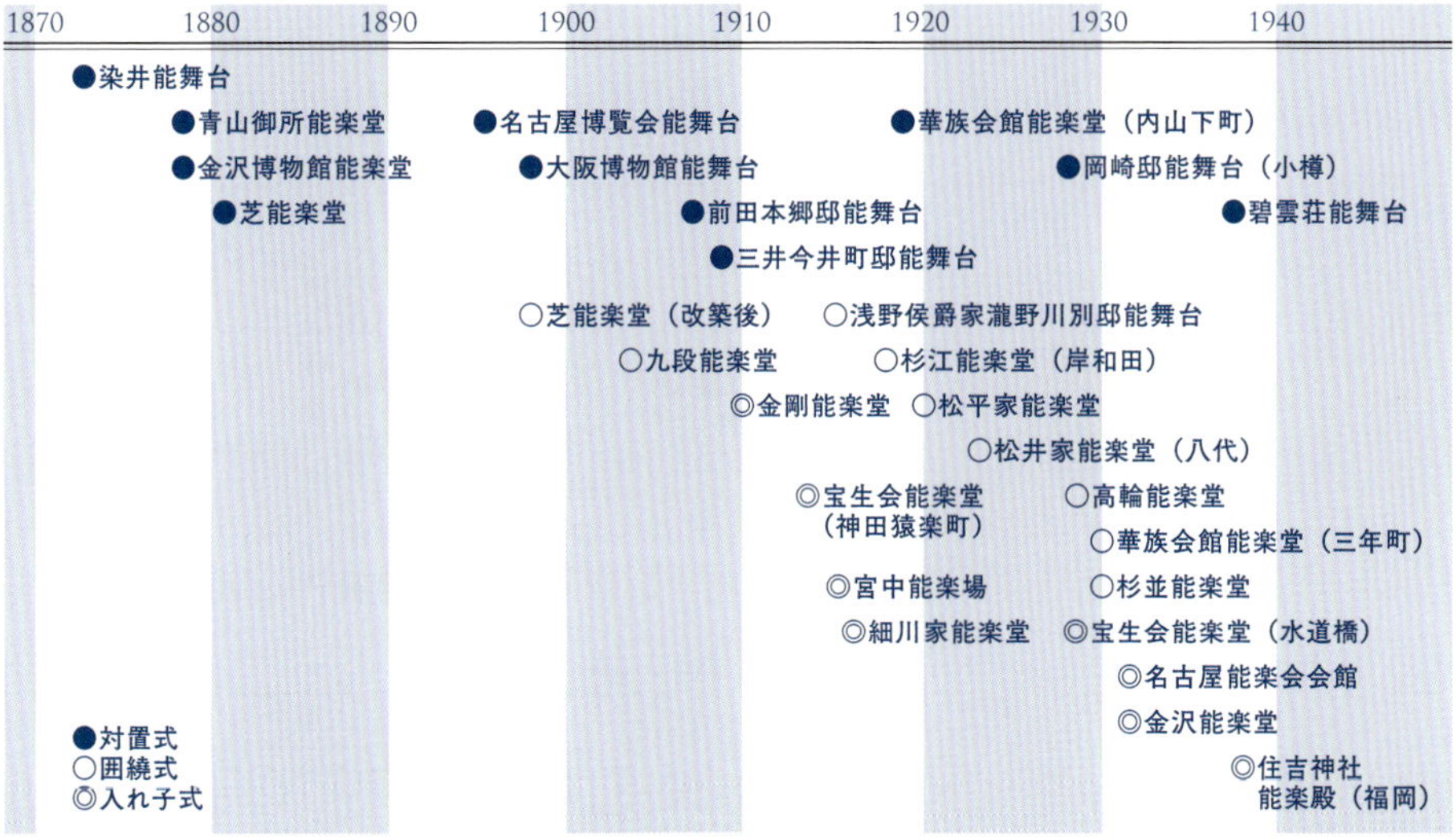

表①…近代能楽堂年表

能楽堂の三つの空間構成

ここで、能楽堂の三つの空間構成について、その建築的な定義を明確にし、事例を紹介してみたい。また、事例によっては、能舞台の移築や改築工事により、空間構成を変化させて存続した能楽堂もある。

❶対置式能楽堂

対置式能楽堂とは、白州《しらす》に建てられた能舞台が見所となる母屋に対置する形式である。明治以前の演能場はほとんどがこの対置式になっていた。対置式は、江戸時代の木割書《きわりしょ》であった『匠明《しょうめい》』殿屋集の「当代広間ノ図」［図②］に示された武家住宅の能舞台の配置に代表される。当図に示された演能場は、広間前庭の白州に能舞台が設置されていた。つまり、能舞台は、屋外に設置されていたのである。現在では、西本願寺の能舞台［図③］にその形式を見ることができる。対置式の事例としては、宮中や城郭の御殿、武家住宅の前庭に設置された演能場などで、近代に入ってからは、明治天皇行幸における華族住宅の能楽御覧所、博覧会や近代実業家住宅の演能場などが該当する。伝統的な演能場で対置式が多い理由は、住宅では、母屋を観覧席の見所に兼用できて便利であること、また、博覧会では、他の博覧会施設との共用や、対置式の演能場を用いる天皇行幸が意図されたためである。

そして、明治以前の伝統形式を踏襲して、初めて成立した芝能楽堂は対置式であったが、

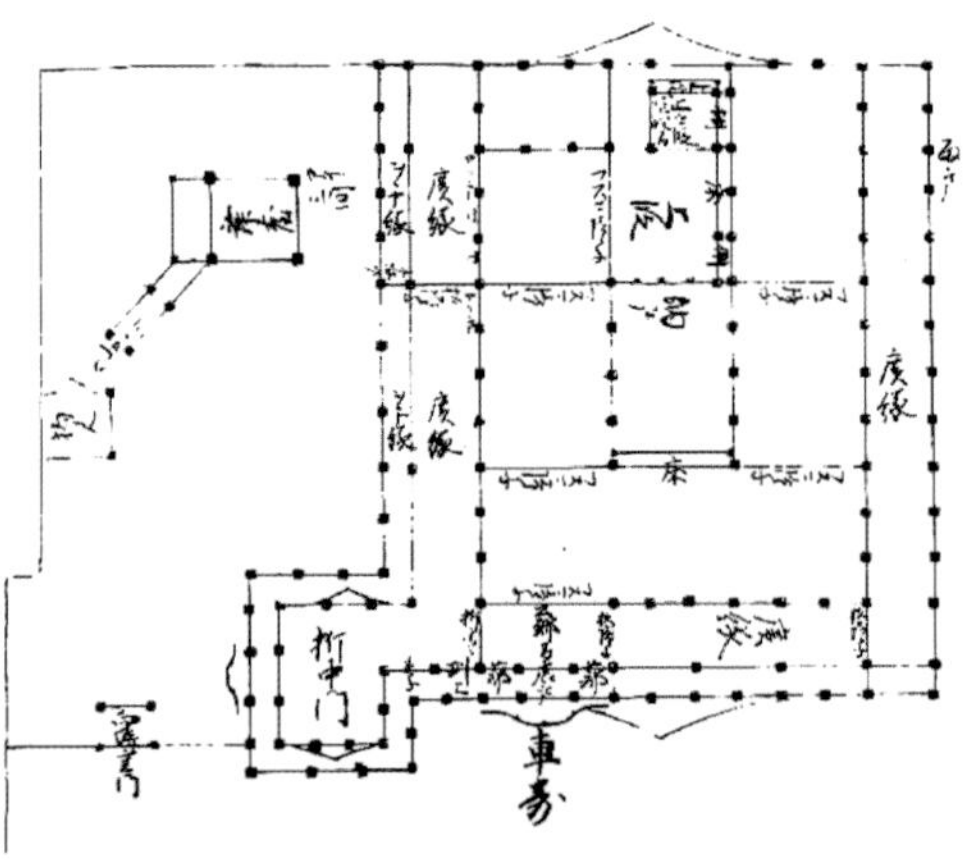

図②…当代広間ノ図

他にも、明治初期から昭和初期まで、長い期間に造り続けられた。ここでは、能楽復興の先駆けとなった青山御所能舞台とそれに続く能楽の殿堂であった芝能楽堂を取り上げたい。

武家式楽としての保護を失い衰微が危惧された能楽の復興と明治天皇の英照皇太后に対する御孝養のため、青山御所に明治十一年（一八七八）に能舞台が建設された。舞台開きでは、能楽界の重鎮であった梅若實《うめわかみのる》（初世）、観世鐵之丞《かんぜてつのじょう》、金剛唯一《こんごうただいち》、寶生九郎《ほうしょうくろう》、金剛泰《こんごうたい》一郎《いちろう》などが参勤した。このときの様子は、楊洲周延《ようしゅうちかのぶ》筆「青山仮皇居御能図」【図④】に描かれており、見所である座敷の背後から白州を隔てた能舞台が描かれている。また、青山御所能舞台の設計図面が、東京都立中央図書館の木子文庫《きこぶんこ》に収められている。この図面によれば、建物の配置は、表座敷と能舞台が白州を介して向かい合う対置式であったことが確認できる。

そして、青山御所能舞台での演能を引き継ぐ施設として造られたのが芝能楽堂である。東京市芝公園字紅葉山《もみじやま》（現在の東京タワーの場所）に建てられ、明治十四年（一八八一）に竣工した。芝能楽堂の管理者であった石渡繁三の日記によれば、芝能楽堂を構想した岩倉具《いわくらとも》視《み》は、太政官の帰りに建設現場に立ち寄り、あらし窓のつけ方や切戸の取手の彫り方まで注意したとされる。

この芝能楽堂こそ、日本で最初の能楽専門劇場となった。その空間構成は、能舞台が白州を介して、御覧所のある広間と向かい合う対置式であった。明治十四年四月十六日の舞台開きで、青山御所能舞台の主催者であった英照皇太后の行啓があり、翌日に華族などの参観、さらに一日遅れて、初めての公開能が催され、公衆の観覧が許された。

図③…西本願寺北舞台

図④…青山仮皇居御能図

❷囲繞式能楽堂

能舞台周囲を見所が取り囲み、能舞台と見所の屋根が独立しており、それぞれの屋根が屋外に露出した形式である。初めての囲繞式能楽堂は、竣工して約十五年後に改築された芝能楽堂で、その時、運営組織は能楽社から能楽会と改名された。『風俗画報臨時増刊新撰東京名所圖會第八編　第百四十九號　芝公園之部下』（明治三十年（一八九七）九月二十五日発行）の記事に、当時の能楽堂の内観が紹介された。この雑誌には、次のような記述がある。

「近年修繕を加え、舞臺其他の屋根廻りより、土臺柱等の根継、又は空気流通の邊にも注意を加え、舞臺及橋掛の上には光澤消しの硝子板を張て、光線を引き兼て雨避けと為し」

この記録から、明治三十年からそれほど遡らない時期に能楽堂の改築が行われたと読み取れる。そのときに能舞台、橋掛りと見所の屋根の間が、硝子板の高窓を持つ屋根で覆われたことがわかる。同雑誌の「能楽堂の図」【図⑤】では、能舞台屋根の上に硝子戸が嵌め込まれており、外観写真【図⑥】からもそれを見ることができる。こうして、芝能楽堂は対置式から囲繞式に造り替えられ、初めての囲繞式能楽堂の事例になった。

囲繞式能楽堂は、対置式より専用劇場の機能が強化され、観覧席の拡大とそれの室内化

図⑤…「能楽堂の図」

図⑥…芝能楽堂側面

という二つの顕著な特徴が見られる。観覧席の拡大では、能舞台の正面と脇正面、および橋掛り前面の従来は白州であった場所に観覧席がはみだして、その上に屋根がかけられた。一方、狭められた白州の上には高窓を持つ屋根が設けられて採光を確保した。

囲繞式能楽堂として、明治中期に改築された芝能楽堂、華族や能楽師の能楽堂、三年町華族会館能楽堂などが挙げられる。

❸入れ子式能楽堂

能舞台が鞘堂となる能楽堂の室内に内包される形式である。つまり、能舞台の屋根の上を能楽堂の屋根が覆っている。入れ子式能楽堂は、能舞台を内包する大空間を作り出す構造技術や室内の観覧に必要な照明が確保されて実現した空間構成と言える。それに加えて、現代では空調や音響の技術により、快適な観覧環境が造られている。

初めての入れ子式能楽堂は、金剛能楽堂（明治四十一年（一九〇八））［図⑦］である。いつ金剛謹之助が自宅に能舞台を構えたのか不明であるが、新聞記事に明治二十八年（一八九五）に舞台を取り払って金剛能楽堂が落成とあり、このときに能楽堂が出来たと考えられる。しかし、このときの能楽堂の形式は不明である。金剛能楽堂に通っていた野々村戒三によれば「明治四十二年に改築した舞台が、今の京都の金剛の舞台である。」（『近畿能楽記』昭和八年（一九三三））と述べているため、明治四十一年に入れ子式能楽堂に改築されたものと考えられる。

続く宝生会能楽堂（大正二年（一九一三））［図⑧］も、神田猿楽町にあった囲繞式能楽堂が

図⑦…金剛能楽堂（四条室町）

図⑧…宝生会能楽堂（神田猿楽町）

建て替えられ、入れ子式に生まれ変わった。この二つの能楽堂では、能舞台の屋根上部が能楽堂の天井に隠れている共通点がある。その後、片山東熊《かたやまとうくま》設計の宮中能楽場（大正四年（一九一五））では、能舞台の屋根が室内の天井の下に収まり、能舞台全体の姿が現れて、完全な入れ子式のデザインが出現した。

入れ子式登場の背景には、明治末期からの能楽堂改良議論があった。当時の若手建築家が集まって「能楽堂改良会」（雑誌『能楽』明治四十四年（一九一一）連載）が立ち上げられ、改良議論がなされた。その時、すでに金剛能楽堂が囲繞式から入れ子式能楽堂に改築されており、さらに、大正四年（一九一五）に、入れ子式の宮中能楽場が建設されたことで、能楽改良の成果としての入れ子式能楽堂が世に知らしめられることになった。その後、「能楽堂改良会」に参加していた建築家の山崎静太郎によって、細川家と梅若家の二つの入れ子式能楽堂が実現するなど、主要な能楽堂で入れ子式が採用されるようになった。これらの能楽堂は全て木造で、見所《けんじょ》のデザインを和風とすることが通常であった。

囲繞式能楽堂では、見所、白州、舞台にそれぞれ屋根を掛けて、白州上の屋根は片流れの採光を旨としたものであったため、デザイン的な統一感がなかった。入れ子式はこの点において、大屋根の下の大空間に見所、白州、舞台を収めており、屋根の統一感が保たれた。そして、この大空間を支える建築構造が新たな課題となったが、昭和初期になると鉄骨造と鉄筋コンクリート造の普及により、能楽堂にもこの新しい構造形式が採用され、大空間の建造が容易になった。よって、以降の主要な能楽堂では入れ子式が採用されていった。

図⑨…旧染井能舞台（横浜能楽堂）

能楽堂の空間構成の流動性

同じ能楽堂でも、時期によって、改築や建て替えにより、その空間構成が変化することがある。これを空間構成の流動性として捉えることができよう。すでに紹介した芝能楽堂では、対置式から囲繞式に、金剛能楽堂では、囲繞式から入れ子式に改築された。ここで、空間構成の流動性を示す事例として、私が設計に携わった横浜能楽堂で復元された旧染井能舞台と宮中能楽場を取り上げたい。

❶旧染井能舞台から横浜能楽堂への変遷

旧染井能舞台[図⑨]を使った能楽堂は、対置式から囲繞式、入れ子式へと空間構成を変化させて存続している。この能舞台は、明治八年（一八七五）東京根岸の前田斉泰《まえだなりやす》邸に創建され、当時の資料である「根岸別邸庭園図」（橋爪雪城筆、尊経閣文庫所蔵）から、能舞台が母屋の対面に建てられていたことが確認できる。また、この能舞台は池を配した回遊式庭園の傍らに建てられていた。

次に、大正八年（一九一九）に移築されて、囲繞式の松平家能楽堂[図⑩]として使われることになる。移築では、山崎静太郎が設計し、「能舞台と見所の屋根の間を差し掛け屋根で繋いだ。」、「舞台が粗末だからその全容を見せたくないという松平伯爵の意見によった。」、「能舞台の屋根は方形の鉄板葺きで不体裁であり、見えないでよかった。」などの記

図⑩…松平家能楽堂

録が残されている。よって、能舞台や屋根の仕様の問題を解決するため、囲繞式で設計されたことがわかる。その後、松平家能楽堂は、昭和四十年（一九六五）に取り壊されて、能舞台は解体されて部材として保管されることになった。

そして、平成八年（一九九六）に入れ子式の横浜能楽堂【図⑪】の舞台として復元された。復元に当たっては、旧染井能舞台が横浜市指定有形文化財になるため、能舞台を見学できる能楽堂の空間構成が求められた。能楽堂の設計に当たった大江宏建築事務所（筆者担当）では、座席数を確保し、能舞台を俯瞰できる二階席を設けて要望にこたえた。旧染井能舞台は、能舞台には珍しい寄棟《よせむね》屋根であるが、創建当初の柿葺きに復することで、往時の素朴な趣が蘇った。

❷宮中能楽場から華族会館能楽堂への変遷

宮中能楽場は、逆に入れ子式から対置式、囲繞式へと空間構成を変化させた能楽堂である。大正天皇の御大典《ごたいてん》に際し、皇居内に建設された宮中能楽場【図⑫】は入れ子式能楽堂であったが、内山下町の華族会館に移築され、対置式能楽堂として使われ、大正天皇の行幸能が行われるなど皇室との係わりを保ちながら、重要な能楽堂として使い続けられた。その後、華族会館が三年町へ移転されるのに伴い、囲繞式能楽堂に改築された。

宮中能楽場は、御大典が行われた大正四年（一九一五）十月上旬頃に竣工した。能舞台を屋根まで完全に内包させた初めての能楽堂であった。宮廷建築家で迎賓館赤坂離宮の設計者としても知られる片山東熊により設計され、場所は、皇居正殿前の中庭に立地した。

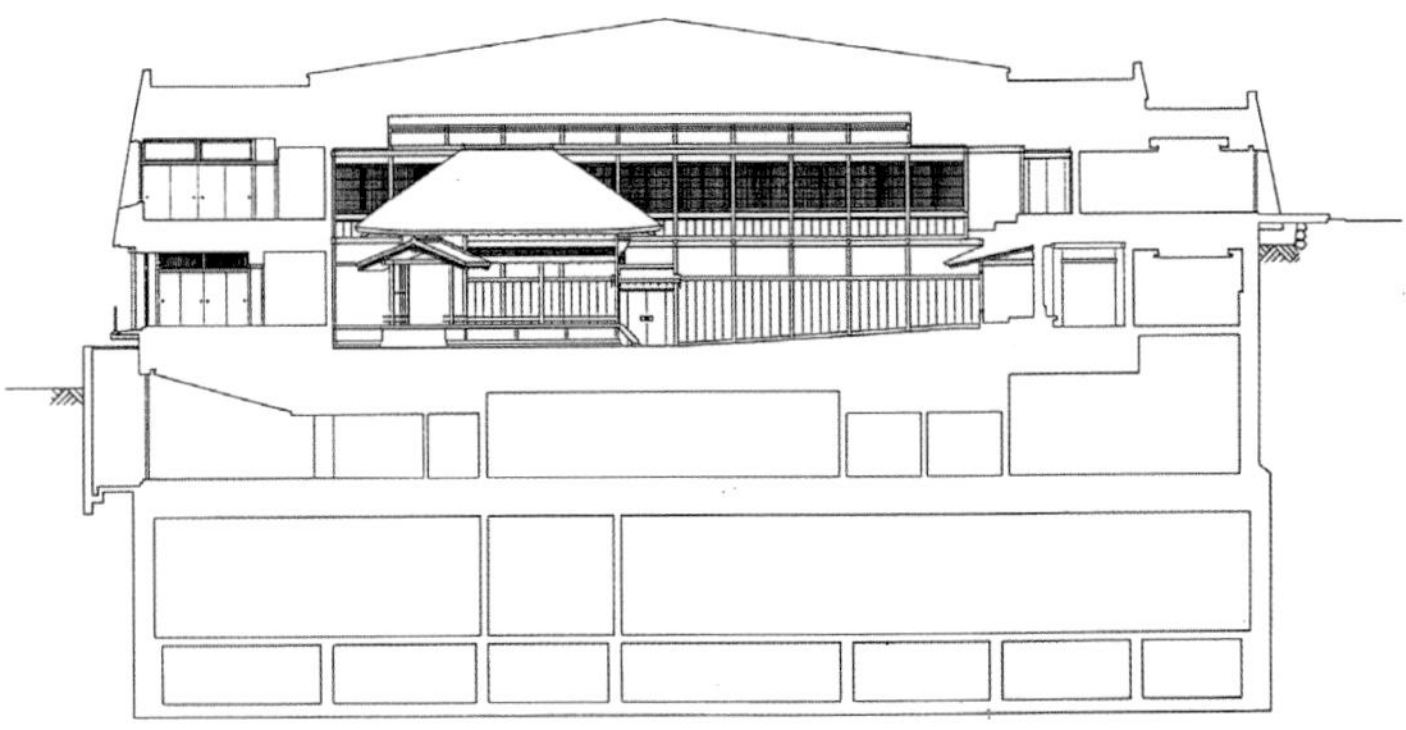

図⑪…横浜能楽堂断面図

正殿は、元旦の朝賀や憲法の発布式などを行う宮中の主要な儀式場であり、能楽場は、御大典の祝賀行事として演能を行うために建設された。広さは約二百坪で、左右に百十四坪の入側廊下を設けて正殿と連接した。収容人員は千三百名程で、史上最大規模の能楽堂になった。見所は雛壇で、天皇の御覧所とその両側の皇族席等は正殿入側面に取付けて、見所で最も高い所に設けられた。そこから、元老、大臣、文官、武官用の陪覧席が順次配置された。床は全て緋毛氈《ひもうせん》が敷かれており、壁には唐草模様の赤色の壁紙が貼られた。また、天井は格天井で、裏板の花丸が宮内省内匠寮の都筑真琴によって描かれ、大照明が吊り下げられた。

御大典が終わると大正五年（一九一六）八月六日から一ヶ月の予定で能楽場の解体が行われた。解体された材料は、大手門内に運ばれ、そこから華族会館に引渡された。

当時の華族会館は、内山下町のジョサイア・コンドル設計の旧鹿鳴館の建物にあって、同敷地内に恩賜《おんちょう》の能楽堂として再建された。この内山下町華族会館能楽堂は、能舞台と見所である建物が白州を介して配置された対置式能楽堂であった。当時の写真を見ると見所の椅子も宮中能楽場から移されたようである。

さらに、華族会館が、大正十三年（一九二四）に麹町区三年町一番地の宮内省所轄の御料地（現在の霞ヶ関ビルの場所）に移ることになり、建物の設計は曽禰中條建築事務所が行った。建築工事は、大正十四年（一九二五）八月一日に着工し、昭和二年（一九二七）六月十日に竣工した。配置図によれば、敷地は北側で道路に接し、敷地のほぼ中心部に本館、本館より南側に能楽堂が配置された。

この三年町華族会館能楽堂【図⑬】では、能舞台の脇正面側と地裏側に雛壇の観覧席を設

図⑫…宮中能楽場

けた囲繞式能楽堂であった。さらに、能楽堂の屋根では、能舞台の前面に小さい片流れ屋根、左右両脇に大きな片流れ屋根が配置されている。筆者は霞会館で資料調査し、幸いこの能楽堂の設計図面が見つかった。その図面によれば、能楽堂も曽禰中條建築事務所が設計しており、能舞台周囲の片流れ屋根は、ガラス屋根であることがわかった。この能楽堂が造られた昭和初期には、すでに入れ子式能楽堂が主流になっていた時代であったが、なぜ、この能楽堂は囲繞式で設計されたのか。その疑問を解く検討図があった。つまり、能楽堂の影が本館一階の食堂にどのように落ちるのかを検討した図面である。入れ子式になると、能舞台を内包するため能楽堂の屋根が高くなり、影も伸びることとなる。北にある食堂の採光を確保するために、この能楽堂は囲繞式でデザインされたのであろう。

能楽堂空間の特質

能楽堂の空間構成には、どのような特質があるのか。この問に対する答えが、海外から来訪した専門家の所見に述べられていた。

野上豊一郎「西洋文学者の見た日本」では、能楽堂の空間構成に驚きを以て接した二人の西洋人を紹介している。一人は、イギリスの劇作家のバーナード・ショーである。ショーは、日本を訪問して初めて能を見た時、能舞台が西洋の劇場のように、額縁に嵌め込まれた絵の如く、平面的に眺められるものではないことに気付いた。能舞台は見所の中に押し出されて三方から眺められるから、いわゆる立体的な効果を持っており、また、舞

図⑬…三年町華族会館能楽堂

台が長い橋掛りで楽屋とつながれていて、演者が静かにその上を歩いて登場したり退場したりするため、演出の時間的継続性を十分に味わうことができると分析した。

もう一人は、劇作家で在日フランス大使を務めたポール・クローデルで、日本滞在中に歌舞伎や文楽、能を鑑賞していた。クローデルは、西洋の劇場では、幕が上がると観覧者は暗黒の中に存在を失って、虚構と照明の間隙を差し挟さんで演者と向き合うが、能楽堂では、観覧者と演者とが互いに交ざり合うことができる。それは能舞台が見所に突き出していることによるものだと分析した。

建築家として、桂離宮など日本建築の美を日本人に再発見させたドイツ人のブルーノ・タウトは、もっと踏み込んで分析していた。タウトは、舞台装置の設計に携わった経験を持つが、日本滞在中に、中尊寺能舞台や西本願寺能舞台などを見学している。タウトが初めて行った能楽堂は、京都の金剛能楽堂である。昭和八年（一九三三）のタウトの日記には、平面図のスケッチ[図⑭]を添えて、次のような記載がある。

「能舞台は元来戸外にあったものだ。突き出た舞台は三方に開かれている。向かって左のやや後方から舞台へ橋掛りが架してあり、役者はここから登場する。観客席の桟敷はずっと後でできたものである。橋掛りの水平な線は、西洋のマリオネット（人形芝居）を想起させる。すばらしい音響効果の床は艶々と光っている。床板の下には中央に一個、それを中心にして四個の甕を据え、足踏みをするといろいろな調子の音が出るように工夫してある、床下には大引が附してない。それだから役者は、足の爪先

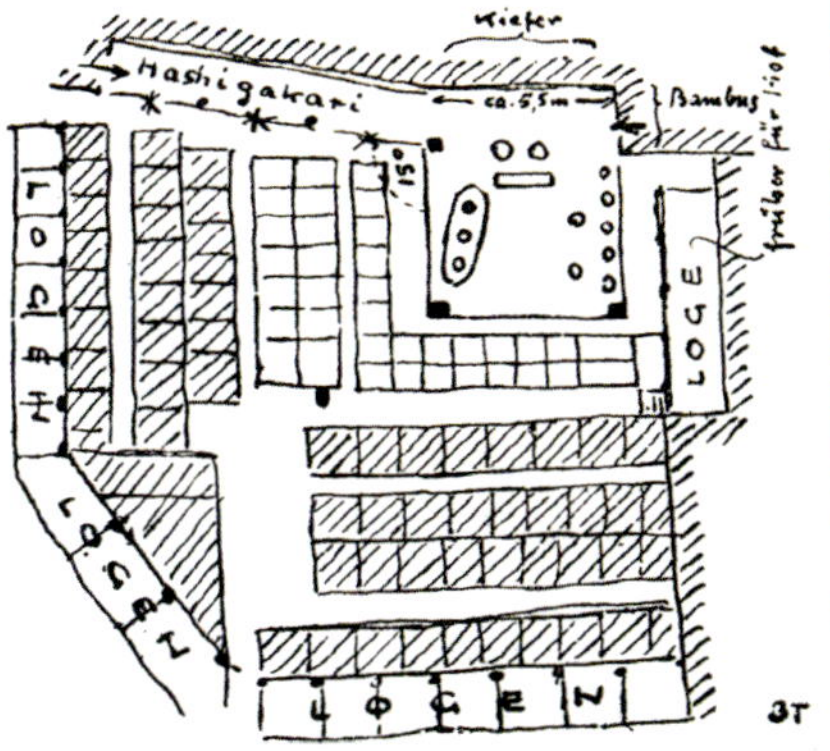

図⑭…金剛能楽堂平面図スケッチ

をやや上げて滑るように歩けるのである。」

タウトは建築家らしく、能舞台で最も重要な床の構造を細かく分析している。さらに、スケッチには、演者の座配までをしっかりと書き留めている。そして、能楽堂の変遷を考える上で重要なポイントである能舞台が元々屋外にあったことなどを分析していた。

三人の西洋人は共通して、能舞台と観覧席の立体的な構成を指摘しており、これは正しく能楽堂と西洋劇場の空間構成の最も大きな違いである。そして、この特質は、能楽堂の空間構成が、対置式、囲繞式、入れ子式の順で変遷しても一貫していた。その背景には能舞台を敬う思想が根底にあったことは間違いなく、能舞台の形式は、能楽堂の核として保持されたのである。

理想の能楽堂

近代能楽堂では、様々な試行を繰り返しながらも、宝生会能楽堂（水道橋）【図⑮】により、その到達点に至った。能楽堂は、対置式から囲繞式、そして、入れ子式が主流となって昭和初期を迎えたが、技術的に大空間を作ることができるようになった一方、デザインの問題が未解決であった。それまでの木造の能楽堂から、新しい構造や設備を導入した能楽堂では、能楽堂らしいデザインの創出が、建築家に課せられた。この難題に対し、能楽堂本体は石造を想わせる鉄筋コンクリート造として、内部の大空間に木造を組み入れる設計手法で解決を

図⑮…宝生会能楽堂（水道橋）

図ったのが大江新太郎であった。この外観と内観を分けてデザインするという斬新な発想で設計された宝生会能楽堂は、技術的にも、意匠的にも高い完成度を誇る理想的な能楽堂として誕生した。そして、この能楽堂の外側と内側を別意匠とするダブルストラクチャーという設計手法は、現代の主要な入れ子式能楽堂においても、定番となっている。

このように、能楽堂は、明治以前の伝統的な空間構成を踏襲し、近代日本が求めた近代化による要望に応えながら、その空間構成を変化させていた。観覧者は特権階級の人々から大衆へ変わり、多くの観覧者が入れるように見所が拡大された。和装から洋装への生活様式の変化に合わせて、座席も桟敷から椅子席に変わった。さらに、屋外からの騒音や天候に影響されないように室内化が進められた。一方、能舞台は、由緒が尊重され、独立した姿で能楽堂の中に内包され、これらの要件を全て満たす能楽堂として、入れ子式能楽堂が誕生した。加えて、日本伝統芸能の劇場建築として、日本的なデザインの可能性が模索され、一九八〇年代に竣工した大江宏設計の国立能楽堂では、日本建築の美が現代建築により表現されて、世界の劇場建築の中でも特筆すべき存在になっている。

しかし、入れ子式能楽堂の室内化による代償は、屋外との接点を失ったことである。散楽《さんがく》まで遡る能楽の長い歴史を考えれば、屋外との接点を失ったのは、まだ最近のことに他ならない。都心の喧騒の中であれば、決して屋外環境が演能にとって好ましいものとは言えないが、演能空間に屋外環境との接点を復帰させることで、より豊かな演能空間が実現する可能性は高い。今後の能楽堂の創造において取り組むべき重要な課題であると思われる。

図面から読む能楽堂

大江 新……法政大学名誉教授

能楽堂という形式

能舞台と見所（観客席）が丸ごと建物内に納まる現在のような能楽堂の形式が登場したのは明治末期のことだった。そしてそれ以降、いくつかの試行を経ながら現在の姿にいたっているが、今それぞれの能楽堂を見てゆく上での重要な点は、まず橋掛りや鏡の間を含む舞台の総体がどんな形で建物内に取り込まれているのか、そして次に、見所が単なる観客席ではなく、歴史変遷の中に現れた舞台との関係も参照しながら、どんな形でその特徴を継承し得ているかであろう。室町期の発祥までさか上れば、舞台と見所の関係はいろいろに変化してきており、まずはその変遷の様子を簡単にたどっておきたい。

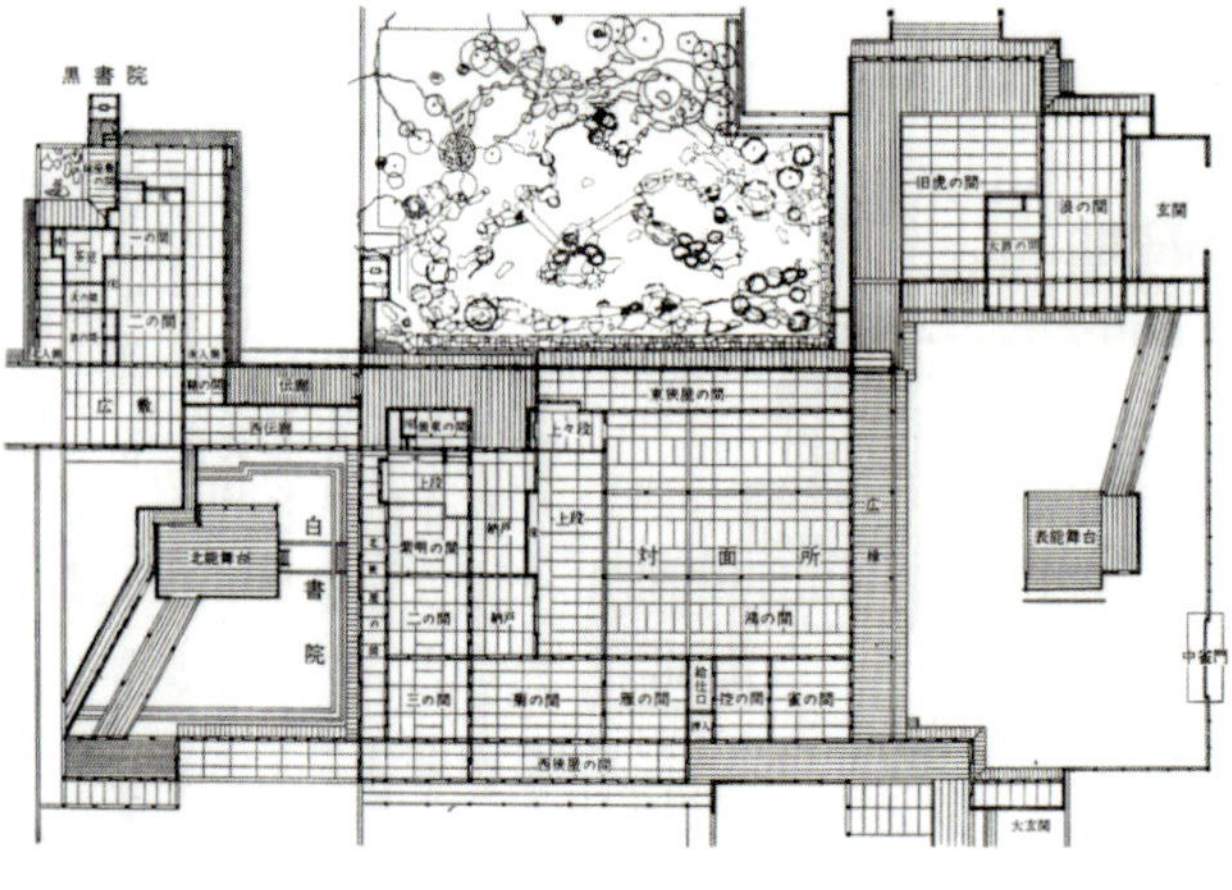

西本願寺白書院（表舞台と北舞台）

舞台の変遷

猿楽を母体とする能にとって、初期の頃の舞台は神社の境内などに仮設で設けられる簡素なものだったが、次第に恒久的な形へと変わっていった。見所（客席）は長らく屋外にあったが、世阿弥らが活躍する室町期の頃には公家や武家の屋敷内に置かれるようになった。それでも演能の時だけ畳を一部取り除く形で演じられるケースも多く、本格的な舞台として確立するのは安土桃山期になってからである。社寺や屋敷の中庭に置かれた舞台を、これと向かい合う座敷の側から敷砂利《しきじゃり》を隔てて観る形式が次第に定着してゆくが、桃山期に建造されて今も京都市内に残る西本願寺白書院《はくしょいん》の舞台はこの典型といえる。また同じ頃に毛利元就から寄進され、今も残る嚴島神社の舞台（現舞台は江戸期の再建）は前面の敷砂利を海水面に置き替えた大変ユニークな存在といってよい。

江戸期の能は幕府の式楽として定型化へと向かうが、町人にとっても身近だったのは社寺などの普請の際に催される勧進能である。屋根付きの桟敷席が舞台を遠くから囲み、舞台との間は野外の畳場だったが、上部には雨や寒さに備えて油障子《あぶらしょうじ》が貼られて、天蓋《てんがい》の下は屋外のように明るかった。舞台と見所が庭を介して向かい合う対置型はその後も続くが、明治末期になると舞台と観客席がひとつ建物の中に組み込まれた形が登場し、これが私たちにもなじみの

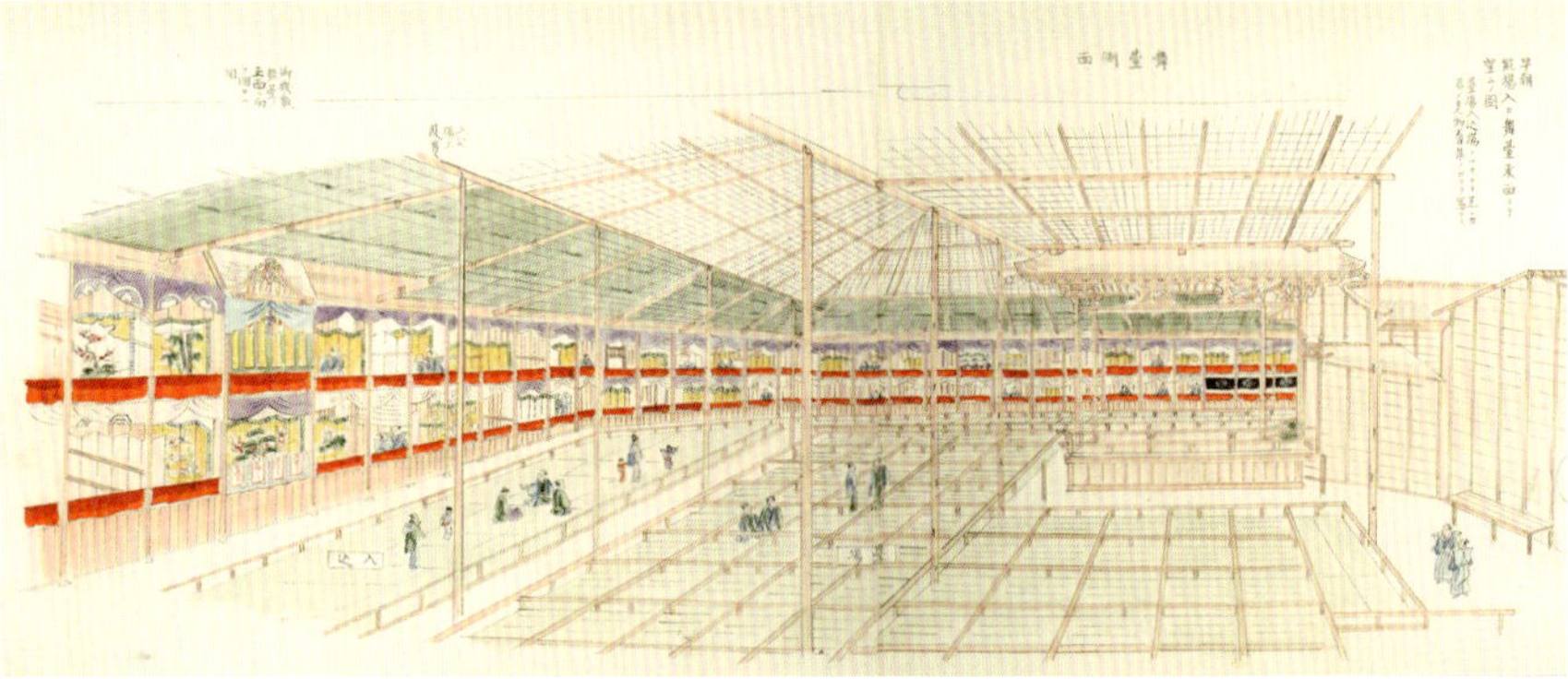

江戸時代の勧進能の様子（弘化勧進能絵巻（法政大学能楽研究所蔵））

深い現在の能楽堂の原型である。

様々な舞台寸法

能舞台の大きさは三間四方と決まっていて、どこもみな同じ広さのはずだが、実際に測ってみるとそれぞれ異なっており、全く同じケースはあまりない。その大きな理由は、屋敷や民家などの一般建物における一間の寸法が地域によって異なっていて、能舞台もこの影響を受けているからである。

現在は一間＝六尺が全国的にほぼ定着しているが、九州で多く用いられた六二間は一間＝六・二尺と大きく、逆に関東以北に多かった関東間（江戸間）は一間＝五・八尺しかない。とりわけ大きいのは京間（関西間）で、一間＝六・三尺と六・五尺の二通りがあり、格式の高い舞台ではこの京間寸法が多く用いられてきた。そのほかに舞台の大きさを左右する要素として、舞台の一辺の長さを柱の芯々（二本の柱の中心間）で測るか内法で測るかの違いがあり、さらに四隅に建つ柱自体の太さも舞台の広さにわずか影響してくる。ちなみに名古屋能楽堂の舞台は内法で京間の広い方の一間＝六・五尺を用いているため、芯々で六二間をとっている国立能楽堂よりもかなり広くなっており、ここには「何事も他人には負けたくない」という尾張人の気質が表れているようだ。

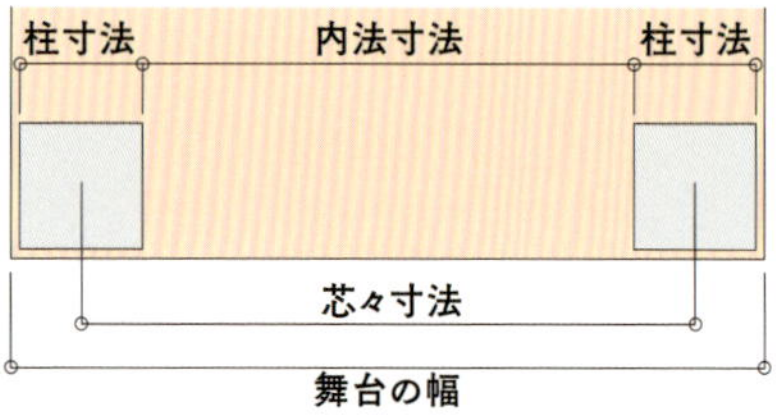

舞台の間口寸法の測り方（内法と芯々）

名古屋能楽堂の舞台

橋掛りの長さと角度

能では本舞台の後座から伸びる橋掛りも重要な舞台部分だが、これは寸法（巾や長さ）だけでなく形状（取付け角度）もそれぞれで異なっている。たとえば前述の西本願寺白書院の二つの舞台の場合、角度は北舞台の方が深い（きつい）のに対して、距離（長さ）は表舞台の方が長いという風に、隣接する舞台でも寸法や形状が異なっている。また厳島神社の橋掛りは取り付け角度が四〇度近くもあって、揚げ幕の位置から脇座の先端近くのワキ柱まで真っ直ぐに見通すことができる。現代の例では、国立能楽堂の橋掛りはかなり長くて角度も深い。もともと角度の深かった昔の橋掛りが時代を経て次第に浅くなり、演者にとって舞いやすくなっているとしても、昔の深奥性（橋掛りが奥の方へ向かってゆく感じ）が失われつつあり、その回復が重視された結果である。

時には形や大きさのまったく異なるギリシャ野外劇場などでも演じられる能だが、もともと能には自由で大らかな精神が宿っている。定型に縛られることなく新たな試みへと向かう姿勢は、世阿弥の『風姿花伝』にいう「住する所なきを、まづ花と知るべし」（同じ場所に居留まらないことを美と考えるべき）にもかなっているように思う。

国立能楽堂の舞台まわりの平面図

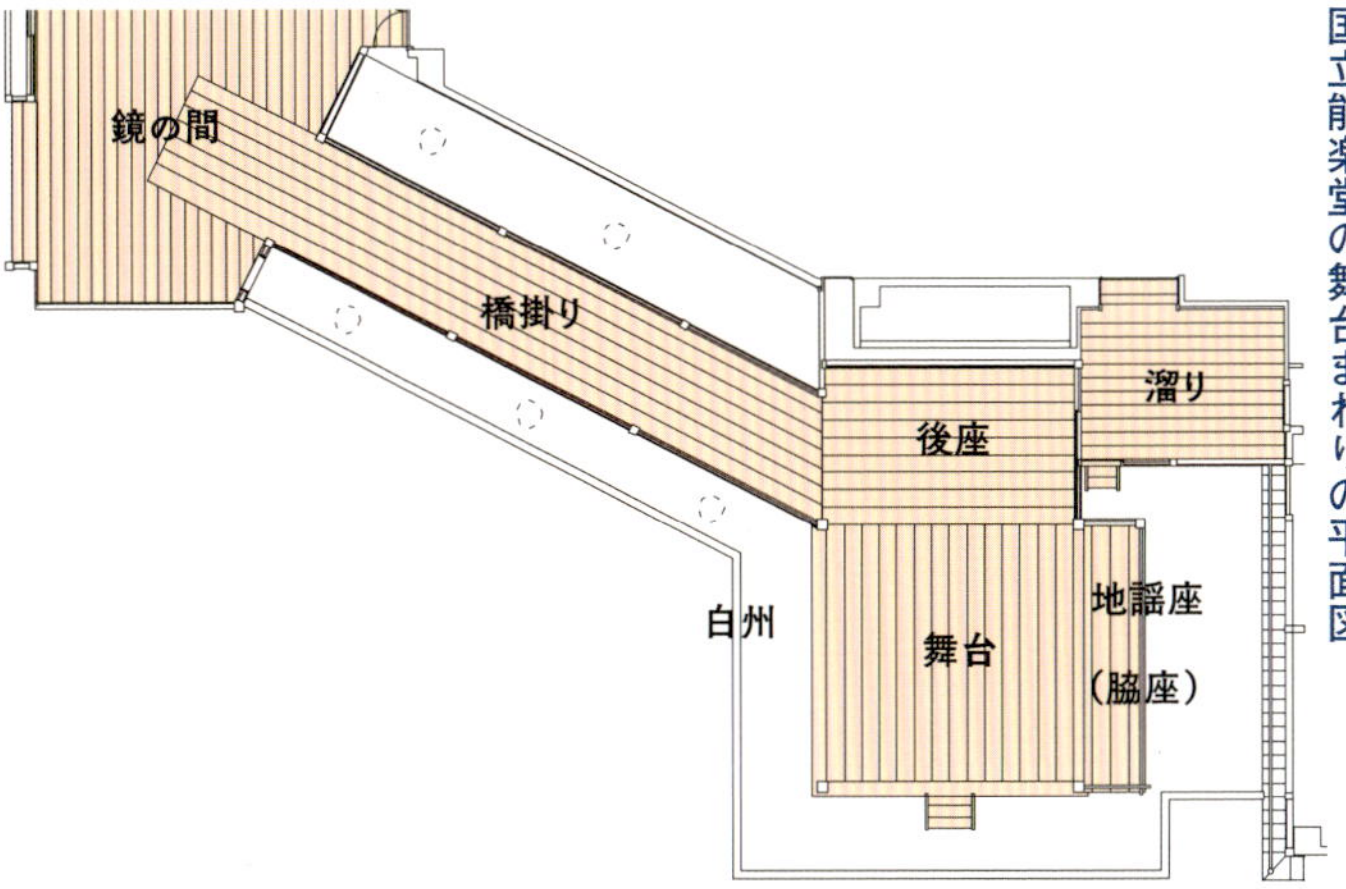

柱、床、天井、そして屋根

能を見る時に舞台で最初に眼がゆくのは柱だろうか。柱にはそれぞれシテ、ワキ、目付などの名称があって、演じる側にとっての重要な目安となっている。そして観る側にとっては柱の間に見え隠れする演者の動きや、その間合いの様子が印象的だ。また柱とともに眼がゆくのは床だろうか。静々と床を擦って登場する演者の足元や、突然大きな響きと共に床を踏み鳴らす足拍子の力強い動きなど、視覚的にも聴覚的にも床は演出を助けてくれる重要な道具立てだ。さらにその次には天井だろうか。観客の眼が上を向くのは、背の高い作り物や道成寺の釣鐘の時ぐらいかもしれない。だが天井に整然と並ぶ垂木《たるき》（頂部から斜めに降りてくる細木）の列は他の多くの古建築にも共通な特徴であり、そのリズミカルな構成は軒裏を大いに印象づけてくれる。

そして屋根。少し高い位置にあるため、じっくり眺めることができるのは開演前や幕間の休憩時間かもしれないが、実は能舞台が最初に建物内に組み込まれた時、もはや雨風をしのぐ必要がないにもかかわらず、屋根ごと取り込んでしまったことは他の分野ではほとんど例のない卓抜したアイディアだった。今ではすっかり当たり前になってしまった室内の屋根だが、その特徴を一般的な古建築の形式に重ね合わせながら少し詳しく眺めてみたい。

屋根は橋掛りや鏡の間の上にも載っているが、主役はやはり本舞台の屋根だろう。これには三つの形状（タイプ）があり、それぞれ切妻《きりづま》、寄棟《よせむね》、入母屋《いりもや》と名づけられる。いずれもわが国に古くから存在する典型的な屋根のタイプで、社寺や城郭、屋敷、民家など各所で出会うことができる。正面から見た時に、前面をスパッと切ったように山型（∧型）がそのまま見えるのが切妻で、正面の軒先が左右水平に伸びて側面と同じくそこから勾配屋根がゆるやかに昇っていくのが寄棟、そして寄棟と同様に正面の軒先が水平に伸びているが上部に三角形の大きな切り口が見えるのが入母屋である。

ここで正面性（正面らしさ）について考えてみよう。三つのタイプを見る時に、切妻と入母屋にははっきりした正面性があるが、寄棟は正面と側面が似た形なのでそれが弱い。つぎに軒裏の側から見上げた時には、入母屋の場合も正面と側面が同一となるので切妻だけに明確な正面性が残る。つまり上と下の両方からの見え方を考え合わせると、もっとも正面性の強い切妻、正面性のほとんどない寄棟、そしてその中間的な入母屋という順になろう。

これら三つのタイプを実際の舞台に当てはめてみると、正面性の強い切妻タイプとしては国立能楽堂のほか、名古屋や福岡大濠《おおほり》公園の能楽堂、京都観世会館や梅若能楽学院などがあり、そのほかにも例は多い。入母屋タイプも水道橋の宝生能楽堂や京都の金剛能楽堂、最近銀座に移築された観世能楽堂ほか多くの例がある。少ないのは寄棟で、横浜能楽堂や喜多六平太記念能楽堂などの例

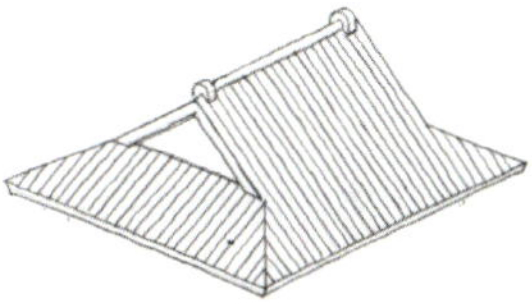

入母屋屋根

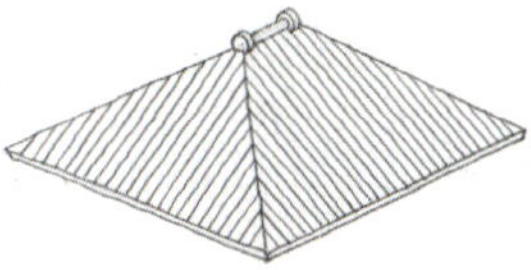

寄棟屋根

切妻屋根

が思い浮かぶが、このタイプは屋根の形に抑えられて天井高を充分に取ることがなかなか難しい悩みがある。

屋根の曲線

以上の分類とは別に、いくつかの曲線の組み合せから成り立っている点も我が国の伝統屋根の特徴であり、それらが絶妙に組み合わされた時に美の極致が生まれるといってもよい。この曲線にも三つのタイプがあり、それぞれ「反り（そり）」「照り（てり）」「起り（むくり）」と呼ばれる。「反り」とは屋根の先端に共通に見られる曲線で、水平に左右へ伸びる軒先の線が両端でわずかにそり上がる様子をいう。他の東アジア地域の軒先とはニュアンスの異なる我が国特有のおだやかで緊張感のある曲線である。

つぎに「照り」と「起り」は屋根を頂部から軒先へたどる時の曲線で、中間がわずかに垂れ下がる場合を「照り」といい、逆に持ち上がる場合を「起り」という。「照り」は、社寺や城郭、武家屋敷など多くの屋根に登場する曲線で、頂部から軒先へ向かって堂々と流れ降りるような曲線を思い浮かべると分かりやすい。規模は小さいが能舞台にもこのタイプが多い。一方「起り」は農家や民家など藁葺きや茅葺きの曲線の多くがこのタイプに属するが、社寺や屋敷の例はあまり多くない。とはいっても、あの伊勢神宮の社殿（神明造り）や桂離

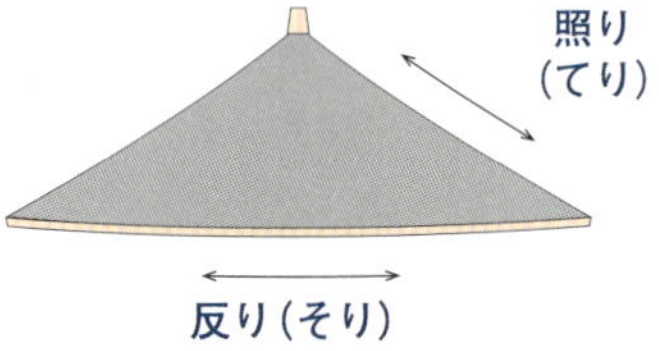

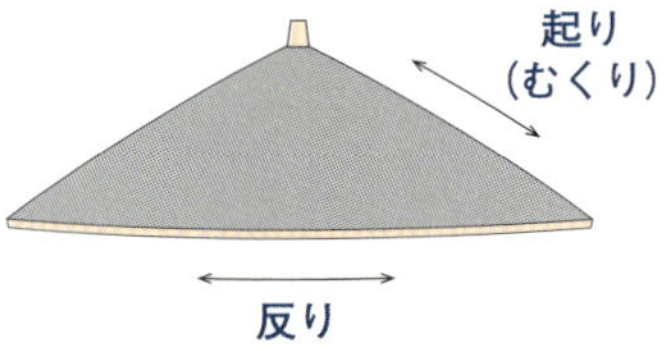

金閣寺の照り屋根

伊勢神宮の起り屋根

宮の書院・茶室の屋根など、あまりに有名な例もある。能舞台も、佐渡など昔から残る茅葺きを除けば「起り」の例は少ないが、そんな中で横浜能楽堂に移築された旧染井舞台のふっくらと暖かみのある姿は印象的だ。

舞台まわりを飾る要素

能舞台は「装飾を省いた簡素な美の粋」と表現されることが多い。たしかに柱と屋根だけから構成される白木の舞台を見るとその印象はあたっていると思うが、少し注意深く眺めてゆくと思いのほか多くの飾りの要素がある。高い所から順に、まずは屋根頂部に鬼瓦が載り、その少し下にぶら下がる形で左右にひれを伸ばしたような懸魚《げぎょ》が、さらに下には二本の桁の間で踏ん張っているようにに見えるちょっとひょうきんな蟇股《かえるまた》が、そして舞台四隅の柱の上には寄せ木細工のような組み物が載っている。それぞれ一風変わった名称だが事典を開くと、鬼瓦は「魔除けのために」、懸魚は「火除けのために」などと記されている。本来はもっと初源的で重要な役割があるのだが、時代を経て形はそれぞれ少しずつ複雑になり装飾性を帯びてきている。元々の役割を簡潔に記すならば、鬼瓦と懸魚には材の切り口をふさいだり隠したりする役割が、蟇股と組物には地震や風などの横揺れに対して建物を補強する役割があり、それぞれの役割は今も生きている。もう少し具体的にいうと、鬼瓦は冠瓦（屋根の最も高い背筋部

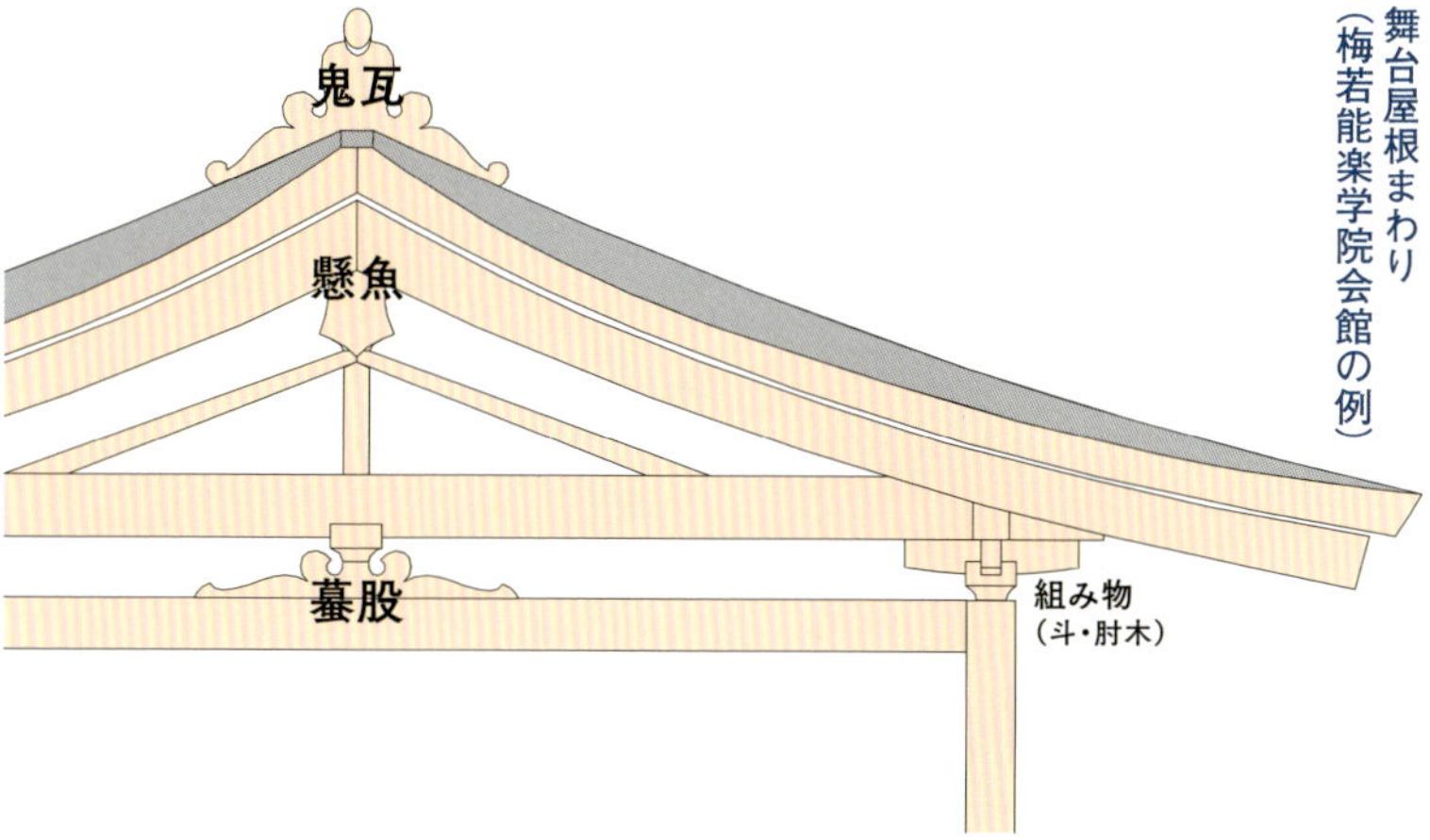

舞台屋根まわり（梅若能楽学院会館の例）

分に並ぶ瓦）の先端を雨風から護るふさぎ材として登場し、そこに絵や文様が描かれるようになった。描かれるのは魔除けの鬼とは限らず、家紋や植物を題材とした文様も多い。懸魚は棟木（屋根の頂部を支える水平材）の突き出た先端を覆い隠すために生まれた材で、古くは建物を火から護りたいとの想いから、水との連想で魚を型どった例もあってこの名が生まれた。実際に魚のひれの形もあるが、猪の目や唐草など動植物をあしらったものが多い。蟇股は上下平行に並ぶ二本の桁材が左右にずれるのを固定することで、建物全体の横揺れを抑える役割をもつ。これは蛙が脚を広げたようなどこかユーモラスな形が多いが、横浜能楽堂のようなシンプルな人字型の蟇股もあり、それは力を伝える本来の役割を率直に感じさせてくれる。この人字型は古く飛鳥期の法隆寺に登場しており、蟇股の元祖といってもよい。

各柱の上でちょっとにぎやかな形を見せる組み物（斗《と》と肘木《ひじき》の組合せ）は、それのまったく無いケースもあるが、能舞台では一段の大斗肘木や二段の三斗組が多い。寺院建築の場合は、これが三段、四段と重なる例も多いが、本来は上からの重量を分散させたり、軒先を長く持ち出すための支えとして生み出された知恵で、後世になるとその役割を越えて装飾化・大型化してきている。

組み物

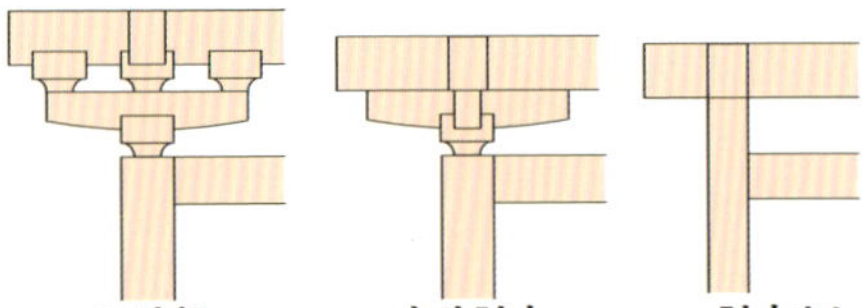

三斗組　大斗肘木　肘木なし

靖国神社境内に残る明治期の舞台

古い舞台と移築

能舞台とそれを容れる能楽堂の寿命は必ずしも一致しているとは限らない。器としての能楽堂が、時代変化や技術の進展と共に生まれ変わるとしても、その真髄ともいうべき舞台本体は永く引き継がれてゆくことが本来の姿に違いない。東京周辺の古い舞台を見ると、たとえば横浜能楽堂の場合は明治初期に台東区根岸に前田家の舞台として誕生の後に、東京能楽倶楽部や駒込染井村の松平家、水道橋能楽堂などを経て能楽師田辺竹生氏から横浜市へ寄贈されて一九九六年に横浜能楽堂の中で蘇ることとなった。また屋外ではあるが靖国神社の舞台は明治初期に岩倉具視らによって設立された能楽社から何度か場所を変えて移築されたものであり、また杉並能楽堂の場合は明治末期に文京区本郷に建てられた舞台が昭和初期に現在の杉並の地に移されている。

なお、一口に古い舞台の移築といってもそれは大変手間のかかる仕事だ。たとえば横浜能楽堂の場合、長く眠っていた染井の舞台は一九六五年の解体時点ですでに九十年余りを経ており、屋根まわりは大きく傷んでいた。保存されたのは軒桁から下の部分だったが、新しい能楽堂内への移築（一九九六年）に際しては屋根の形状を復元すると共に、低目だった水平格天井を勾配型の舟底天井へ改変する作業や、古い桁や梁・柱・床などの反りを修正し、ヒビを埋めた

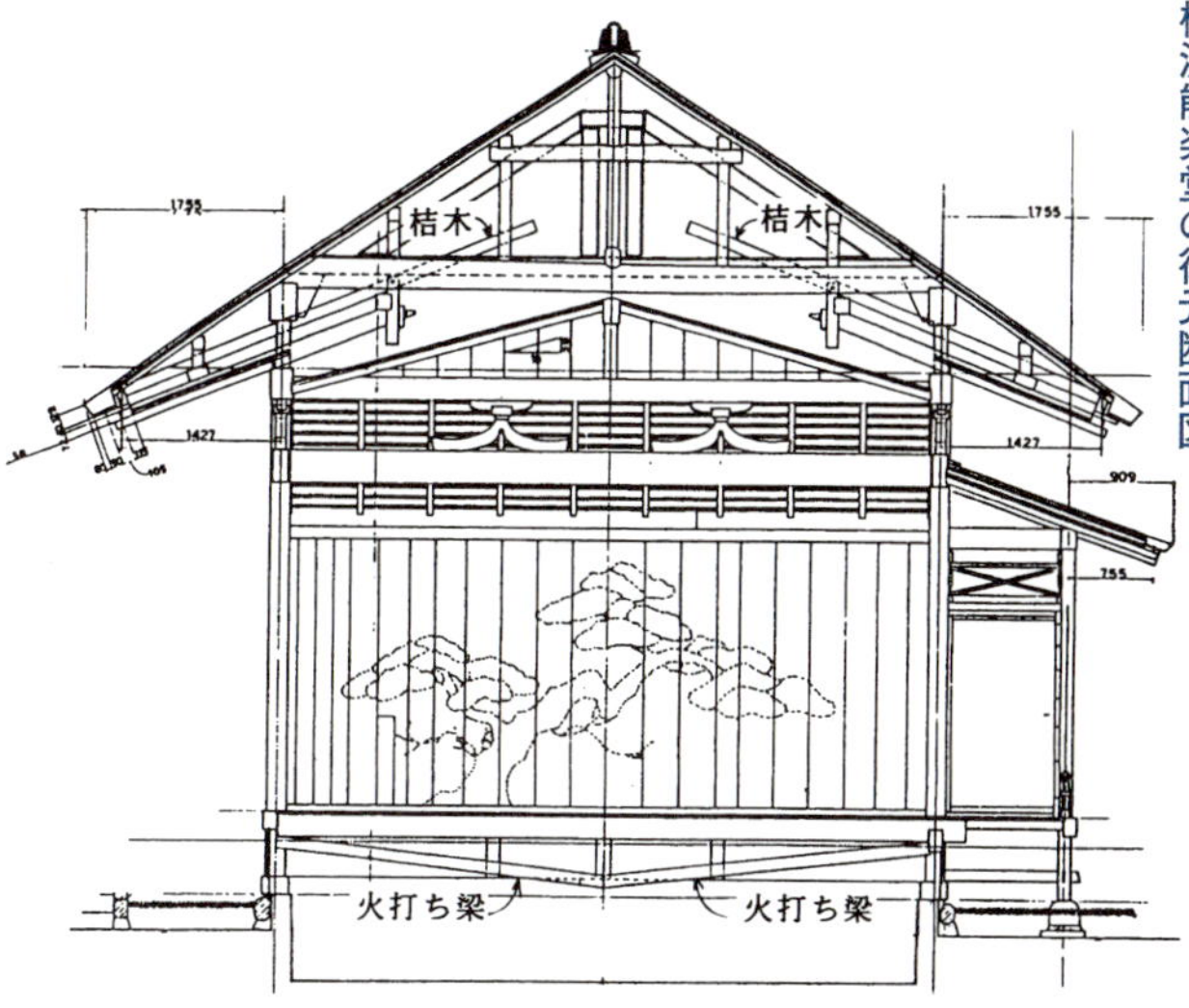

横浜能楽堂の復元断面図

り収縮分を継いだりといった入念な加工が必要だった。結果的には新旧両材が混じりあう形となり、両者の違いを和らげるために暗色系の色で全体を調整する作業も加わった。そのほか、もともと小さめだった後座の奥行きや橋掛りの長さを増すための材料配分の検討にも多くの時間が費やされている。

また古い舞台の床下には甕《かめ》が置かれているケースが多く、移築後にそれをどう扱うかの検討も重要になる。甕はもともと音を吸収しやすい地面に置かれて、舞台からの音の反響や共鳴を高める効果を担っていたが、土がコンクリートに置き替わることで音響条件も変わり、響きすぎる残響を吸収する役割も求められることになる。国立能楽堂や横浜能楽堂の場合には、甕の代わりに特別な音響調整函を据える方法がとられたが、同様の例は他所でも見られる。

屋根葺き材と断面形

金剛能楽堂では創建時に屋外にあった舞台の移築に際して屋根材が瓦から檜皮に葺き替えられて優しい姿に生まれ変わったが、ここで屋根葺き材に触れておきたい。今日私たちが目にすることの多い伝統の屋根材は瓦（中国から伝来）だが、もっとも古い屋根材としては草屋根があった。草屋根は藁《わら》葺きや茅《かや》葺きへと発展したが、草に次いで古い木質の屋根材は柿《こけら》葺きや檜皮《ひわだ》葺きへ引き継がれた。柿葺きとは杉や檜などの板を薄くそいで重ねる方法で、檜皮葺きは文字

檜皮葺きの軒先（金剛能楽堂の例）

通り檜の皮を重ねてゆく方法をいう。いずれも古建築に多い伝統の屋根材だがそれぞれ趣きは微妙に異なり、その違いは能舞台にも表れてくる。全国には瓦葺きや茅葺きの古い舞台も残る一方で、新しく能楽堂内に設けられる例では檜皮葺きが多いようだ。雨風にさらされることのない室内では、繊細さや優美さが重視されるからだろうか。

次に、これら葺き屋根の断面を眺めてみよう。何十層も重ねて葺かれる先端部にはかなりの厚さがあるが、これに比べると上へと続く勾配部の断面はかなり薄い。もちろんこれは見かけ倒しという訳ではなく、軒先部分を厚く重ねることで先端の形を整えると共に、ごつい桔木《はねぎ》（屋根の先端が垂れ下がらないように支える力骨）を包み隠す意味がある。軒裏側からは垂木と化粧板で覆うこの技法は我が国で伝統的に培われてきた優れた知恵でもある。

白州と橋掛り

能舞台と見所とは連続した一体の空間だが、正確には両者は白州によって隔てられている。もともと舞台が屋外にあった昔の見所は少し離れた座敷や広縁であり、舞台との間には地面が広がっていた。この様子を今もとどめる西本願寺書院の舞台ではこの地面全体に白砂利が敷き込まれている。江戸期の勧進能の頃にはこの中庭も見所として用いられるようになるが、それでも舞台周辺に

舞台軒先の断面図

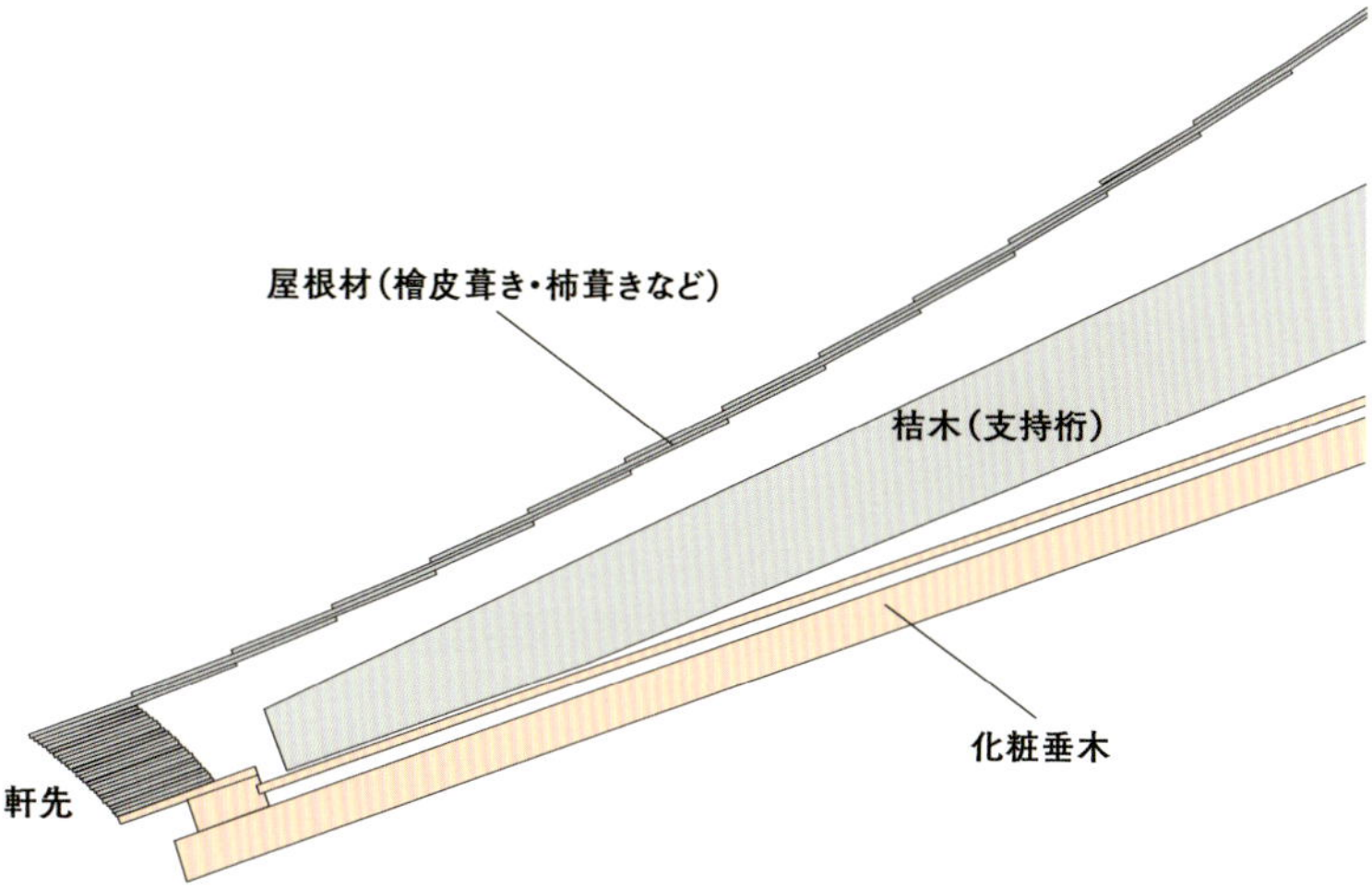

はわずかな巾の敷砂利が残っている。これが今日まで引き継がれて白州として舞台と客席を隔てる結界の役割を果たしている。

次に本舞台から続く橋掛りへ眼をやると、その背後の壁は上部の屋根先端からわずかに離れて上へ抜けているケースもあるが、隙間のまったくないケースも結構多い。もともと橋掛りが屋外にあった昔に比べるとかなり窮屈な感があるが、そんな中で横浜や名古屋の能楽堂のように背後の壁が橋掛りに寄り沿うのではなく少し離れた位置にある場合には、かつて橋掛りが独立した存在だった昔の姿を思い浮かべることができる。

舞台と座席の関係

最近は大規模な能楽堂も増えたが、そんな中でこじんまりした見所の心地良さを称える声は多い。台詞《せりふ》の聞きやすさや表情の読み取りやすさの点から座席と舞台との距離は重要であり、臨場感や一体感もこれに大きく左右される。

江戸期の勧進能絵図を見ると、広い見所に溢れるばかりの観客が入り、枡席《ますせき》や平土間《ひらどま》をぎっしり埋めるように座っている様子がうかがえる。時代を下って昭和初期、近代能楽堂の先駆けとなった旧宝生会能楽堂（一九二八年竣功、42頁参照）の時には背もたれ付きの椅子が入ったが、それでも五八八席が舞台からわずか一二m弱の距離に納まっていた（この外側に枡席としてさらに二〇〇人）。

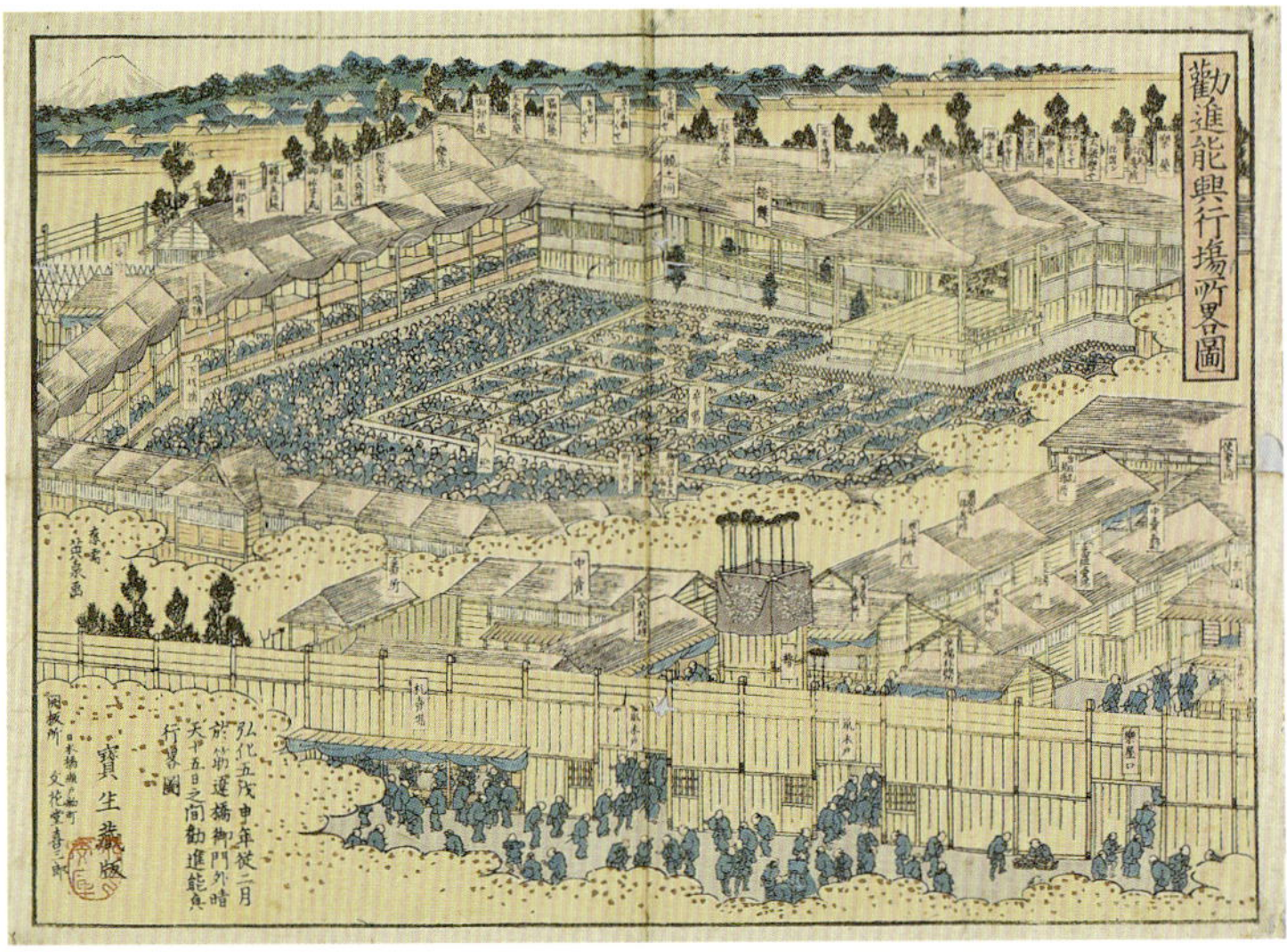

勧進能興行場所略図（一八四八年）

国立能楽堂では六五〇席の最後部が舞台から一九mの距離にあり、ゆとり感はかなり大きいがそれだけ臨場感は弱まっているのかもしれない。

次に演者と観客の高さ関係だが、かつて座敷や広縁が見所だった頃の床レベルは舞台とほぼ同じ高さにあり、観客の目線は立ち姿勢の演者を少し見上げる角度、また座る演者に対してはほぼ同じ高さだった。一方勧進能絵図を見ると舞台周囲の地面（枡席）に座る庶民たちにとって舞台はかなり見上げる位置にあり、逆に後方の桟敷席（特に二階席）の公家や将軍、大名たちからは見下ろす位置にあった。こんな高さ関係は興行的な盛り上がりの点では大いに意味があったに違いないが、鑑賞面からは必ずしも理想的ではなかったかもしれない。それに比べると最近の見所では緩やかな勾配に沿って椅子が並ぶケースが多く、二階席以外には極端な見上げや見下げの角度は存在しない。

見所と舞台の高さ（国立能楽堂の例）

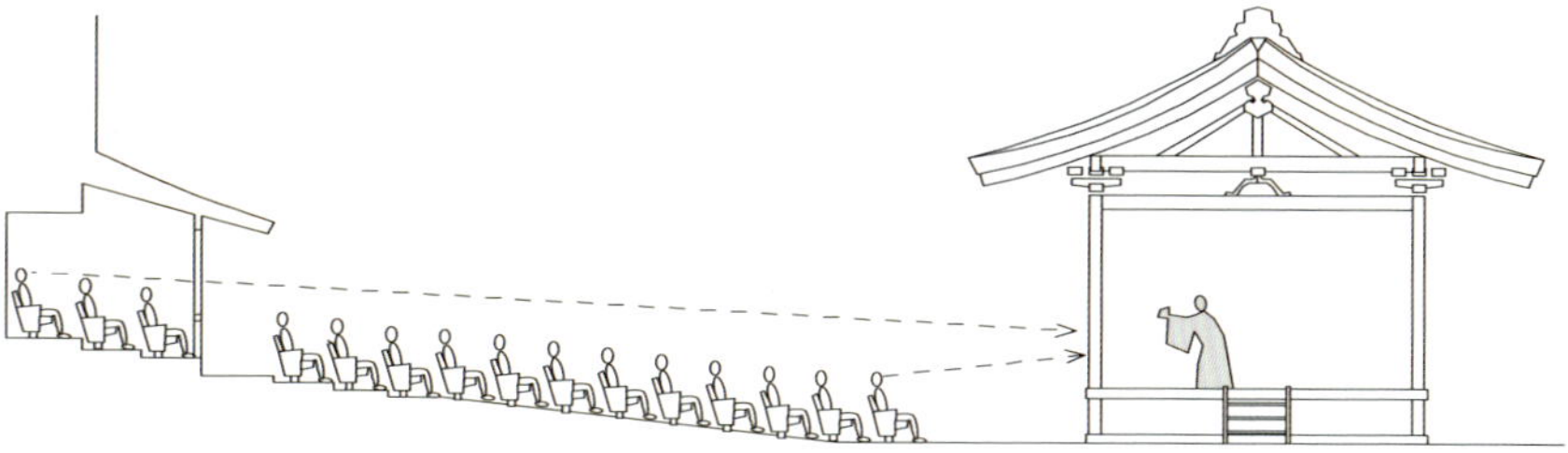

桟敷席と天井

舞台から中庭をへだてて置かれた古来の見所としての座敷、また枡席や土間の後方を囲む勧進能での桟敷席。これらの特徴が近代能楽堂に持ち込まれたのは旧宝生会能楽堂の時で、ここに二階席はなかったが、正面と脇正面後方の枡席や中正面に張り出した貴賓席などにはこれを覆うひさし状の屋根が後方の壁から差し出されていた。このような桟敷席のスタイルは今もいくつかの能楽堂に引き継がれているが、その評価は観る立場によって分かれそうだ。屋外にあった能舞台を屋根ごと建物内に取り込んでしまったことと同様に、桟敷席も屋根付きのまま取り込まれている点はたいへん興味深いが、舞台から遠いために演者の仕草や細かい表情が読み取りにくい点は否めない。もちろん足運びの様子を少し俯瞰の位置からとらえることができるメリットがあるのだが。また見所の照度は演能中も落とされることがないので、観客が一方的に舞台を凝視するのではなく、演者との間に「見る／見られる」の関係が生まれ、さらに観客どうしの視線も行き交う。この双方向の立体的な関係をいっそう引き立ててくれるのは桟敷席の存在だ。それは初期の観能や江戸期の勧進能などの雰囲気を思い起させてくれるだけでなく、見所全体の奥行き感を強調してもくれる。

次に天井を見上げてみよう。もともと空だったはずの天井は江戸期には油障子が貼られたり、明治期にはガラスが入ったりもしたが、その後はどんな変遷をたどっただろうか。大正初期に建てられ、わずか一年後の移転で姿を変えてしまった宮中能楽場は海外の賓客を意識した明治宮殿風のインテリアで、自然光の入る折上げ天井には豪華なシャンデリアが吊られていた。続く昭和初期の旧宝生会能楽堂ではガラッと異なる和風の格天井だったが、格子の内側は板の代わりに薄布を貼った半透過性のつくりで、空からの光が柔らかく差し込むのが特徴だった。最近の能楽堂の天井では、中央に向かって段状に昇る名古屋の例はちょっと特異だが、国立能楽堂のように細かい格子を一様に配した光天井

宮中能楽場（一九一五年、片山東熊設計）

旧宝生会能楽堂（一九二八年、大江新太郎設計）

風の造りや、大濠公園能楽堂や金剛能楽堂のように平坦な天井に小型ランプを星のように点々と散りばめた例なども多い。

中正面の座席配置

中正面の座席配置は能楽堂ごとにかなり異なっているが、必ずしも最適解が存在するわけではない。典型例として席全体を四五度に振る例や、二つに分けて左右少しずつ角度を振る例、また円弧状につなぐ例などがあるが、それぞれで好みも分かれそうだ。歴史的にはどんな形式をたどったのだろうか。もともと座敷が見所だった当時に斜めの線は存在しなかったが、江戸期の勧進能の頃には中正面後方の桟敷席が斜めに置かれている。ただし座面は畳やゴザだったので体の向きを変えるのはまったく自由であり、この畳席は明治期まで続いた。そして宮中能楽場に初めて椅子が置かれて通路が斜めに入った時、椅子の向きは直交二方向だけだったので、位置によっては上体の向きをかなり右（または左）へ動かす必要があっただろう。そして旧宝生会能楽堂の時に椅子自体の向きが四五度に振られて、体の動きはだいぶ楽になったに違いない。

戦後は中正面の席を円弧状に配する例も増え、見た目には滑らかな連続形になったのだが、これが必ずしも合理的というわけではない。演者の動きは、揚げ幕のあたりから舞台右手の脇柱近くまで広い範囲におよんでいて、正面席か

中正面の座席配置パターン

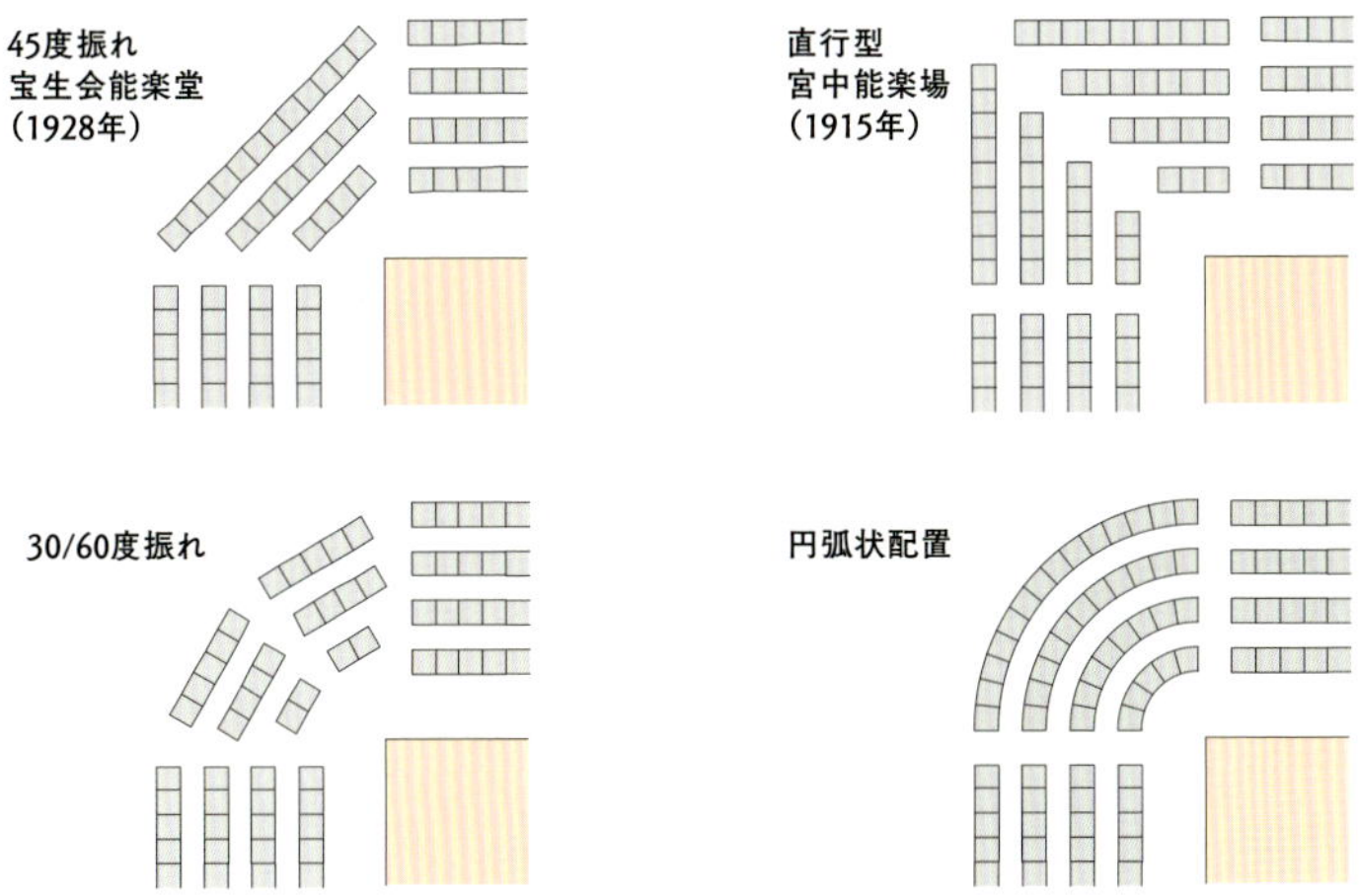

ら観る客もそれに合わせて頭や上体を動かすことを思えば、中正面席だけが一斉に目付柱に向かって置かれる必然性はあまりない。むしろ円弧状配置はどこかスタジアムなどを連想させてしまい、ここにはもう少し固い格式が残っても良さそうに思う。

能楽堂の全体構成

図は、先々代の大江新太郎と先代大江宏の時期を含めて筆者と関わりの深い八つの能楽堂を同一の縮尺で並べたもので、舞台を含む見所部分を白く残し、それ以外をグレーに塗っている。当然のこととして始めに気づくのは、見所の規模に関わりなく舞台の大きさがほぼ同じであること、そして次に、一部の例外を除けば建物全体の大小に比して見所の広さにそれほど違いがない点である。前述の通り、面の表情の見やすさや台詞の声の聞きとりやすさを考えると、舞台から座席までの距離には適正値があり、それが見所の奥行きを限定していることが分かる。また見所全体の輪郭はいずれもほぼ五角形だが、これが中正面席の形状に大きく関わっていることが見てとれよう。そしてこの五角形が作る斜めの一辺は、見所の外側（広間や廊下の側）にも影響を及ぼして、そこにそれぞれ特徴的な場所を作り出している。国立能楽堂の見所に入る手前の天井の高い五角形の広間をはじめ、名古屋能楽堂のちょっと複雑な中広間や金剛能楽堂

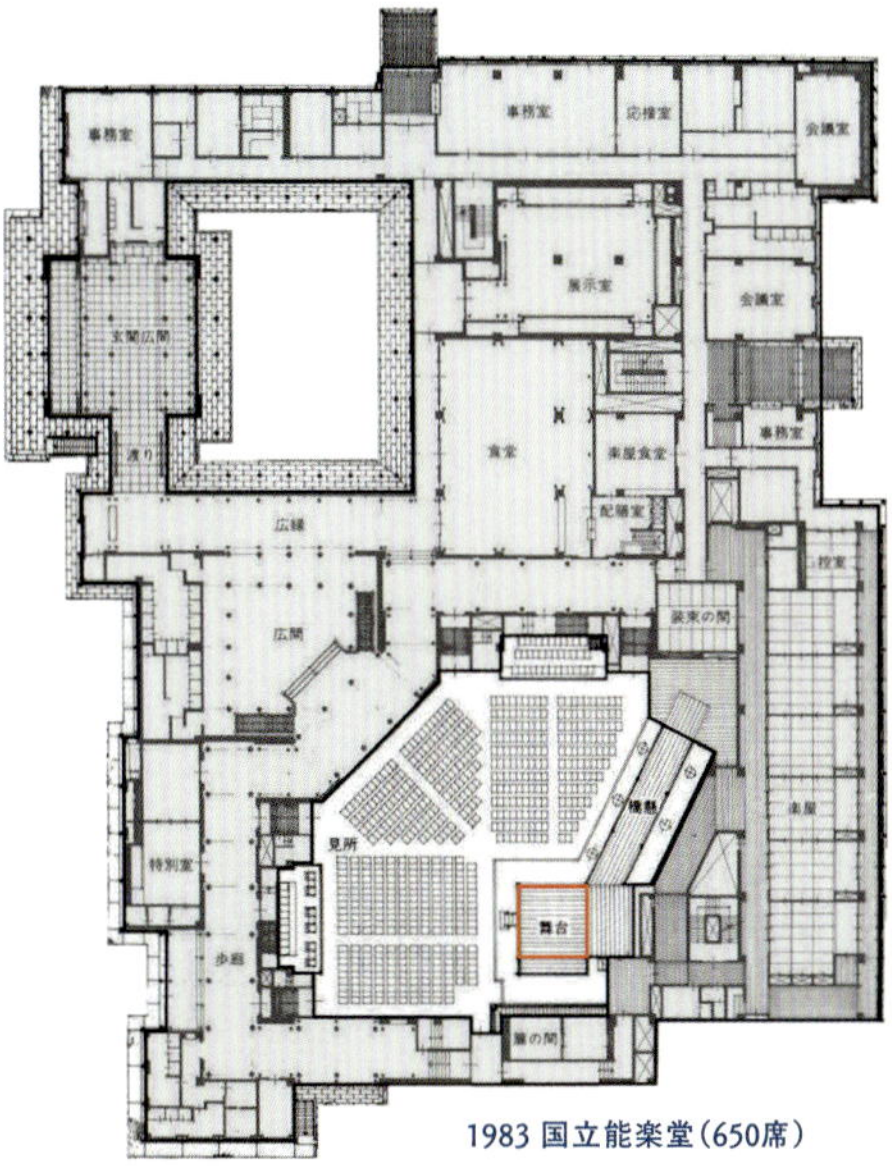

1983 国立能楽堂(650席)

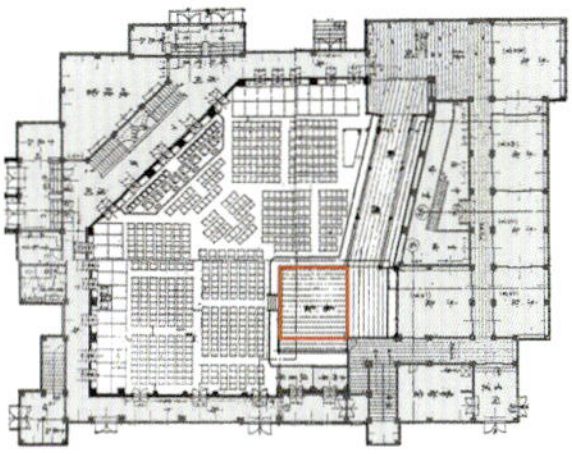
1928 旧宝生会能楽堂(588席)

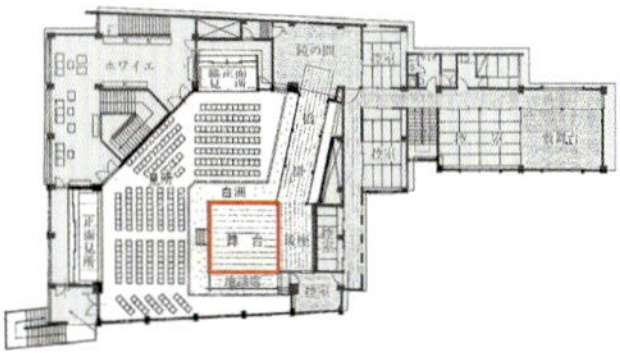
1961 梅若能楽学院(375席)

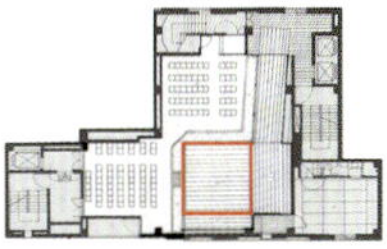
1973 銀座能楽堂(109席)

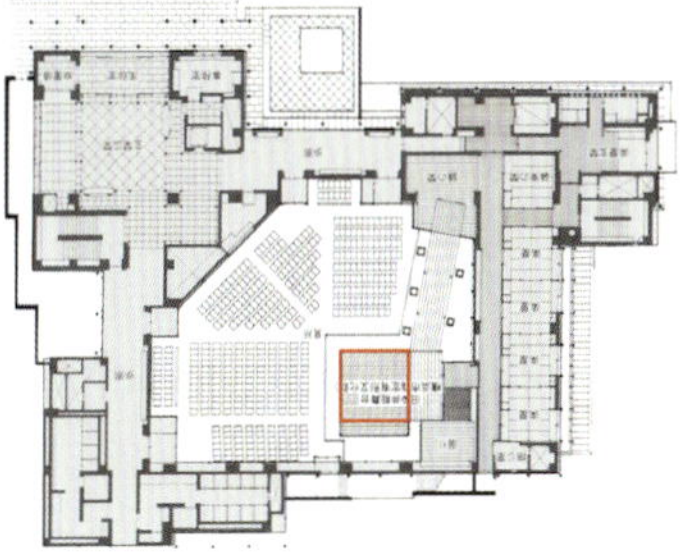
1996 横浜能楽堂(486席)

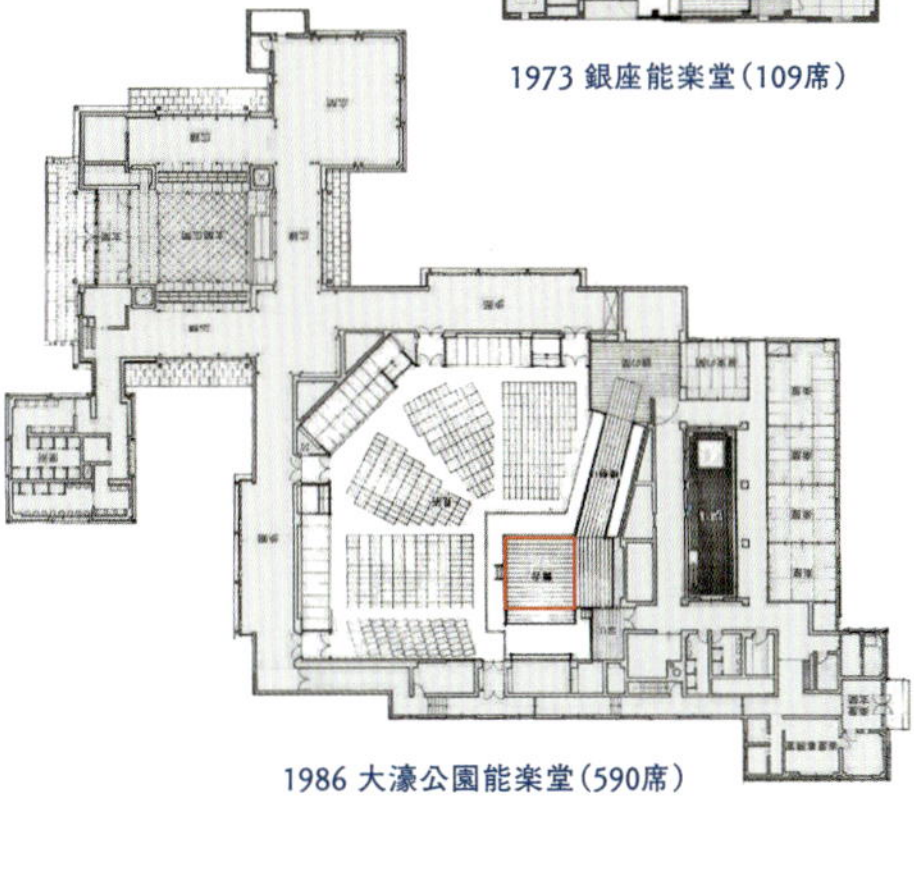
1986 大濠公園能楽堂(590席)

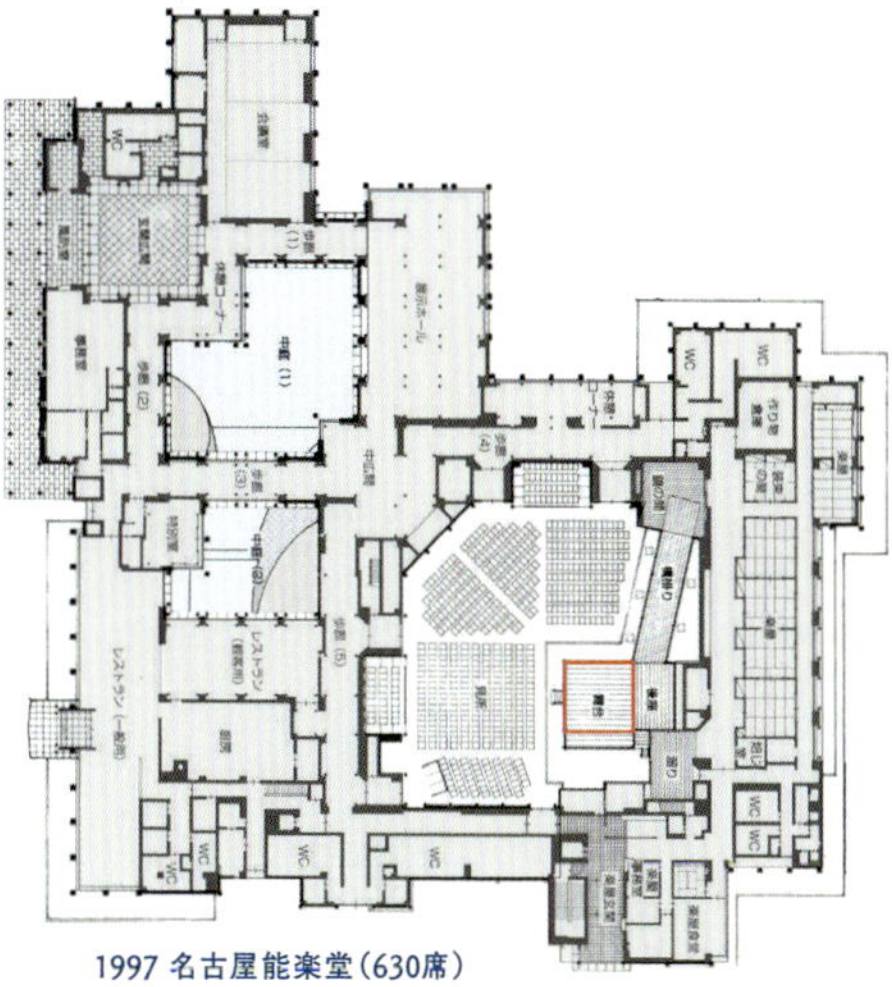
1997 名古屋能楽堂(630席)

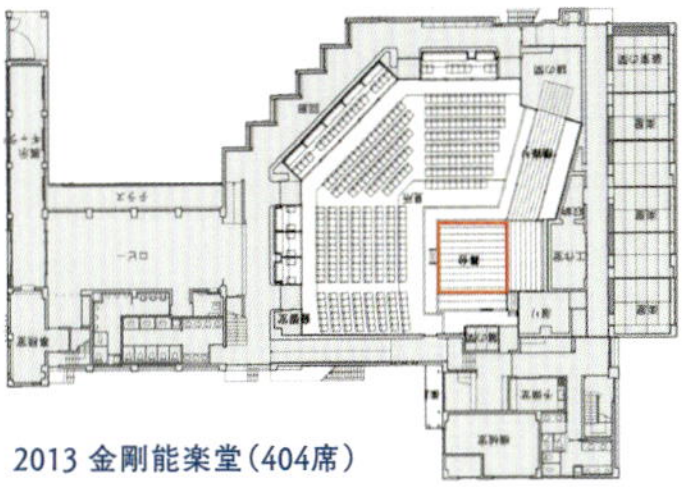
2013 金剛能楽堂(404席)

の庭を望むギザギザの廊下、そのほか旧宝生会能楽堂や梅若能楽学院の斜め階段のある広間（ホワイエ）などがそれである。

次に、見所以外の領域（グレー部分）を眺めると、ここの構成は建物ごとにかなり異なっている。大まかに言うと、どの能楽堂にも含まれる共通部分と特定の能楽堂にだけ見られる付加的部分とがある。共通部分は玄関ホールや歩廊、広間、楽屋などである。広間は劇場や音楽ホールのロビーやホワイエに相当する部分で、能楽堂ではこれを広間と名付けるケースも多い。高機能を求められるオフィスや病院とは違い、歌舞音曲の興行空間では玄関から廊下やホワイエ（広間）を経て観客席へ至る経路の長さや広さが重要である。廊下は「日常の場」から「催しの場」への移行空間であり、広間は「催しの前後や幕間における歓談や休憩の場」だからである。そのほか観る側にとってはちょっと縁遠いが演じる側にとって重要な楽屋がある。楽屋の諸室は舞台の背後で鏡の間と溜りとをつなぐ経路に沿って配置されることが多く、ここでは演者たちの動きのルートが重視される。

付加的な用途としてはカフェや食堂、展示室や中庭などがあるが、付加的とはいえ軽い飲食は催しに心のゆとりを与えてくれるし、時間に余裕のある時の展示鑑賞は興味や視野を広げてくれる重要な場所でもある。また、国立のほか名古屋や福岡の能楽堂にもある中庭だが、水平に広がる大型建物の場合は奥行きが深くなるために外部との接触が薄れがちだ。建物の内側に庭を置くことによってそこにもう一つの屋外が生まれ、外の光や空気、植物などとの接触を容易にしてくれる。

異色の能楽堂

最後に少し異色な例を眺めてみよう。もっとも古くてユニークな例はやはり嚴島神社だろう。現在の舞台は江戸初期の再建だが、海面を隔てて周囲を回廊が巡り、地裏側を含めた三方向から舞台を眺めることができる。ここでは太陽や月の明るさ、方位、風向きや波の音など様々な自然要素が観能条件を大きく左右することになるが、そんな中での観能も時には大いに幻想的である。

宮城県登米市にある伝統芸能伝承館の舞台は森に囲まれている。正面席は初期の観能形式にも似た広縁付きの座敷で、脇正面側は屋外のゆるやかな傾斜面になっている。ここも自然条件の影響を受けやすいが、季節に恵まれれば木々の間を抜ける風音や鳥のさえずりの中での鑑賞がさわやかな体験となるだろう。

伊豆修善寺あさば旅館の屋外舞台は明治末期に東京深川の富岡八幡宮から移されたもので、池を隔てた客室と広い濡れ縁が見所となる。鑑賞に適した場所は限られており演能回数も多くないが、平常時でも舞台の存在感はたいへん大きく、能にはふだん縁のない人達に対するアピール度も高そうだ。

愛知県岡崎城の二の丸能楽堂は、半屋外ベンチ式三〇〇席の小さめな見所だ

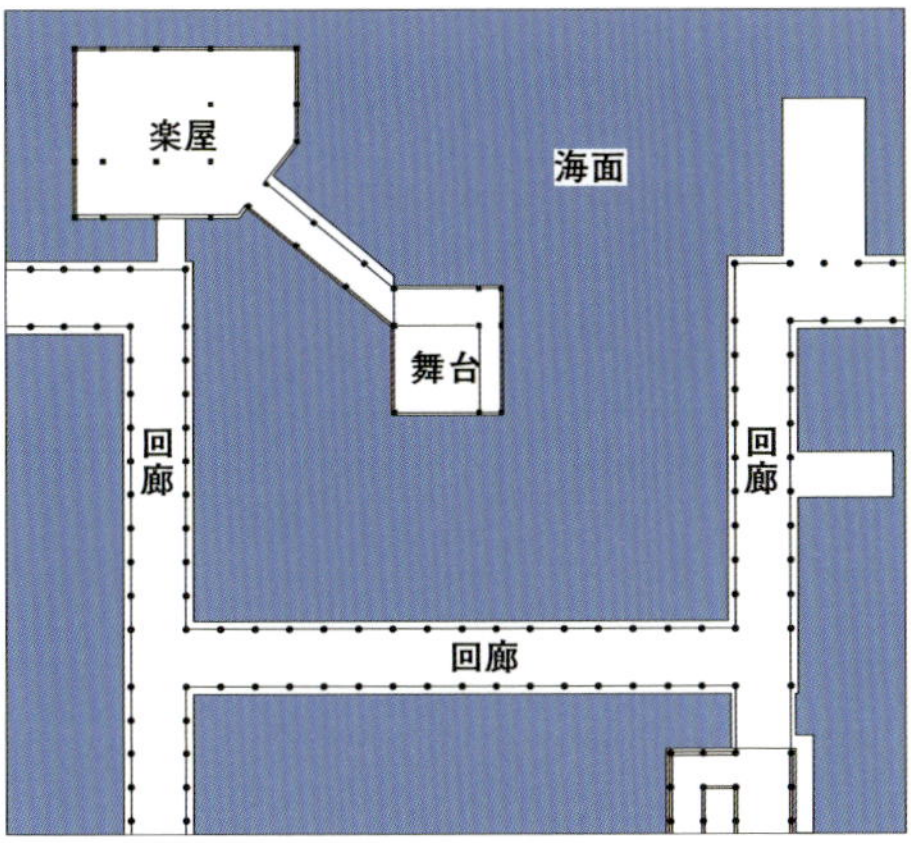

嚴島神社舞台

伝統芸能伝承館
森舞台
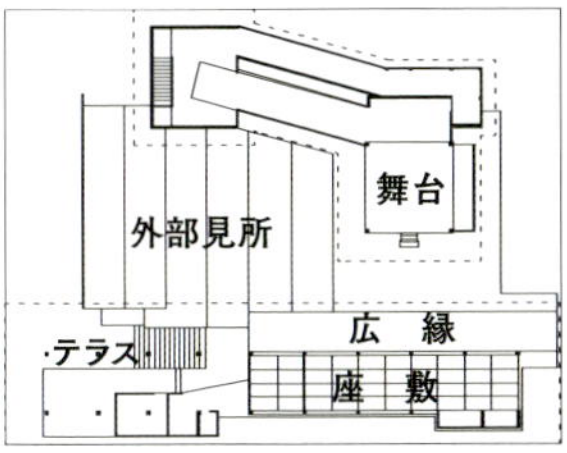

が、古代ギリシャの円形劇場も思わせる階段席が設けられている。能と円形配置の組合せにどこか不思議なミスマッチ感も漂うが、舞台から最後部席までの距離は短く、急傾斜で立ち上がる客席が壁となって音響効果を高めてくれる。

東京の渋谷駅に近いセルリアンタワー地階にある二〇〇席の小さな能楽堂は、椅子式見所の後方に置かれた座敷（料亭金田中）がユニークだ。通常の催しでは座敷との間は引戸でさえぎられているが、食事の後には戸が開かれて座敷から観能の機会が設けられることもある。

いずれの例も通常のタイプとはちょっと異なる能楽堂だが、それぞれに特異で新鮮な体験が得られるように思う。

（「観世」平成二十七〜二十八年、連載〈能をとりまく建築〉を転載）

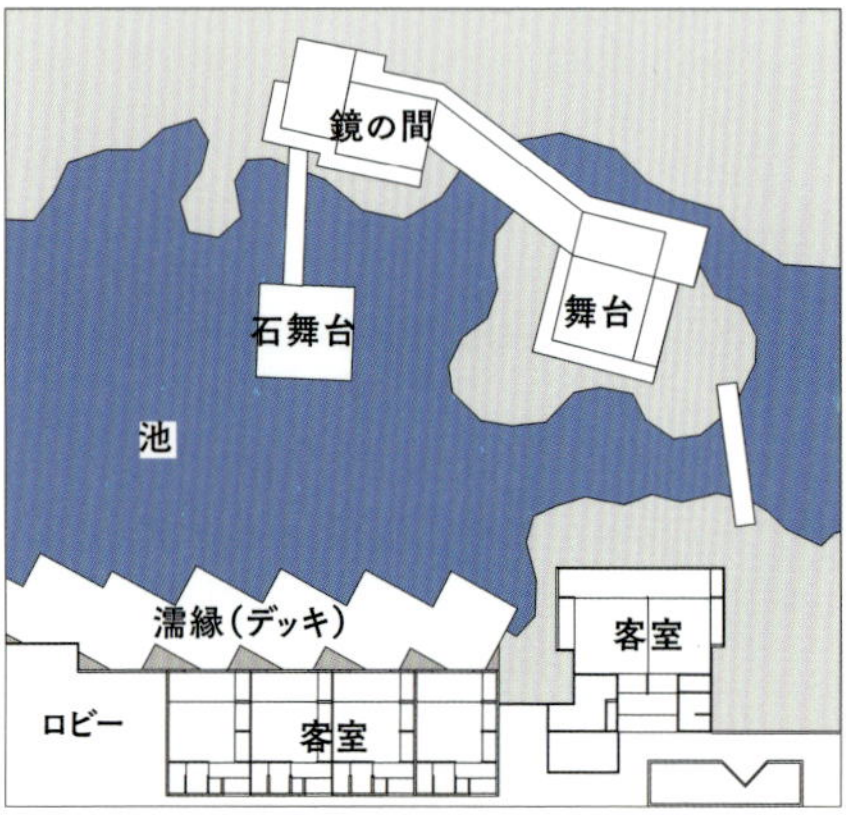

あさば旅館舞台

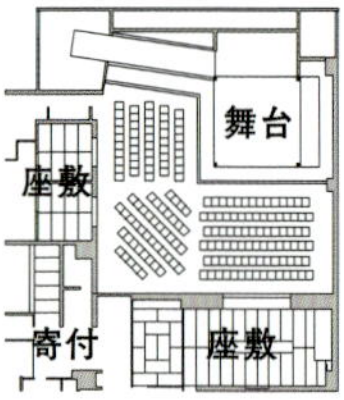

セルリアンタワー舞台

岡崎城
二の丸舞台

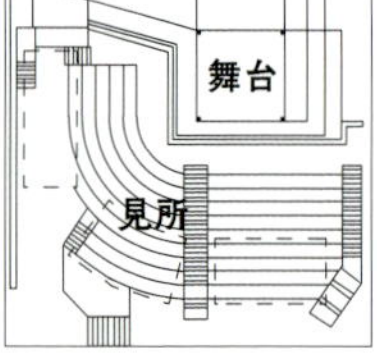

鏡板をめぐる周辺

能楽堂の鏡板について、写真家の今駒清則氏から耳寄りなことを伺った。「雑誌の「金剛」にむかし松野秀世さんが鏡板の探訪記を連載していたことがありますよ。私も同行したものです」という。調べてみると、平成八年五月の一四六号から平成十一年の一五六号まで「鏡板――洛中洛外」という標題の画・文で断続的に八回の掲載である。例えば、第一回目は八坂神社、粟田神社、岡崎神社を訪ねていて、鏡板の描き手を確かめようとしている。八坂神社では「後見座よりに、明治なかば夏、山田永年の朱字印」、粟田神社と岡崎神社の描き手が同じく「神坂雪佳」であることに驚き、前者には「竹の根に大正八年記名と光琳ふうの丸印」を見るが、後者には「精緻な画法や細部の枝葉には似通いがある」が、「落款を欠く」と記している。以下、この連載は写真一点を交えた、十六箇所の鏡板とそれに類する二点の絵の記録であるが、訪問記であり、それらにまつわる回想の記でもあるという性格を備えている。

ここで連想されるのは、父君の奏風が「謡曲界」の昭和五年一、二月の両号に掲載した「鏡板の松」の画・文である。それは当時の東京の代表的な能舞台の鏡板の見取り図と説明である。九段能楽堂・観世宗家舞台・宝生会館舞台など十二箇所と京都の舞台四箇所が取り上げられているが、その図版に付された説明がさまざまに面白い。例えば、喜多舞台については、「極端に太い幹を殆ど一直線に右斜に押倒してその頭部から又一直線に見える枝を右下へとつき出してゐる。そしてその行止りを何れもブチ切ったやうに葉で包んでしまってゐる。根元のところの空洞を二つ険しくかいたのも破格である。葉の下枝を遠慮なく茂らせて墨痕鮮に、しかも太々とかいた練達さは凄いものである」というふうである。

奏風は右の画文の「序」に「この稿はつゞけ得たら尚京都方面のなども少々かいてみるつもりである云々」と結んでいる。思うに、秀世はその父奏風の遺志を継ごうと考えたのではあるまいか。そしていま、その奏風・秀世父子の画業は、千葉県四街道市の「松野藝文館」において、奏風の娘の長谷川紗衣と孫の三香お二人の管理のもと、ご親族の諸氏の手でしっかりと護り伝えられている。

（小林保治）「橘香」より転載。

能舞台の鏡板

松野秀世

◎鏡板の松

鏡板の松。と題して、昭和の初期に私の父奏風《そうふう》が、〝謡曲界〟という当時の月刊誌に、各地の舞台の松の図柄を、スケッチで紹介したことがあります。その冒頭につづる一頁は小文ながら、この存在の何たるかを表すものとして、まことに的を射た感触を述べているように思いますので、お話のとりかかりに、お示しさせていただきます。

（――およその内容を、まとめますと、）それは平生、あまり人の注視をあつめずにいて、しかも役者が舞台に居並んでしまえばいよいよ、あの背景のあることすら、忘れられかねない。

だが今更ながら、いかにこの老松《ろうしょう》の絵が、能そのものにふさわしいことか。まずそこへ足を運べば、床に倒映する影を投じた緑樹が目にうつり、鑑賞の心へとみちびき入れる。やがて能が進行するうち、その当初の印象はいつしか意識下に沈潜され、シテの舞う姿に奥深さを加えてくれる。云々《うんぬん》とあり、いずれこのように一見、変りばえもなさそうな松の絵に、画家はそれぞれの精魂を傾けたうえ、完成した大作には署名を遠慮して、かくれた位置に自ら甘んずることになる。

と、結んでいます。

◎鏡板

では、いったい鏡板とは。と問われたならば、その定義は何とすべきでしょうか。

ちょっとこころみに、国語の辞典のなかでごく信頼できる書籍から、いくつか繙《ひも》といてみました。たいてい第一項に、能舞台で松が描かれたもの、としてあります。つぎに鏡のように平らな一枚板、などといった次項が、付いた例もみかけます。

ですが、しかし残念なことにそれらは皆、たぶん正しい解釈を得ないままに、たとえば能楽関係など専門書からの転写をしています。もしくは能に通暁《つうぎょう》する諸賢から、訓《おし》えられえる根拠に従った要約です。

ふだん、こうしたうかつな慣用を、つかい馴れてしまったばかりに、それもおそらくはつい近年このかた、しらず知らず定着させて来かかっている、実情です。

じつはこれを糺《ただ》しておきたいのが、今日の講演の、主な目的でもあるのです。

さて鏡板と呼ばれるものが、もともと何をさすかを申しましょう。

それは宮大工さんが、社寺の建築において板壁を張るとき、最上級の施工の場合に用いられる工法で、「雇《やと》い実矧《ざねは》ぎ」【図参照】という継ぎ方によって、建てつけられるもの（板張り）の呼称です。

そして能舞台では、これが囃子座（後座《あとざ》）の奥正面と、切《きり》戸《ど》をつけた脇の板にあてがわれます。なお本格的な舞台様式では、貴人口《きにんこう》がありますから、かりに地謡座の分が一枚の板巾で間にあわなければ、これも含みます。

したがって、「鏡板」という言詞《ことば》の説明に〝能の舞台で松（や竹）を描いた板〟などと解釈をしている状態は、図面などにそう記入されたために起因して、たんに転訛を生じた結

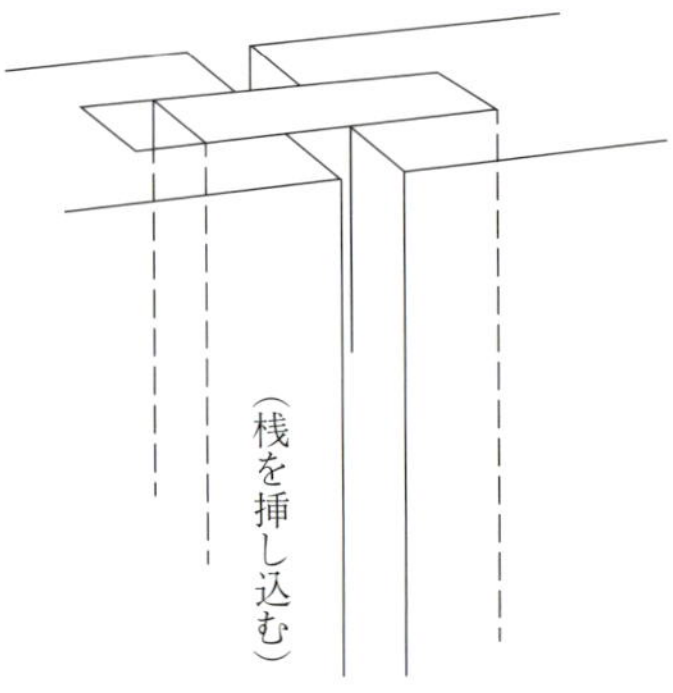

雇い実矧ぎ

果にすぎません。つまり、〈鏡板張り〉の工作であれば、すべてがそう名づけられる、ふつう一般の用語なのです。

◎鏡板本来の規模

ところで能舞台に関しては、大床や四本の柱なみに重要なものとして、これを受けとめます。それこそ大層な意気込みで、用材にもことさら念入りな準備で取り組みます。

それゆえ最高の仕立てならば、正面三間で一枚の板巾が四尺近い贅沢な、とっておきの上材をこれにあてがい、厚み八分《ぶ》ほどに及ぶ五枚矧ぎ、というような用意をいたします。もしも七枚、九枚の割りつけであれば、もうずいぶん豪華といえる造りでしょう。今ではとても叶わぬ、旧時代の名残《なご》りです。

しかし何らかの理由によるさまざまな制約から、これに充たない条件のもとでは、十四、五枚ぐらいまでの板取りが望まれます。それ以下の細巾では、いかにも羽目板の施工程度としかみえない印象を、どうしても観た眼に与えてしまいます。

また素木《しらき》の造りには、その表面に現われる木目《もくめ》の艶《つや》やかさなど、ただ単に美しいという美感以上の働《はたら》きを、人の心に惹きおこす木の生命力が内在として宿ります。

いわゆる鏡板が、そうした精神作用までもたらし、神社や仏閣の粛然とした雰囲気に通じるような、まことに清々《すがすが》しい空間を構成するものであることは、少しも訝《あや》しまれないはずですね。

鏡板じたいなにかそうした、想い入れまで抱かせる美質が伴なうのですから、もともと板の意味のほかに、せまく限定するたぐいの説明を、つける必要はありません。能舞台にかぎった訳《わけ》でもなく、その上へ加彩をするかどうかさえ無縁です。もうこれらの錯誤からは解放され、ぜひ正しい語意を常識として、扱ってまいりたいものです。

◎現存する古舞台の源流

能の創成期の舞台構えが、変遷をたどってほぼ現在の様式をととのえたのは室町末葉から桃山初頭へかけての頃と、みるのがよいでしょうか。

その後、約四百年の風雪に晒《さら》されながら、なお現存する建《たて》物《もの》の姿を、いまでも我われが目にするという倖せは、能の歴史的視野から捉えて、なかなか大切な要因のひとつです。

そうした能舞台の最古の遺構は、まあ云わば〝源流〟として位置づけられる、四つの例を挙げることになります。

すなわち、京都西本願寺にある、北《きた》舞台と南の表《おもて》舞台の二件。広島県福山市鞆《とも》町の沼名前《ぬなくま》(隈)神社境内の一宇。それから同じ広島の宮島厳嶋《いつくしま》神社能楽殿。これは先年一九号台風の被災による倒壊散逸の後《あと》、旧材の六割以上を確保するという規定をみたして、復元再建し国の重文指定を失わずに、ともかく原型をつなぎとめました。

◎古舞台の(先行する)松

一応それらの舞台に描かれている、松の図をたずねてまいりたいと思います。それには、舞台の構造が深く関わってきますから、単に図柄だけをぬき出すという訳にもまいりませんので、しぜんと建築の特徴にもふれてごく大まかな図取りばかりを、黒板に略筆でお見せして行くことにいたします。

本願寺の二つは、安土や伏見の桃山城など、あるいは聚楽《じゅらく》第《だい》に用いられたかと考えることができ、北の舞台では建立《こんりゅう》年次を、天正九(一五八一)年と確認されています。

松の絵はこれが最も古い作例ですが、竹を描いてありません。南舞台には、北のそれと同じ構図で松を配し、切戸によせた根方《ねかた》から左右へ枝先《えださき》を広げて、脇の板にも展開します。南の松には、右手奥のカドを挟んで、正面と脇の板へかけて、松の樹越《みきご》しの趣きで数本の篁《たかむら》が加わります。風に撓《しな》う竹幹や、葉裏を返してそよぐ描写は、じつに秀逸です。

両者とも切戸にまで、松葉が描《か》きのせられており、そのため切戸口の縁辺《ふち》には細框《ほそがまち》がなく、古様を感じさせます。また正面中央になぜやら支柱が立ててあります。

なお北の松は、まっ黒く褪色した緑青の葉だけが、散在するかの如く残留し、幹の痕《あと》をまったくとどめませんが、その高度な技能に往時の筆頭絵師の風格を偲ばせます。

そして一方の南の雄勁《ゆうけい》な枝ぶりにも、桃山らしい息づかいが躍動し、双方とも美術史上に誇りうる、傑出した名作です。

沼名隈神社では、厳嶋と類似の形式で笛柱が独立し、貴人《きにん》口《こう》が省かれています。しかも切戸の出入りは、正面右端にドアで開閉する建て具をとりつけた、独特の造作《ぞうさく》につくられています。そのうえ正面の板ばかりに、老松を描いた左手の後見座の背後へ、二、三本ほど竹を配したようです。

これは元《もと》もと組立式の造りで、太閤秀吉が戦役《せんえき》のたびに運び廻していた舞台です。ついこれまで、識る人の稀れな存在でした。

厳嶋神社能楽殿は、永禄十一（一五六八）年毛利元就《もとなり》の寄進とされ、じつは四件のうちでいちばん古い創建です。ただし鏡板の画は、ずっと下《くだ》って元禄年間に及んでいます。

藩主の浅野家が、解体修理をした折のもので、さきの再建申請に際して、竹内寛斎の名が社伝で判明しました。松の右余白《よはく》と脇障子《わきしょうじ》へ竹を二本ずつ振り分けにし、舞台の構造に沿った美事な納まりをなしています。

◎江戸時代の能舞台・鏡板

徳川氏が幕府を開きますと、能に関してもすべてが変革し、式楽《しきがく》として制定された管理のもとに置かれます。

たとえば各藩では、役者のお抱えと同時に面装束の写しを調《ととの》え、郷許《くにもと》と江戸表《おもて》に舞台の用意を設ける必要を来《きた》しました。しかし各自気ままな好みが容《ゆる》されるというわけではありませんから、舞台については宮大工の棟梁頭《がしら》である大番匠《おおばんしょう》に、図面を願い出ます。

桧の平箱にタトウ包み一式をそろえ、中に狩野派の宗家・奥絵師から、松と竹の小下絵《こしたえ》が示されていて、その御指図《おさしず》どおりの普請《ふしん》と雛型《ひながた》のままの絵付けをする、押着《おしき》せの方式によった固い御諚めでした。

その実物資料は、いま丹波篠山の青山家に保存され、当地の春日神社の舞台とあわせて、この間《かん》の事情をつたえる唯一の證《あか》しが、よく完全なかたちで残っています。ちなみに建立は文久元（一八六一）年、絵師は松岡曽衛門であることが、寄進者の藩侯、忠良《ただなが》と大工方を併記した棟札《むなふだ》によって知られます。

春日神社舞台の老松画雛形（秀世写）。手印（二重丸と菱形）の部分は、松葉を実寸で描いた見本が添えてある。

ところで、これらの規範になるのは、当然ながら江戸城御本丸の表舞台です。何ごともこの格式に応ずるような、とり扱いです。

諸大名は松の葉の階数や、橋掛りの長さも将軍家へ遠慮したといわれます。その制約的な条件の踏襲が、やがて図柄の類形化を生じ、それをあたかも画法の、掟《き》まりごとでもあるように、いつしか倣《みな》されてきたのです。

◎江戸期の遺存舞台

こうして全国的な建築規模であったはずの能舞台も、現存する数はすでに遺《のこ》り少なく、ほとんどが消滅しました。

わずかに姫路に近い魚住《うおずみ》の住吉神社古舞台（正保四年）は源流に次ぐ順位として貴重《きちょう》ですが、鏡板はさきごろ失われました。これに続く京都市中の今宮神社御旅《おたび》所の舞台は、大内《おおうち》のつながりがあって規制を冒《おか》し、松の梢に猿の首《かしら》が十頭ほど隠《かく》されたりしています。

自署で寛政乙卯《きのとう》（七年）孟暑、法眼元陳画と竹を廻《めぐ》らす貴人口の裏に認《したた》めたのは、ここのみの異例です。なお滋賀彦根城内の舞台や、平泉中尊寺の白山神社能楽殿などが挙げられますが、中尊寺は嘉永年間に未完だったのを終戦の翌年、風化した杉の素木地《しらきじ》に父が染筆して居ります。

（「金春月報」二〇〇〇年五・六月号
〈金春祭り能楽講座フラッシュ〉より転載）

鏡板の松

松野奏風

鏡板の松といふものは、平生あまり人の注意を惹かぬ勝《がち》である。元来が、奇を以って注意を惹くやうに描くものではないし、その前に各役々が居並んでしまへばいよ〳〵漠然と黒ずんで、かゝる背景あることさへも忘れられかねない。

だが今更乍ら、如何にあの松が能そのものにふさはしいことであらう。能のはじまる前、少し空気の冷たい能楽堂に入ると、簡素な木造の堂の床に、つややかな影をうつして、そこに人なく、ただこの松ばかり粛然《しゅくぜん》と、また縹緲《ひょうびょう》と控へてゐる。それだけが我々の目に入る。それは如何に我々の心を引締め、かつ和めてくれることであらう。今日一日の能をみる気持は、この時に養はれてしまふのである。

やがて囃子方が出、地が揃ひ、ワキが登場し、シテが現はれて能はすゝむ、この時我々は松の存在を意識の表には決しておかない。しかし朝の中《うち》に得た第一印象はしまひまで我々の意識下に沈潜して、シテの舞ふ芸術に奥深さを添へてくれるのである。

松を描く画家は何れも、これだけの気分を醸成せしむべき役目を負はねばならぬ。そして彼等はその任務を高サ一丈幅三間の空間に果しつくすのである。しかも之はその舞台のあらん程何百回何千回の演能にも及んで同じ責務を持つのである。

かうしたわけで、一見何れも大差なく見える松の絵に、筆者はそれ〴〵の精根を傾けてこの大壁面に対してゐる。その作品はそれ故に投やりや好い加減にはイヤでも仕上げ難い。そして完成した大作に彼等は皆署名を遠慮してかくれたる功労者として自ら甘んずることになってゐる。

どんなにしても約十日はかゝるその染筆を了へたとき、彼等は斉《ひと》しく一旬《いっしゅん》の溜息を洩して仕事からぬけた歓喜と哀愁の交りあった不思議な思ひを味ったであらう。

茲《ここ》で私は現在東京で使はれてゐる各舞台のうち代表的なものについて、みとりの図を掲げて少し説明してみたいと思ふ。この稿はつゞけ得たら尚京都方面のなども少々かいてみるつもりである。全国的に書きたいのだが私の足跡は甚だ少ししかない。

九段能楽堂

この松の筆者は土佐派の河邊《かわべ》御楯《みたて》だときいてゐた。

昔、狩野が徳川家の絵師であった関係から、松の描き方は狩野が本式となってゐたらしい。しかもその舞台所有者の格式によって、葉の重なりが十九階とか二十三階とかいってゐた模様である。

この松も狩野の構図に土佐の描き方を以ってしたやうに見られる。葉は十七階半とでもいふのであるらしい。とにかく少し背の高い方であるが、形は実によくまとまってゐて、間然《かんぜん》するところない。江戸城旧本丸の舞台であったときく鏡板の松の、写真縮図をみると、現在各舞台の松の中で、この九段のが一番それに近い。従ってまづ最も古式を伝へてゐる松としても、従来松を描くべき時の絵本とすべきものと思ふ。

今は大分に損じてゐる上に、この舞台があまり使はれず手入も行届かぬ勝なのは惜しいことである。

観世宗家舞台

之も筆者は河邊御循で、御循はこの外にも、焼けた飯田町の喜多家の松をも描いた。酒豪で描くより飲む方で手間どったさうである。

九段のと比べると大分に違った松をかいてゐる。随分横広に一杯にかいてあって、葉の一笠の幅が四尺づつだといふ。一種のよい形ではあるが、全体として少し締ってゐぬ感がある。幹の太いところに難があるのではないかと常に思ってゐる。

現在九段の松は明治十四年に出来、大曲《おおまがり》のは三十四年に出来たといふから、筆者も最初は謹厳一方に猫き、その手心が充分についてゐたので、之は大いに磊落《らいらく》に思ふ様な描き方としたのではないかと考へる。

とにかくこれだけの大きな描き方は、今後の画家には一寸無図《むづ》かしいかもしれぬ。序《ついで》乍らこの松をかくに要した顔料の記録を物の本から抜いておく。

緑青〔第一青 壱斤
　　〔第二青 壱斤半
白緑 壱斤
墨 壱挺
金泥 弐匁
代赭 四拾匁
以上。

宝生会館舞台

川端玉章筆である。

非常にイキなスラリとした姿である。が少し生気潑剌《はつらつ》とし過ぎてゐるのが瑕《きず》ではないかと思ふ。欲をいへば重厚味が乏しいのである。

非常にアッサリとした描き方で幹のところなどは代赭《たいしゃ》を二三度かけた位のことであったと思ふ。

右に伸びた枝の葉の中に、どうしたものか緑青の大きな剥脱がある。一尺四方位なものがまるで墨の下塗だけになってゐるのだが、見所《けんしょ》からは殆ど気がつかぬ。

細川家舞台

近藤樵仙《しょうせん》氏画ときいた。

かき方は殆ど土佐で行ってゐる。手綺麗にチンマリとしてゐてよい形ではあるが、右の枝が心持高い目に見えるのと、全体が妙に柔軟性を帯びてゐるを私は気にする。九段の松

の幹をみると本から末へと不自然な細り方をしてゐるのが大いに安定感を与へる。茲の松の幹はその点少し現実的に忠であり過ぎると思ふ。

喜多舞台

熊谷直彦筆で、前々項宝生の松と殆ど同時代に出来たものらしい。前者が前田侯で之は浅野侯のものだったのを、同じく震災に舞台を失った両流の主要演舞機関として手放されたことは人の知るところである。さうした経歴も、筆者も彼此丁度対比をなすものであらう。だが松の絵そのものは大いにかはってゐる。之だけが特に一般よりもかはってゐるのである。画面に対して余り大きくはかゝれてゐないから、松だけで見ると、その感じは一見小さなまとまりに見える。しかし非常な剛健なもので、構図筆勢共に、直彦筆としても代表的な作と許さるべきものであらうと考へる。

極端に太い幹を殆ど一直線に右斜に押倒してその頭部から又一直線に見える枝を右下へとつき出してゐる。そしてその行止りを何れもブチ切ったやうに葉で包んでしまってゐる。根元のところの空洞を二つ険しくかいたのも破格である。葉の下枝を遠慮なく茂らせて墨痕鮮《あざやか》に、しかも太々とかいた練達さは凄いものである。

表町舞台

こゝの舞台の松はまたかはってゐる。

筆者は誰かしらぬが、とにかく京都の本願寺の舞台をうつしたときいてゐる。いかさまその図組は桃山式の豪宕《ごうとう》さを偲ばしめるものである。

たいていは幹を左から右へと出すのであるが、この松の根は鏡板の右に据ゑて左へとのびてゐる。太いとも何ともいひやうのない幹を横たへて、厚いとも何ともいひ様のない葉の笠をまとふてゐる。

その上根元から相生《あひおひ》に右へ分れた小枝は切戸口を横切って竹の画にまで及んでゐる、代りに竹の方でも鏡板を侵略してゐる。

之だけ奔放な構図の下にありながら、この松があまり大きく見えない。それは描き方がこの大屋体に比して繊巧《せんこう》に過ぎる所以《ゆえん》であるらしい。

厩橋舞台

こゝの松も筆者をきいてゐない。

形もよく整って美しくかゝれてゐる。しかしあまり之は近代的であり過ぎる。幹のほっそりしてゐることと、その色の白味の多い清新な感じは、新築の茲の舞台にこそふ

さはしいが、この神経質なところは、能の本質には些か遠ざかるものではなからうか。舞台の材木がくろくなって艶を出す時分に、絵も共に蒼古の歩調を合せるか否かゞ少し疑はれるのである。

華族会館舞台

筆者は小堀鞆音《ともと》氏である。描き方は純土佐といふべきで、構図にも非常に独創の点がある。

幹の曲り具合、枝の振向け具合、葉と葉の関係その下に出る小枝の形まで尽《ことごと》く寸分の隙もない。カッキリときまった非常によい形である。手法はもとより鍛練の極みをつくしてゐるから申分なきものである。葉には群青を、幹には金泥がたくさんに使ってある。

先帝御登極《とうきょく》の大典に、天覧能あるため宮中で御設けてなったのが、現在華族会館に下賜されてゐることは、周知のことである。

（以上、「謡曲界」昭和五年一月号）

旧宝生舞台

猿楽町時代の旧宝生舞台である。

この松の筆者は、同流に近しい関係ある下村観山氏であった。

葉も幹もかなり黒かったやうに覚えてゐる。非常に細微な写生的描法を以てされ、一々の葉は一々の枝にチャンと生じ、それが団となり層となって図案的効果をも収めるやうにかけてゐた。この行き方の写生風の松としては、恐らく之れ以上のものは、ないであらう。

惜しいかな震火に焼失したが、今の宝生会館の内陣にこの松こそふさはしかったらうと、ないものねだりを考へる。

旧梅若舞台

「うまやばし」といふ響のなつかしかった当時の舞台のそれである。

私は十五の頃はじめてこの松に対し、その前に展開される古芸術に接した。その時松を写生したぎり、不覚にも以後筆を立てなかった。

ところがこの舞台は暗かった。その暗いのがよかったのだが、今このみとり図をかくに当って能の舞台写真を参考にしようとすると、何れも黒溟々たる背景のみで少しも役に立たぬ。

が、とりあへず此の図を作ってよく見れば、何の事、現在の同所の松がとりもなほさず、そのうつしなのであった。但し、かく作図に及んで始めてさうと気がついた程、今昔の両者別趣を呈するのである。

現在のは筆者をきかぬと前号に記したが、近頃物故した土屋秀禾《しゅうか》氏と分った。旧のは誰か分らぬが、やはり狩野の式である。

旧喜多舞台

飯田町時代の喜多流復興期を見来ったのは、この松である。

筆者は前号に申す通り河邊御循で、大曲の観世の松とくらべみるとき、全く同型であることを知る。たゞこちらは舞台が小さいのですべて小ぶりに描いてある。

茲で取消をせねばならぬのは、前号九段能楽堂の松をも同じ筆者ときいたやうにかいたことであ

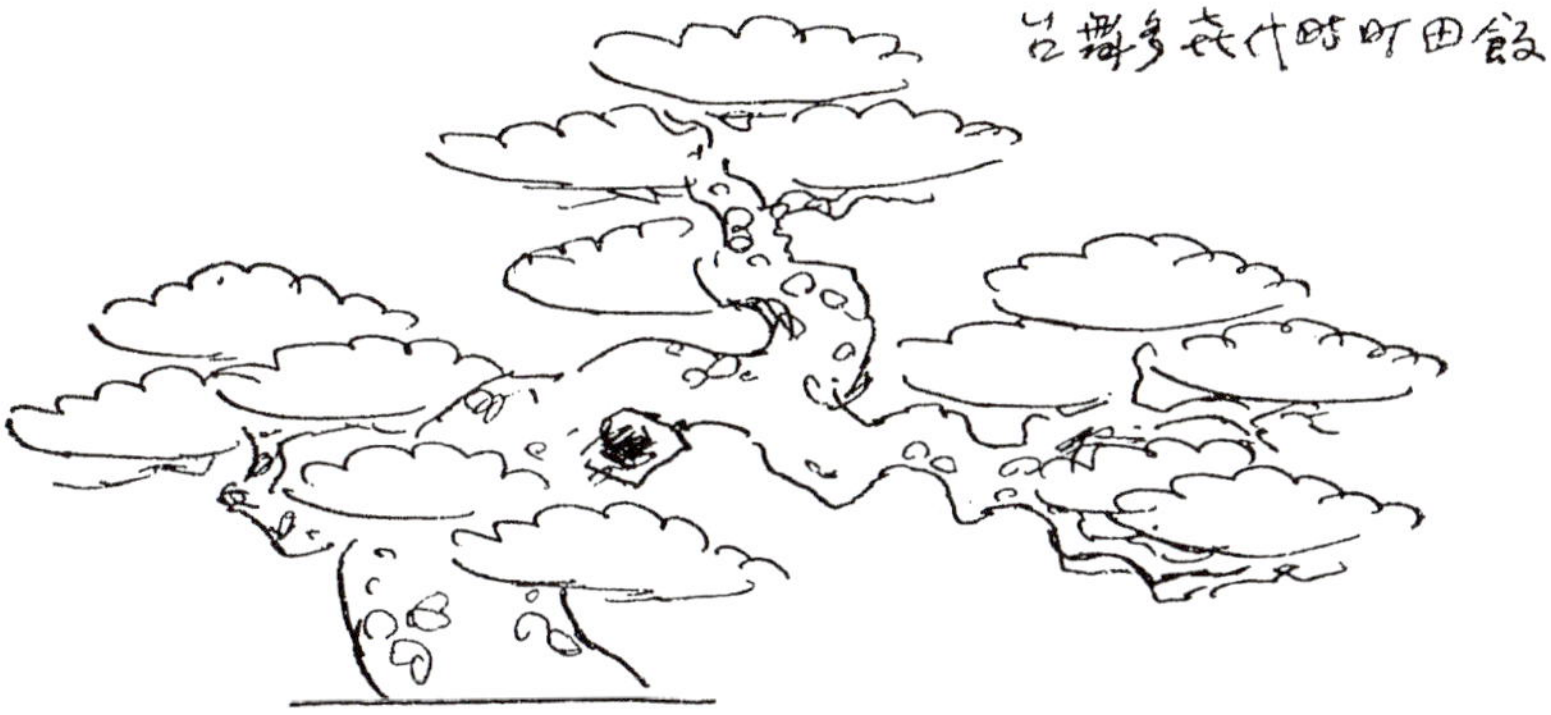

る。実はまだ本当に調べてはみないが、取消にしても間違ひあるまいと思ふ。それ程喜多観世のが同型であり、それから見て、九段のは大分の隔たりを感ぜねばならぬからである。

京都金剛家

筆者は専門の画家ではないといふように、当主巌《いわお》氏からきいた。さもありげな姿態の松である。大分に無邪気でヌーボー式である。幹も素朴、枝も簡単、葉もあっさりと少い。ボッテリとしてゐる。之で近よってみると葉には一杯の葉描きがかきつめてあり、幹も細かい鱗をふいてゐるのは意外な位である。

そして、絵の下に金箔がおかれてあって、葉の上部だけそれで縁をとったやうに、ボカシ残されてゐるが、逆光線のハイライトの如く見へて珍しい。

(箔をおくのは、木の脂《やに》止めで、能面にも施すことある装置である。)

京都観世会

現在京都観世会の幹事をしてゐる多田香疇《かうちう》氏がこの絵の筆者である。

ずいぶんたくさんに緑青をぬりこめたときいたが、なる程さうらしい厚さを葉に感じる。幹の代赭も特に赭《あか》くコックリとしてゐる。

普通末広形の松を三角形とみれば之は一寸菱形のやうな外廓を具へて一格別様をなして

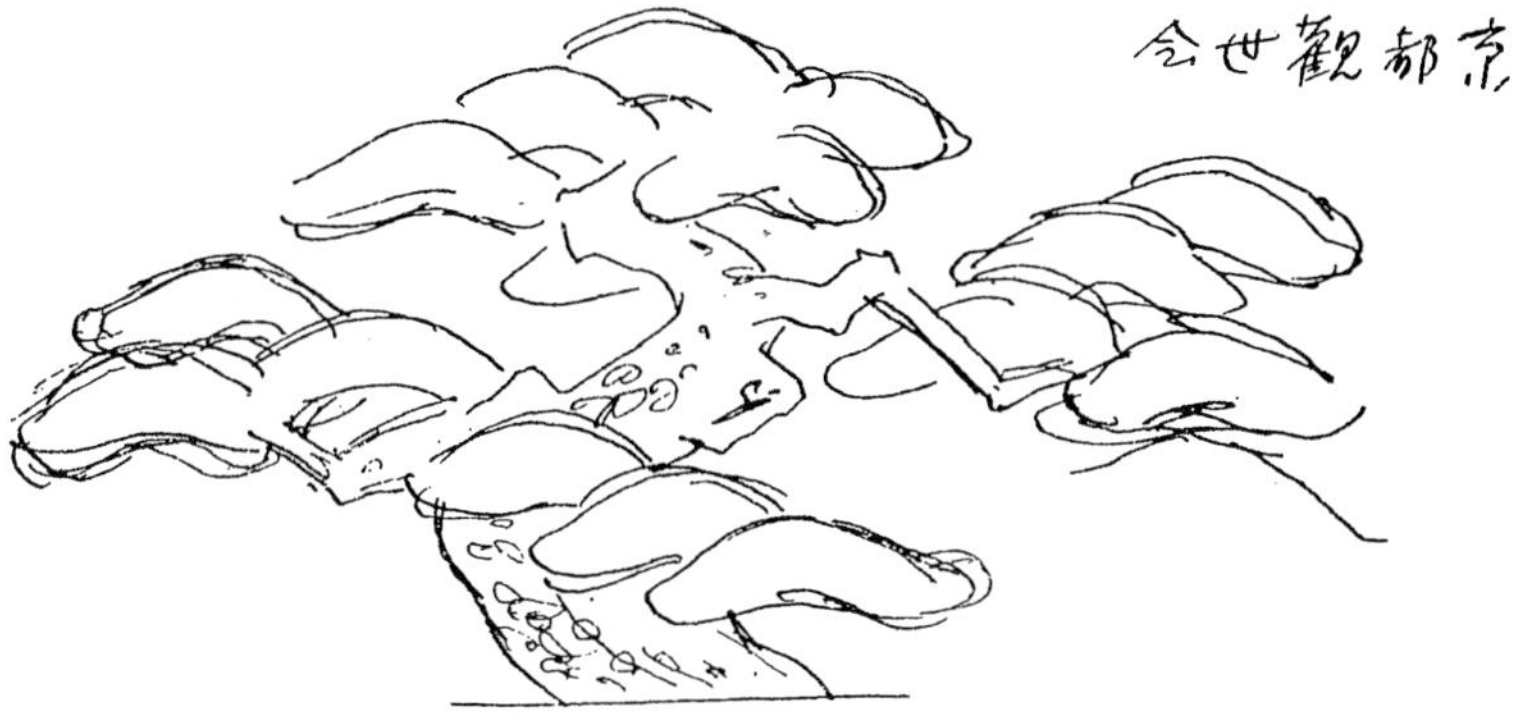

ゐる。従って無理をして枝を横にのばしたりせず、むしろ背の高い松といふ気がする。之も然し何かより所があるやうに筆者自身からきいたやうに思ふ。

同稽古舞台

右観世会の二階別室に稽古場がある。そこの正面に今はなってゐる羽目に、下図の松がある。小さなものではあるが、中々いゝ。筆力も遒勁《しゅうけい》である。

之を現在東京で梅若流の用ひてゐる表町舞台の松にくらべると、私は彼《あれ》よりも是をとりたい。思切り幹を横仆《だお》しにし、而も右方から左へとのばしたなど、表町のとは正しき同類型である。しかも表町のより自然であると思ふ。

名古屋能楽堂

二回程みた舞台で、その松の絵も大分時代がつい

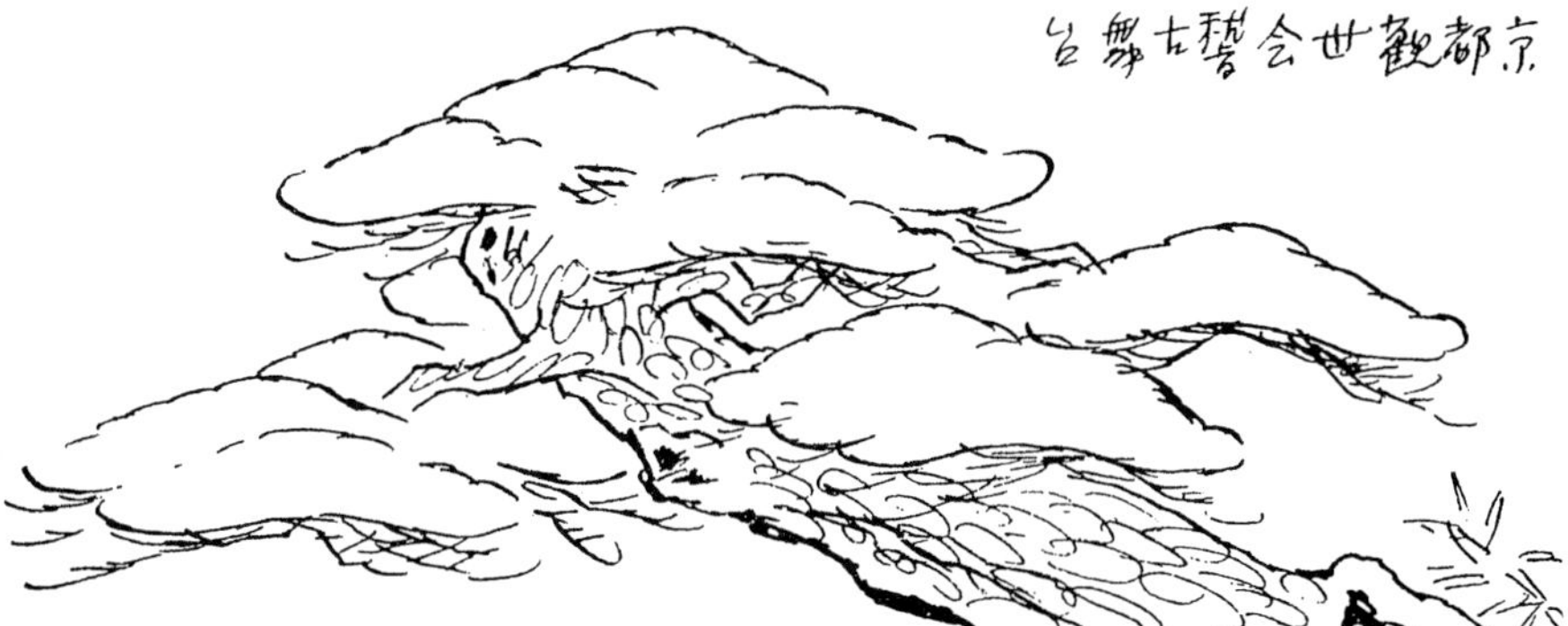

てゐるらしくハッキリせぬため、スケッチも曖昧模糊たるものである。

何分印象がうすいので、なんともいひやうがないが、ずいぶん平たく書いた松であったと思ふ。しかしいゝ形はいゝ形である。

勿論私は筆者も時代も知ってゐない。

橋岡久太郎氏舞台

もと高橋箒庵《さうあん》が作った鏡板だとかきいてゐる。スケッチした位置の関係から、幹の中心が少し左よりになってしまったが、大体図の如くに、右方へ遠く枝をのばしてゐるやうに思ふ。

葉の一笠々々とには厚みに乏しくて横にはかなり長くしかも反を打って描かれてゐる。面白い形である。

横に張った点で些か名古屋のに似てるので、茲に之を挙げておく。

（以上、「謡曲界」昭和五年二月号）

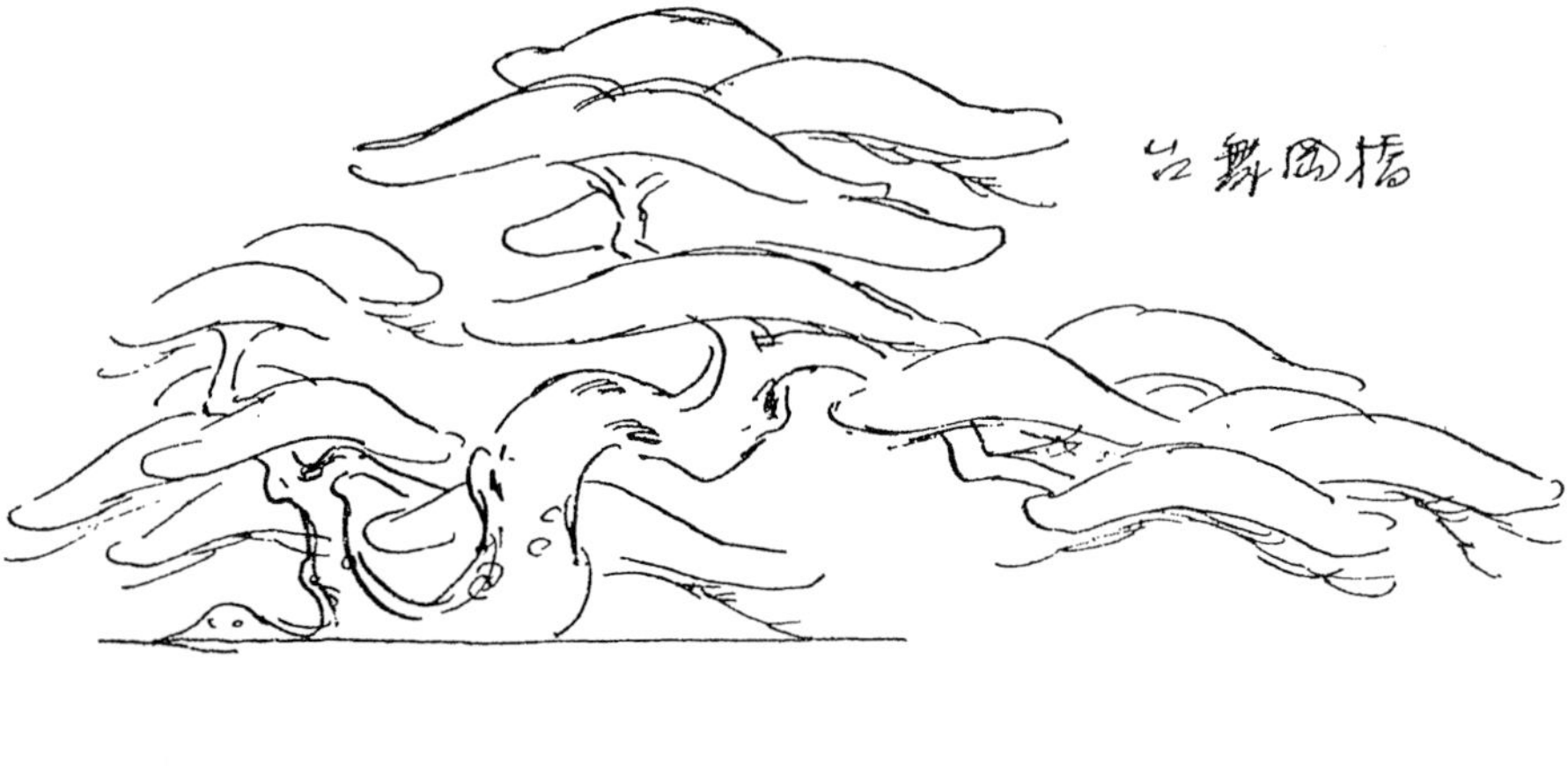

鏡板 洛中洛外

画・文 松野秀世

八坂神社・粟田神社・岡崎神社

やよいの八坂さんへ。歳毎《ごと》の初能で、翁が奉納される祇園の社を起点に、まず四条辺りを往く。賀茂の川風が新柳をけずり、浅翠もやさしくなびいて、春はやい洛中の彩どりをさそう。

東の詰めで丹塗りの門をくぐれば、舞台は南坪に。と思ったところが、松も竹も一面に立てめぐらした大戸で囲ってある。床《ゆか》までが寸法に合わせたシートと、毛布の二枚重ねで蔽われている。つい小正月の頃、ビニールを鏡板にあててあるとの、報らせを聞いてきたのが、まことに手厚い養生である。

はじめから旧い資料に頼るのは、なにやら情けないが、正面の巾木《はばき》すそに刷いた土坡《どは》が脇板へかけて、カギなりに続く構図を、ぜひお示ししておきたい【次頁図参照】。

かつて御池に在った酒造、「嶋台」の主人が習い覚えた筆を揮った由。後見座よりに、明治なかば夏、山田永年の朱字印。

で、やむなくというのもおかしいが、丸山の公園をぬけ、知恩院の大石段を横目にして粟田口まで上《あが》る。

ここへは、いつぞや（金剛）宗家の古稀の雅宴に参じた帰途、佇《た》ち寄っている。折りからの雨に来賓客がお開きでタクシーに忽ち列をなしたので、たずさえた短い傘をたてに、三条への降《くだ》りをたどりかけ、粟田神社の鳥居をふと見受けるままに道草したのであった。

このたびは、あの松の絵柄の個性にみちた筆者が、神坂雪佳であるとわかったうえで、訪ねたものである。姓はかんざかとよび馴らわすが、人は概ねカミサカと訓《よ》む。うっかりそれが上坂に転じたりする。じつは母方の縁になる関係で、仕事のゆかりも懐かしい。

慶応年間の生れで、昭和の謂ゆる戦前に没した。きわめて斬新な図案の意匠から、よく琳派の扱いをうける。この取材のまぎわにもそうした展覧会場で、仰山な作品が並ぶのを観てきた矢さきである【前頁図参照】。

なお祇園と当社は、例の巴に木瓜《もっこう》の定紋が共有で、新宮にあたると伺う。

小高い境内からは、大文字五峰が一八〇度ぎり〳〵のスコープに収まる。ことしの寒さで、珍しい雪の代文字を眺めたという。いま遠山も霞に烟るばかりだが、その送り火の赫と冬の白映は、雪佳の号もからんであたかも壱双《いっそう》の屏風か、対《つい》幅が想い描かれる。

閑話休題。陽ざしの暢びた岡崎をわたり、平安神宮の右沿いに丸太町へ出、さらに東へ入る——と教えられた、岡崎神社へ廻った。

拝殿の左向きに、ここも同じ二間半造りの舞台が設けてある。ともに橋掛りの取付きは直角をなす。こちらは内棟《うちむね》の滑車や笛柱の鐶《かん》など、道成寺用の金具が子ぶりな飾りを整えて形式上紛れもないが、呼称としては神楽殿になっている。

そして、はからずも鏡板の絵師が、これも雪佳であるのを識った。はじめ作風の隔たりに惑わされて肯き難いが、おそらく写実的なこの幹を先んじたものだろう。さすがに精緻な画法や、細部の枝葉には似通いがある。

惜しいことに、かなり剥落が進み、やがて仕上げの緑青を失うばかりであった。

切戸口が框《かまち》を省いた押し開きで、建具にもかき消しの笹が一本《ひともと》、のせてあるのが印象に残った。これは落款を欠くが、粟田神社では竹の根に大正八年記名と、光琳ふうの丸印を伴う。それらを、ついさきほど拝見してきた画集が、再び持ちだされて、これまた掲載の頁をめくって頂くのだった。

やや肌さむく傾く、京地の遅日《ちじつ》。いつしか灯る照明を謝しつつ、模写の紙をたたんだ。

［余滴］
すっかり暮れなずむ社杜の背後に、丈高くそびえる甍が気になり、路次を伝うとそこは黒谷であった。玄々《くろぐろ》とせまる闇をすかして、熊谷直実〝鎧かけの松〟の、玉垣に守られた古影に行き遇う。かれこれ幕放れには、まあおもむろの足どりとなった。

伏見大社・御香宮・東本願寺能舞台

洛南を伏見まで。稲荷の大社は、本宮《みや》をひかえる朱《あけ》の拵《こしら》えが、夏陽《び》にまぶしい。

能舞台は、もと拝殿を挟んで二棟あったうち、小宇は粟田口へ移された。前回訪ねた珍らしい唐破風の、それである。

いまは右側に、原寸の方を残し、神楽殿として常用している。さすがに朝から参詣が絶えず、お初穂に応じて神楽を奏する。

舞の仕草の左手右手《ゆんでめて》、と稲穂舞を詠んだ山口誓子の句碑が、橋掛りの袂に佇む。

さて鏡板は、四枚大戸の造りで把《ひ》き手に金具を打ち、松葉の緑青ばかりが、剥落を免れた形像《フォルム》をとどめている。そして脇の竹図の、豪放きわまる太幹には、じつに目を奪われる驚嘆であった。漸くスケッチを描き継ぎ、奥の千本鳥居はくぐらずに。

桃山は、能に由縁《ゆか》りのふかい里である。とりわけ御香宮《ごこうのみや》は、室町いらいの伝承が、史述を浮彫りにしてくれる。

応永頃の「看聞御記《かんもんぎょき》」は、伏見宮の日誌であり、丹波申楽の件りなど楽頭職が絡んで面

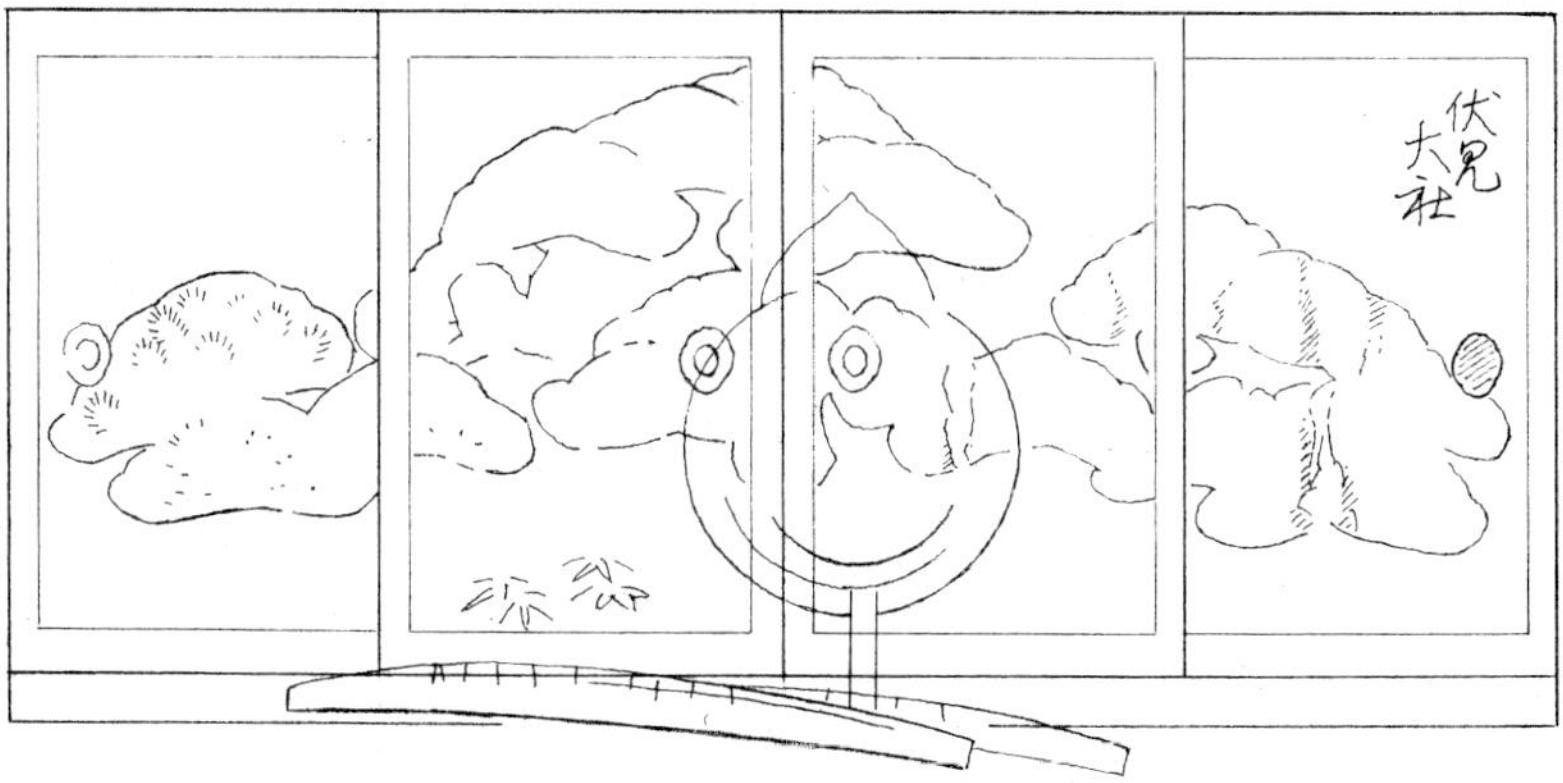

白い。いずれ秦氏の関わりや、太秦の閉じた舞台も、共に流れを曳くのだろう。

かの香水の汲み湧く境内は、まづたのむ木立の陰が、まことに有難い。

江戸期の後半、京都所司代の許認がないまま、親政を迎えて于《とき》至れりと、精一杯の普請にかけた舞台は特徴が多く、平成にも改修を加えたところであった。

新たな補彩のうかがえる松と、金砂子の霞に雅びな香りを漂わす。後見座によせた土坡の白緑《びゃくろく》地へ、田口忠臣の大印を捺す。

明治初頭の風格を並べたついでに、お東さんの逸品を掲げるが、この筆者は名高い幸野楳嶺《ばいれい》である。巨匠・竹内栖鳳の、師である人の作例を京中《うち》にみることは、やはりよろこばしいものである。

かりに金剛舞台の松を、ここでくらべてみると、どこか一脈あい通ずる感触が匂うのは、手本とすべき確かな絵柄を、とかく身近かにするためだろうか。

東本願寺能舞台（撮影・今駒清則）

梨ノ木神社・茂山家・旧片山舞台

寺町を御所まであがる。清和門のかいで鳥居をくぐり、やや参道を進むとお札所に隔って、敷舞台を設《しつ》らえた棟がある。

「京都で、鳥が描かれた鏡板を観た。」と聞いたのは、この梨ノ木神社であった。

梨ノ木神社能舞台（写真提供・梨ノ木神社）

なるほど枝をたわめた、磯馴れの松並に七羽の祥鶴が、めでたく梢上を飛びかう。左右の両側はコの字に板戸が続き、海浜の若松には霞がたなびく。禁裡御用の筆致はさすがに格調正しく、落款と刻印で原在泉《ざいせん》（大正期の人）と訓む。また切戸を正面につけた例は、とりわけ珍らしい。

萩の坪と染殿の井戸、というのが専らの知明度だろう。名水に喉を潤したうえで、今出川の南をめあてに行く。東へ入れば、〃この辺りに紛れもない〃茂山さんの前にかかる。町屋らしい表口の心易さが、狂言師の親しみを呼び招く。

二階の稽古場は、豪奢な六曲の金屏風を寛《くつろ》げて、障壁の如く貼付してある。

主《あるじ》の千作翁は、ことに丹青《たんせい》をたしなみ、舞台で扱う道具類

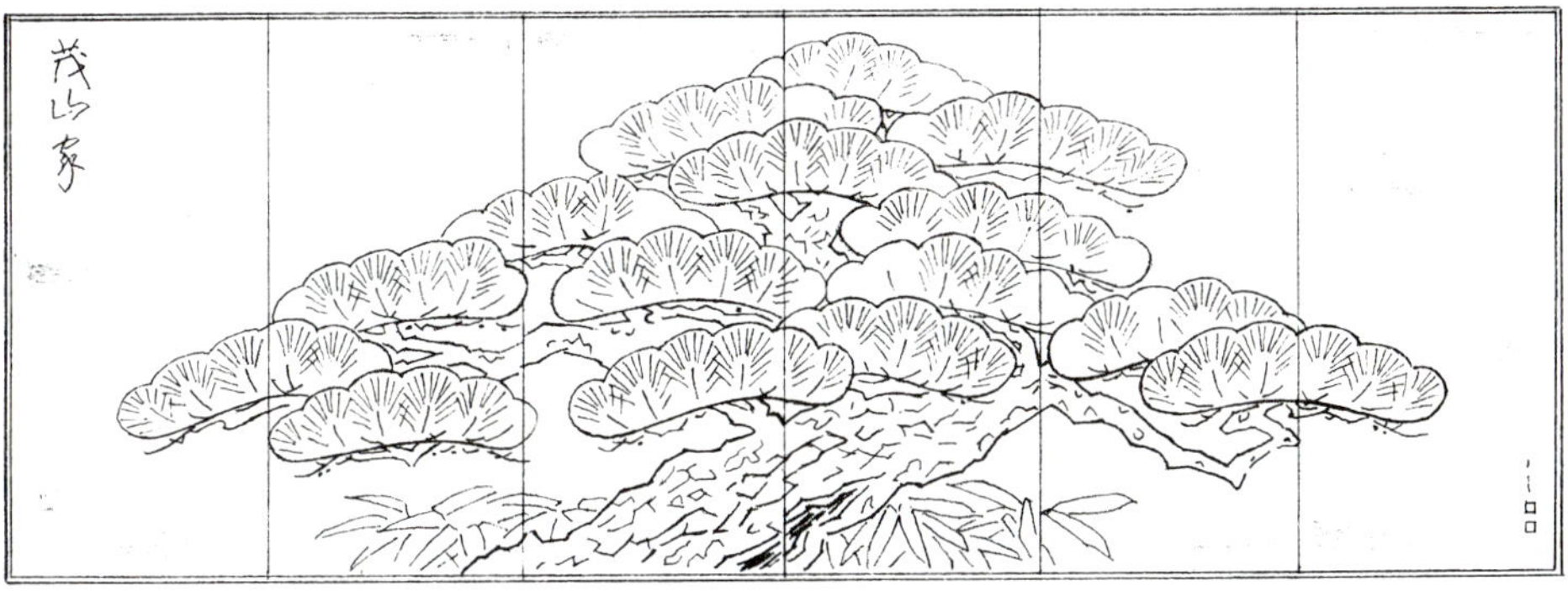

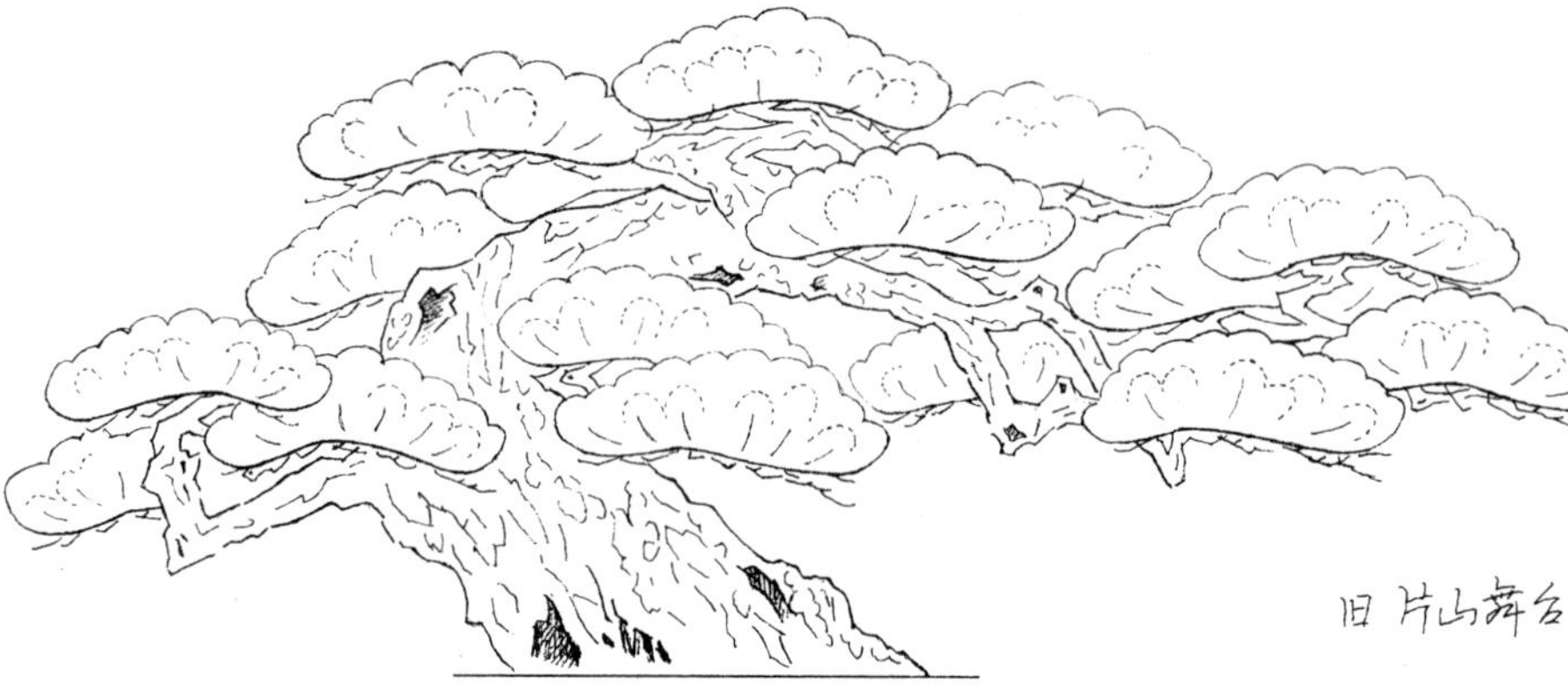

は、手造りの物が多いと伺う。いぜんお訪ねした折、玄関の衝立てに古味《こあじ》な雀を拝見した。話の弾みでなんと中学の作品と判り、改めて視直すつもりが幸野楳嶺の能画にさし替えられてしまい、いちだんと高らかな笑い留めの、おいとまとなったのであった。

さて百万遍へ向けて、角取りに店構えをはる「かぎや」のときわ木は、父が個展の応接で使うため、昭和の初めごろ考案した小豆菓子である。甘党の軒伝いに、観世の河村隆司私宅まで脚をのばして、烏丸から北のつめを、わずか乍ら奥へと運ぶ。

自己の催しで金剛舞台にも立つ氏だが、いささか故ある老松を蔵めている。

もとの緒材は、同じ室町の筋の夷川で、片山家の舞台に建てられたものであった。明治三十五年霜降《そうこう》に披露の砌り、東京からも華々しく名人たちが馳せたという。そこは他流とても当日の祝いに連なり、さながら廂が双《なら》んだ趣きには、いっとき

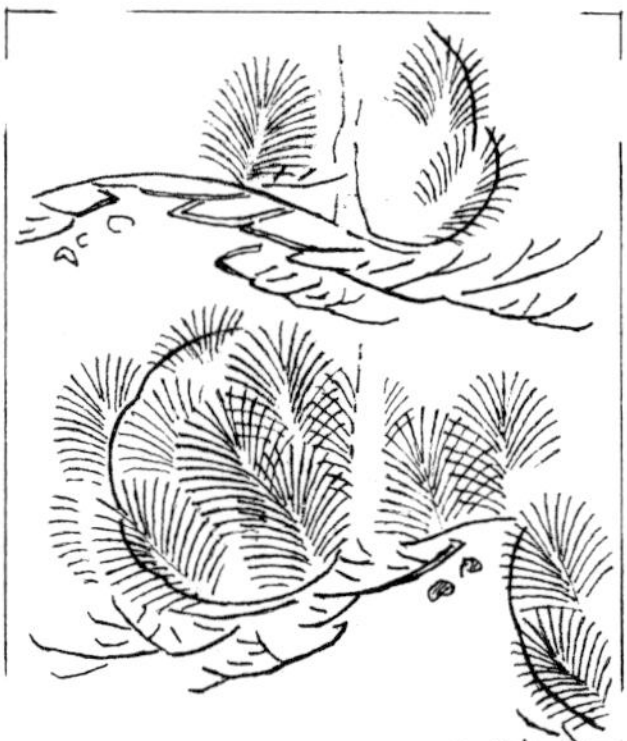

の賑わいをなしたであろう。

代をうけて観世を継ぎ、上京した二十四世は、京里にあった四枚戸をやがて住ま居に移したが、樹容のきわめて重厚なその松は惜しくも戦災に遭った。あとにのこされた竹の板だけが、いまは片根をとどめるのをみるにつけ、此の地で彫彩した鏡板にも、さまざまな消長の影が宿ることへの想いがいたるのである。
松はもとより煙にて――を、常盤に転じた謡いかざしも、ふと重ねあわせて。

［余滴］
式舞台や板敷の数かずは、野村別邸など佳墨が、洛中とみに豊かである。
とまれ次回は、国宝と重文指定を。

西本願寺北舞台・南舞台

堀川をわたる。西本願寺である。そこに最古の能舞台を、二つながらそろえているのは、さすがに京《みやこ》の贅であろう。
奥の北舞台は、天正九年の墨書があって国宝。家康からの拝領を、のちに寄進した下間《しもつま》少進は坊官であり、なお今もって寺派に、系譜をうけつぐ。
古格をそなえた舞台の、すっきりとした佇《たた》ずまいにふさわしく、鏡板は独り老松がいかにも枯れきった風情で、残影ばかりをとどめるかにみえる。しかし斜光を照らし赤外線に

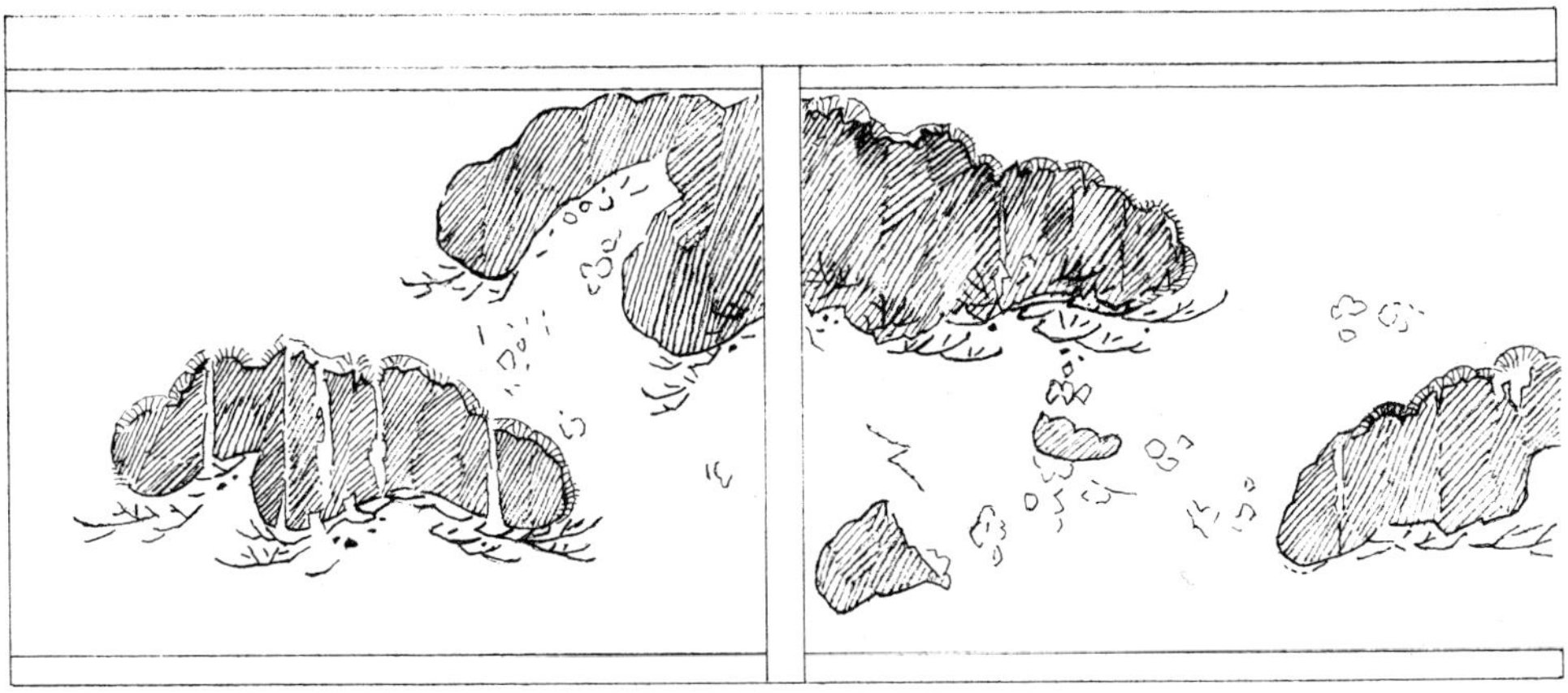

透して浮かぶ筆痕は、往時を甦みがえらせるように、雄勁な中にもまことに繊細をきわめた描写が、美事に顕われる。その生いきと脈うつ息吹きから、おそらく天下一の絵師であったことを偲ばせる。

ここ特有の黒石を配した白洲をへだて、いつ眺めても抱《いだ》く感懐からさめて〝表〟へまわり、南舞台に目を転ずる。

聚楽第から移した太閤ゆかりの床には、薦《こざ》をあて簀子《すのこ》を敷きつめて、恒例の催しに対処すべく雨除《あまよけ》を設けている。

どちらも、正面中央に支柱を立て、構図を脇障子の板まで展開させたかたちが共似する。しかもことさら暢びやかに、流麗な枝形《な》りの松である。根かたを右側にとって振り分けた背後に、篁《むら》竹が撓《しな》いつつ切戸の上わばへ跨がり、葉末《うら》をなびかせる。

緑青は双方すでに褪せ、殆んど暗灰色の様相を呈するが、ともに補修の加筆を全く認めずに、とにかくここまで概観が

存留してきたのは、野外の条件においてなか〳〵稀れな結果だろう。

かつてはこれを、本堂前の広境《にわ》へ引いたという。（金剛）宗家夫妻の咄しに、頷きと唖然の乖《かい》がうち混る。いずれにせよ能楽史や美術の視点から、現に貴重な遺産である。

昨般、念願が果せて両鏡板の精密写真を記録した作業は、まさに快哉《かいさい》だった。

［余滴］

同時代に属するものは、福山市鞆ノ浦の沼名前《ヌナクマ》神社（秀吉が伏見城に置き名護屋の陣などへ運んだ）組立造り。台風で倒壊し近年また復元された宮島（毛利氏奉納）。やや遅れて兵庫県魚住町の住吉神社の古舞台（正保年間）が漸やく順ずる。

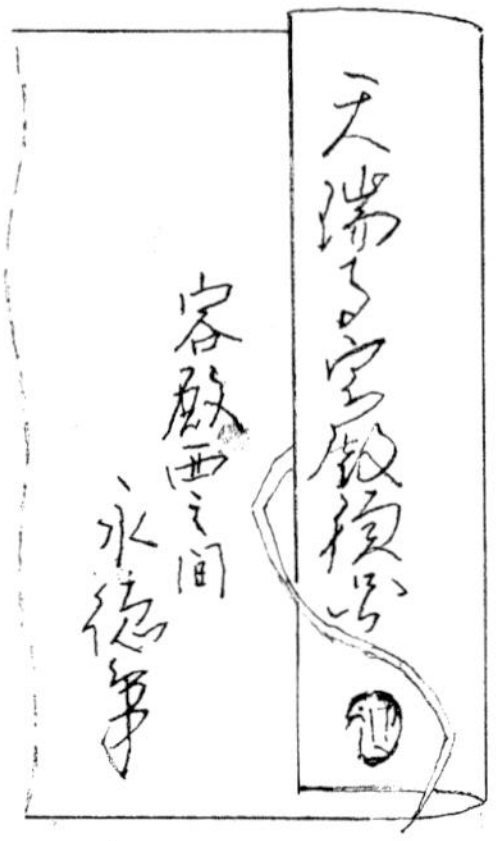

桃山期の老松図（天瑞寺客殿・妙心寺天球院）

忘筆休載。ひと息ついたすえに、やおらあと口を補なう恰好である。ながい空帛《はく》を、なんとかとり戻しながら冗舌をはさみ、継ぎたしの援けにしよう。そこで、鏡板の原点にかえる桃山盛期の作から、とっておきの老松をたずねて、甲乙二種《ふたいろ》を紹介したいと思う。

かつて大徳寺中の天瑞寺客殿に、金箔の襖《ふすま》障子を飾る、狩野永徳《かのうえいとく》の極彩色が調えてあった。かけがえのない国宝級文化財が、維新の廃仏毀釈には洛街でも、配具すべき位置から離れ、あるいは屏風に改装されるなどした。それらのうちには、海外へ散逸していった名品も数多く、これは典型的な例である。

愛知県明治村に、正面だけ移築してある旧帝国ホテルの設計者、ライトの蒐集美術が、この両年にわたる巡回展の里がえりを果して、しきりと話題にのぼった。

会場で目玉となった六曲一隻《せき》のかたわらに、参考として白描の縮図《しゆくず》（画考）が陳《なら》べられ、私をはっとさせた。小ぶりな雛形《ひながた》の巻ぐせもゆかしく、所どころに記入された細かい註は、まさに鏡板図の顔料の扱いを、如実にしめす指示ではないか。

模写した絵師は、既号の梨木神社でご覧頂いた

在泉の初代にあたる在中《ざいちゅう》（一七五〇〜一八三七）だが、後日なんと奇遇が重なって、原家のご当主の快い懇接にあうことができたのであった。吉行をあらため、掌《て》近に触れての再拝は、倖せを凌ぐ眼福だった。

下段の松は、京都国立博物館の収蔵するもので、狩野山楽《さんらく》と称する。まず格調から推《お》して、誤りなく伝えどおりであろう。

やはりこれもまた、妙心寺天球院の仏間背壇の貼りつけであったのが、七枚仕立てに直っている。そのためか扇《せん》の巾も、丈《たけ》も常寸よりたっぷり為誂《しつ》らえてある。

図柄を閲《み》れば、そっくりこのまま鏡板に宛てても、ぴたりと嵌まってふさわしい。じつは先年、母校芸大の音楽部・邦楽科の稽古舞台で、試みに左右を反転させた姿に葉の蓋《かさ》や、枝つきを加えながらアレンジをして、まとめてみたもののなかなか印象に迫るには、とうてい届かなかった。

しかし樹幹《みき》の据わりに、あの時代特有の躍動的

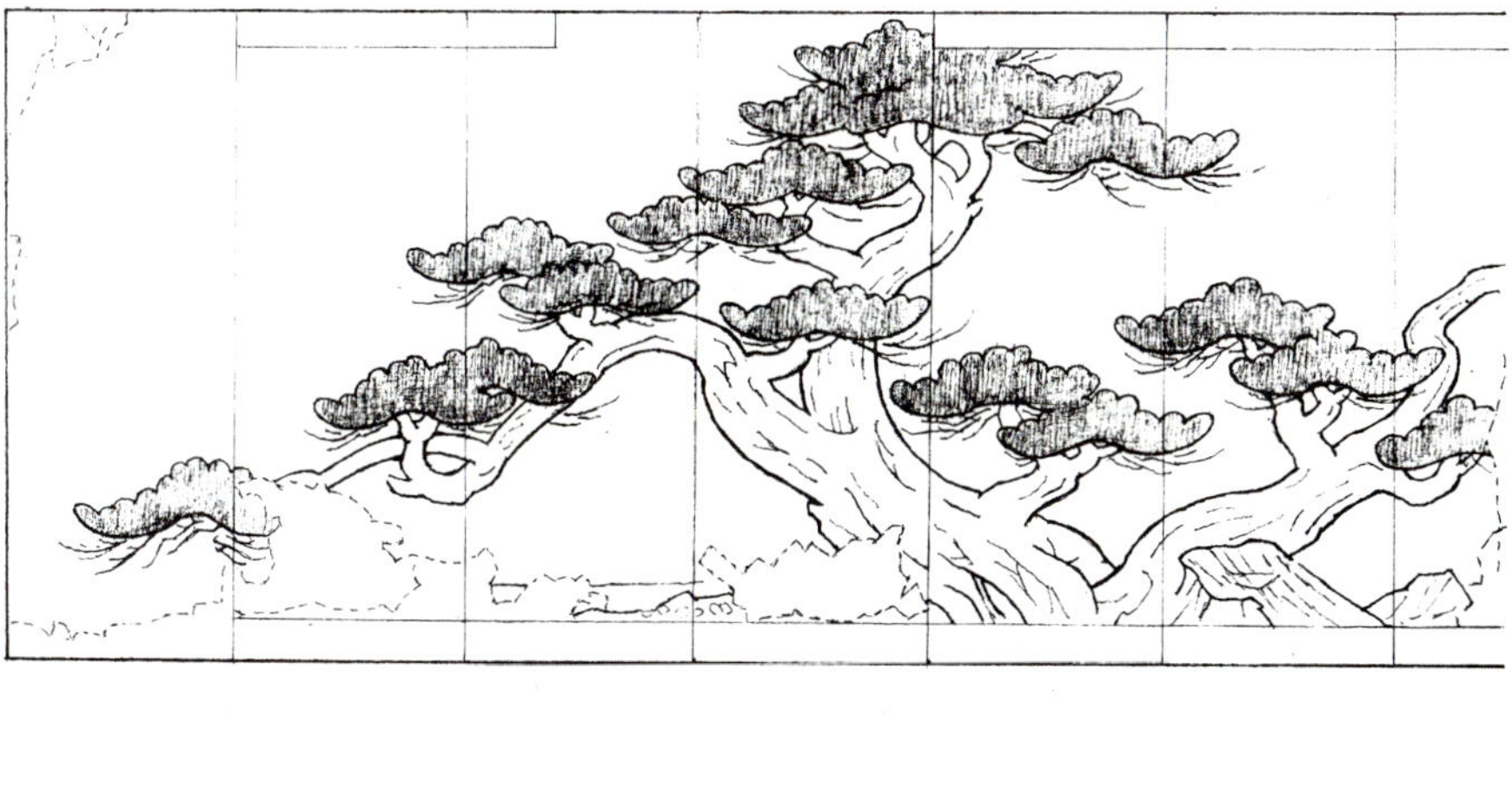

妙心寺天球院仏間背壇から移された松図

なうねりをもち、西本願寺南舞台のそれと較べて甲乙とも、ほぼ共似の趣きを呈するはずである。

　およそたがいの技法に距たりがあるわけもなく、さらに能舞台の造り自態が定着してゆく頃の、諸条件を照らしあわせれば、城郭および社寺や第邸に求められた障壁画類の、(杉戸などを含む)延長に、舞台の板絵も派生してくるとみうけるのが、ごく自然な発生過程といえるのだろう。

　首夏、京うちの熱暑は、まことに凄まじかった。七夕の宵を控え、ひたすら陽射しの傾きを待ち、松ケ崎へ訪れた。

　烏丸線《メトロ》の冷房と別れて、もぐらさながら地表を探ると、北山には〝妙法〟の柴《しば》文字が臥《よこた》わる。麓の大黒天が、左手に登ろうとする取りつきの白雲神社は、お稲荷さんを祠る。さては狐どんが猫じゃの額《ひたい》を借ったものやら、とにかく狭い坪ぎり〳〵迄ただ二間半の正矩が占拠する。橋掛りは無し。囃子座・地謡座とてもなく、まして鏡板のないこそあわれ。すべて吹きぬけの四柱に切妻の痩せた檜皮《ひはだ》をのせた敝宇である。

　いつの頃か仙洞御所から下賜された由。『たなびかぬ時こそなけれ秋も又、松ケ崎より見ゆる白雲』紀貫之の詠草と、欄間にめぐる三十六歌仙の掲絵が、やっと大裏《おおうち》との系脈を保つようすがらしい。

　見し玉簾の、とは問いかねて辞した。

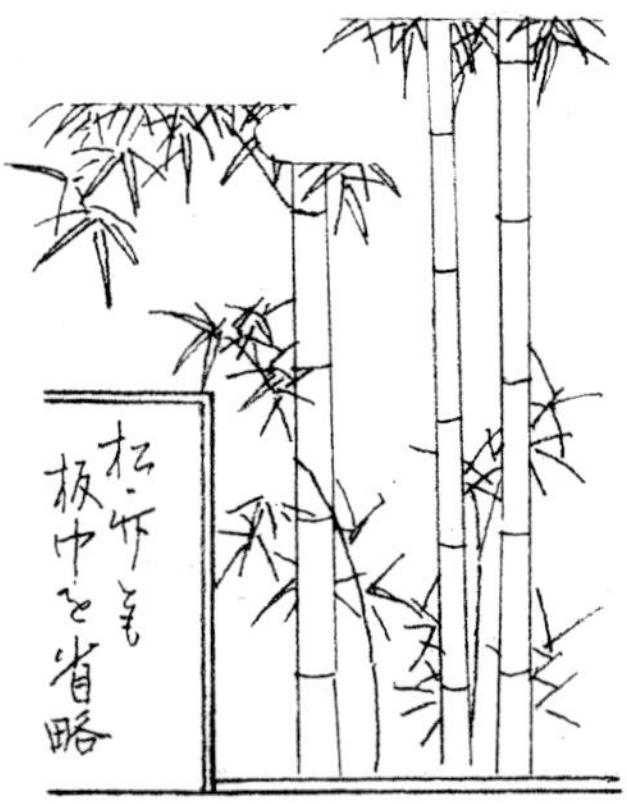

［余滴］

往元《もと》、禁中への出仕は現金剛家である。その演奏がやはり、庭前《にわさき》だと判《し》る証《あかし》。母方の祖父は、御所に勤める軒に生れて此の流を習い、子方にも立っていた。遠い聞き覚えが、ぼつ〳〵理解される。

大江能楽堂・福知山一宮神社

押小路《おしこうじ》を東に、大江家まで。御池の北口には標示が付され、たやすく門札のもとへ着く。京の初旅いらいの再訪となる。

四十年ごしに見れば、さすがに懐かしい。漆黒の床面《おもて》は、八十余霜の歳月がやどる。いまだ弱冠であった先代、又三郎氏の将来を意図して、鏡板の枠を突きぬける樹容に托した、特異な松が影をおとす。

四条派の写生の表《うえ》に、なお繁ろうとする十八公《じゅうはっこう》の枝がたわむ。応挙から嫡系の六世、応陽の謹直な楷署名。朱白《しゅばく》の両印が、幹の根かたへよせて認められる。

脇は例の霞《ミ》竹。うつりのいい植込みをなし、鋭い剣葉の利いた篠《ささ》が、さわやかな息づかいをつたえている。こもごも仔細な説明をまじえながら、舞台に施した修理や補筆のいきさつを、伺うのだった。

戦時の家屋疎開で、胸をなでおろす秘話があり、もはや遅らせきれず裏手から倒しかかって、鏡板を外すばかりの昼休みに、ラジオの玉音放送が流れた。命びろいとはまさし

く、云いえての妙得だろう。

次はさらに、幕末までさかのぼり、よく消滅を免《まぬ》がれたとりあわせを、加えたくてすこし足をのばす。思いたちの出に、山陰の福知山へ赴く。京都・中《なか》丹波の一宮《いっきゅう》神社は、JRの岐路にそって、城をめあてにすると程近い。

背《うし》ろの梢を、しきりに禽《とり》がさざめかす。能舞台は小春日に包まれ、剥落のあらわな鏡板が、下塗りの白緑《びゃくろく》であかるく映える。天井の棟木が、正先《しょうさき》の廂《ひさし》へかけて、ゆるくおじぎして削られた造りは、たぶんほかにあるまい。地謡座を縁台なみに撥ねあげたのも珍しい。金具をほとんど装《そな》えず、ただ橋掛りの地覆《じふく》だけが室町と似かよう。

切戸の上で竹が截《せつ》断されたり、葉の線がとだえてしまう瘡《きず》あとは、囃子座を詰めるために板を間引いたもの。若竹の穂さきを一むら、貴人《きにん》口まで描いた遊びが、画家の心ばえであろう。松にくらべてやや古調が感じられ、この部材は始めの羽目を巧みに用いたらしい。

旧藩の廃城にともなう処分を、惜しんだ町の人びとが解体保存し、明治八年ここに移設した。かつて城下の朝暉《あさひ》神社に在ったころの演能を、大本教の開祖なほ刀自《とうじ》は、幼ない昔

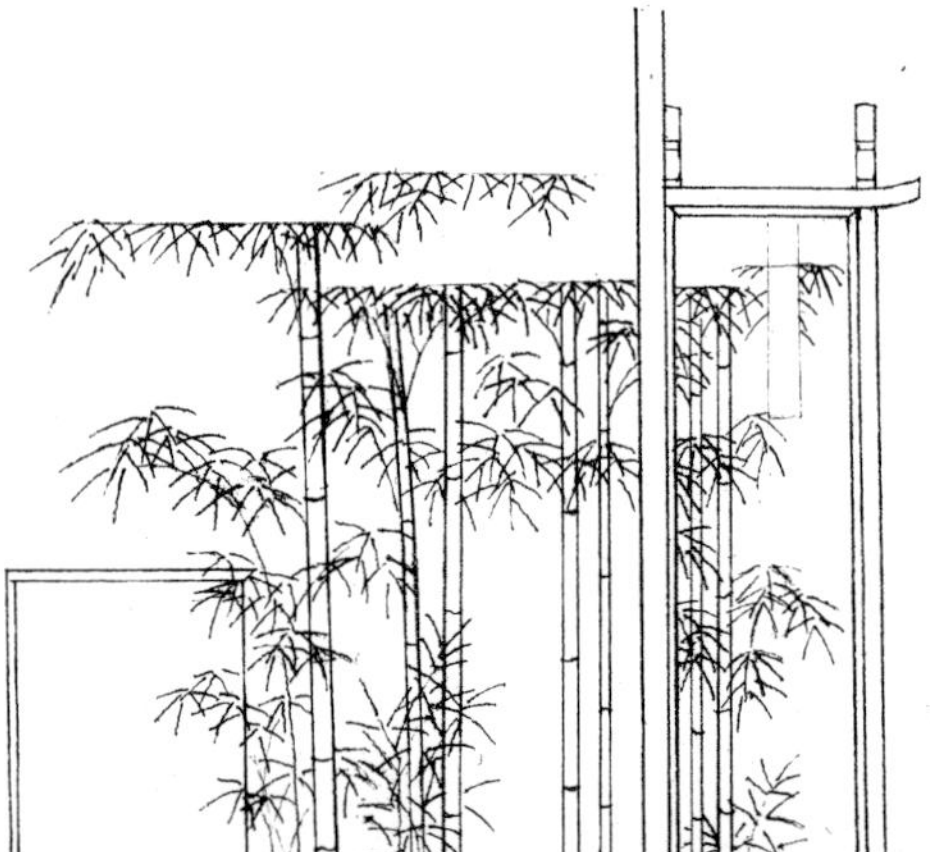

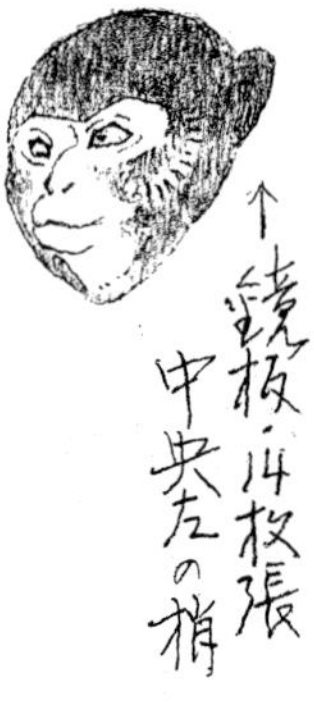

の回想に憶い起したという。

洛中に戻る。さて、三十三間堂の並びに広い参道をはさむ養源院がある。向かいの雑踏をへだて、後白河法皇ゆかりの法住《ほうじゅ》寺とともに、閑寂の築地《ついじ》を連ねている。隣接して固く扉をとざした帝廟に、木彫彩色《さいしき》の座形《ざぎょう》が祀られ、都の塵を払っておわすのを、よもや知るよしもない。

陵域はよそにおき、浅井長政を供養する本堂仏間の障壁は、金碧《こんぺき》の荘厳でかざったみごとな老松図である。杉戸の象や唐《から》獅子など、俵屋宗達筆の国宝群の圧観。境内の山茶花か枝垂れ桜にさそわれ、左右双対《そうたい》の方式をふむ襖絵を、その場でじかに詠める機《しお》も、ぜひいちど如何だろうか。

前号に添えるはずのスナップは、むしろ美術書の図版にゆだねよう。

今宮神社・伏見大社

お旅《たび》所をめぐる。西すじにかたよって、まず紫野を経《たて》ぬきに、鞍馬口へ下《さが》ル。

今宮神社のそれは、明治以前の現存舞台で筆者の判る例として、わずか三指の作のひとつである。ましてそのうち自記によるものは、唯これしか知りえない。

総構えの、かなり豪奢な造りがひきたつなかで、やや細巾の貴人口に、脇の板から連ねた竹並みが、丹念な描写で書き継がれている。そしてこの裏側に墨書きがある。すっかり風化しながら、「寛政乙卯孟暑　法眼元陳画」と二行にわたり、三寸角字の暢びやかな揮

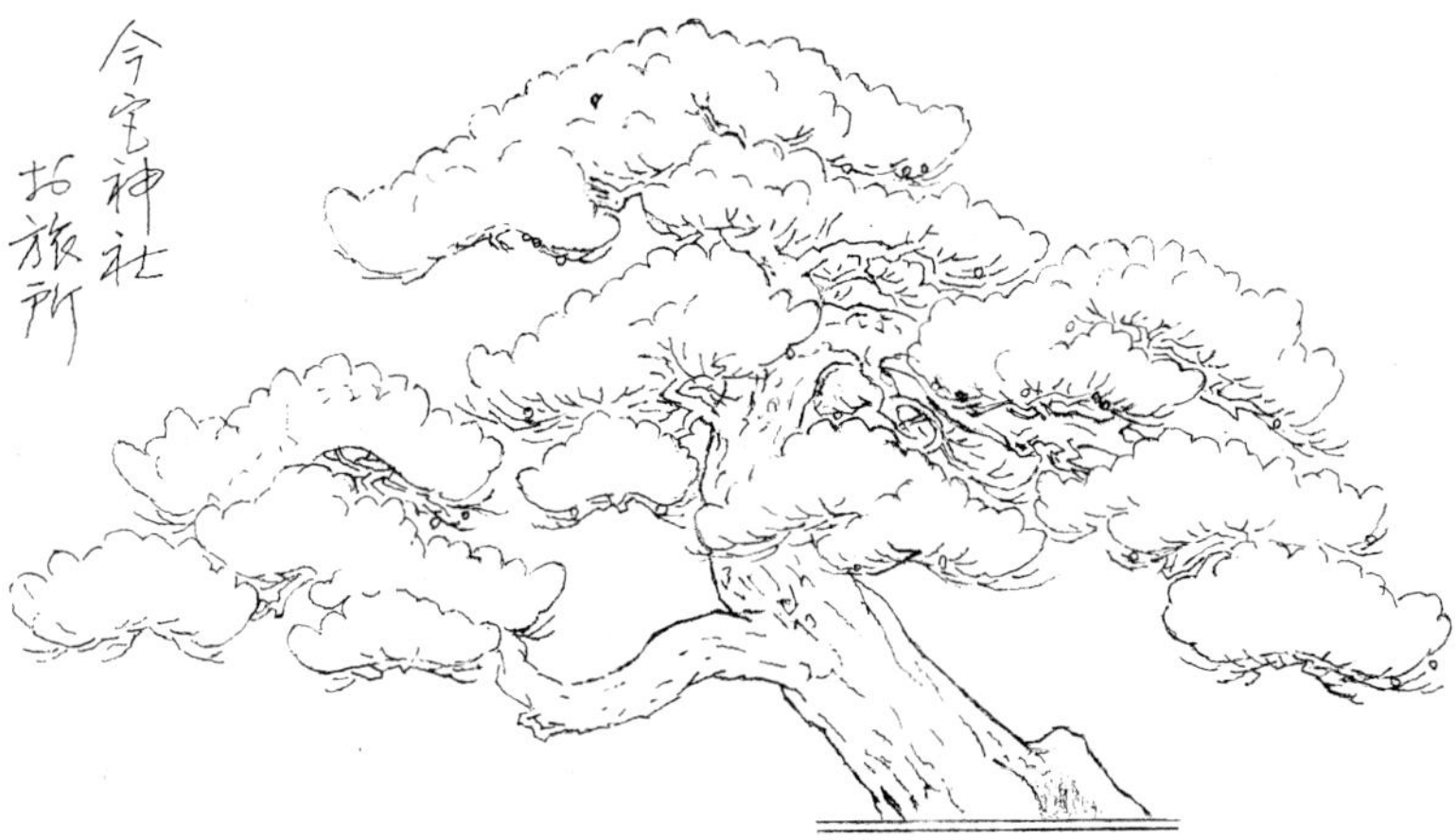

毫年季が読みとれる（※寛政乙卯＝寛政七年（一七九五））。

しかもなんと、松には猿が居るという。やっと葉の階《かい》の高みに、卵ほどの顔《かしら》を一頭探しあてたが、ひと頃までたしかに十一匹は数えたそうである。

濃く粒粗《あら》い岩《いわ》緑青で、塗り重ねた地彩《じいろ》に細密画の猿を配し、樹枝へ金泥をほどこすなど、さすがに称号がうなずかれる。

ところで老松の、いわゆる定式の拘束をはずした訳は、名物《あぶり》餅の御用達にまつわり、宮かた好みの冗舌が、さしはさまる想像もつく。いずれにせよ思いのほか、むかしの能舞台が多く失なわれたいま、ほぼ建初のありていをたもつにつけ、きわめて稀少な価値をふくむ。ことに孟暑のもとの猿は、洛陽《みやこ》語りにつたえても楽しめる。

西七条には、松尾のお旅所舞台があったのだが、すでに退転してしまった。かねて山麓の本社では、由緒の旧い橋掛りだけが奉納の美酒《みき》樽を積むための回廊に装《なり》をかえ、まさかの変容を喞《かこ》ってきた。

九条の御旅《おたび》所に。堀川ぞいの油小路で、鉄道ガードをくぐり、八条へぬける。この一帯は東寺の持領にあたる。バス停の名も鶯にちなみ、平安京の綜芸《しゅげい》種智院のあとは、世にいう弘法さまの杖先きであろう。

東南に面した敷地を、丈も見あげる瑞垣が守護し、伏見稲荷大社〃〃〃の看板が、たちまち車窓に占入してくる。

よろず旺んな折は、それぞれ狂言の舞台や神楽殿など、五棟に及んだと聞く。

御遷幸は四月、三方間《ま》のみ囲った雨戸を開け放ち、湯立て神事を行なう。

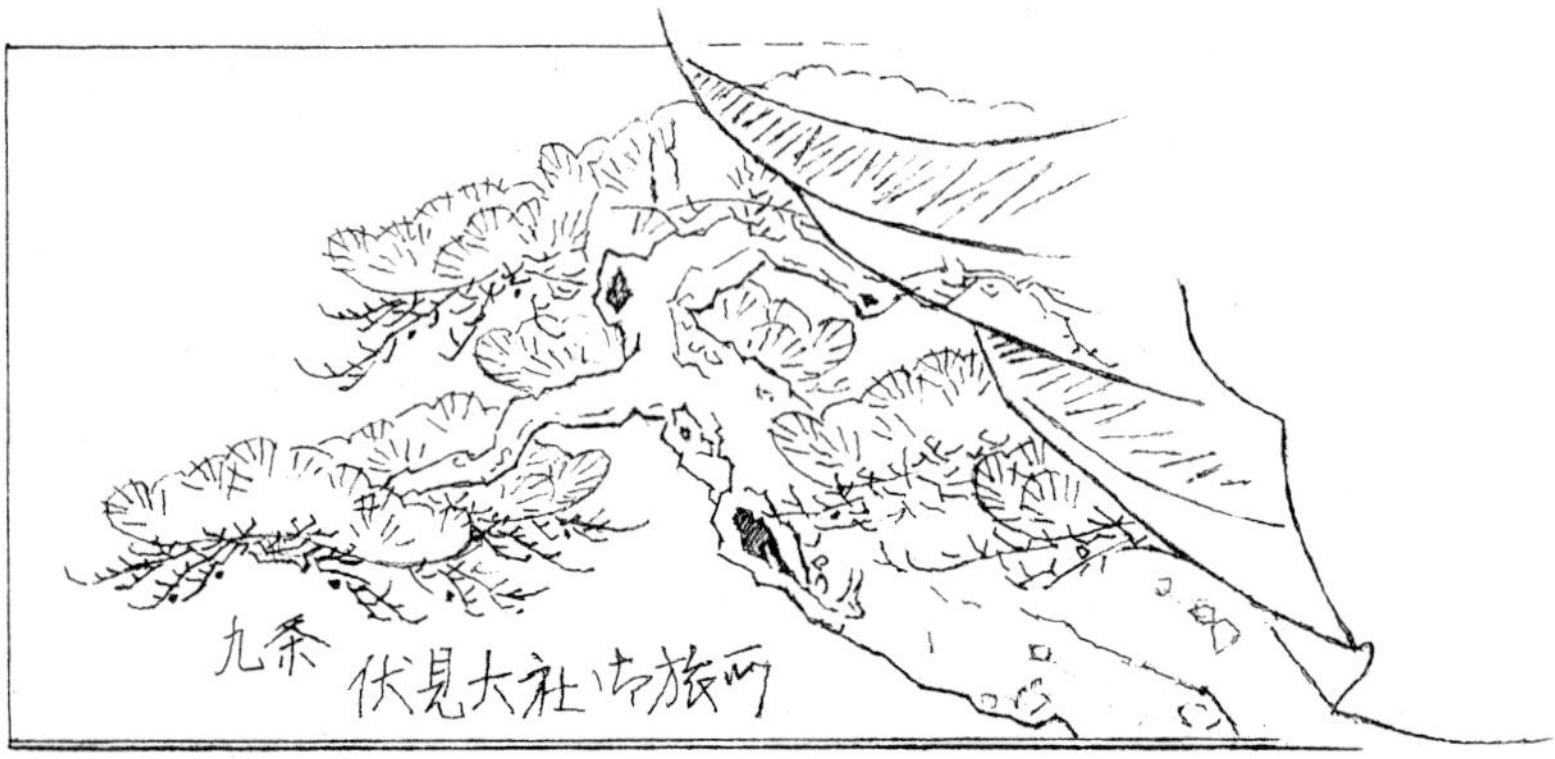

昭和の四十年代に、井上頼寿翁が流誌に寄せた、つぶさな報告では能もまだ舞ったなごりか、尋常な姿が撮ってある。はるかのちの通りすがりに、境内の舞台を眺めてがっかりしたのは、シテ柱で断ち落された橋掛りの、勾欄の丸いほぞ型が露呈して、むなしく遅きにすぎたことだった。

さて祭りのあいだ、舞台の後座《あとざ》へ片づく雑具の目隠しで、梁づたいに鈍色《にびいろ》の二段幕を上から吊り、かんじんの鏡板は蔽われた状態になる。やむなく巫女《みこ》舞がおわるのを待ち、祢《ね》宜《ぎ》さんに端をくつろげてもらったのが、ご覧のごとき始末である。図柄は、剛胆な線描で西本願寺（表）を写す。笛柱の蔭に、源《みなもと》姓・了斎孝文と多《あまた》の印章。さしずめ幕引きに、似つかわしい演出ができたのだろうか。

［余滴］

散策のみちで迷わぬまに、見開きの頁を閉じさせていただく。

このあと、余滴の補足をしてみよう。

金剛能楽堂

室町へもどる。うちそとを一巡し了えたもとの門口《かどぐち》である。甃《いしだたみ》の袖に、植木の鉢や小株が列《なら》び、潦露《にわつゆ》に水遣り姿がうかぶ。

毎月の能をいとなむ場では、全国総《あ》げてとびぬけた古参にあたる。明治初頭いらいの雅格をたもち、いかにも斯芸を司どるにふさわしいたたずまいが、京の要《かなめ》に伝統の奥ゆきをつたえてきた。

この老松の特徴は、入りくみの浅い輪郭にあるといえよう。つまり土佐や狩野派の手法による、半円の弧をつらねた表現様式を採らず、円山の画系にまなんで、赤松の葉の形状をかたどった樹容である。

さらに指摘されるのは、緑青の下地《したじ》全体に、金箔がおかれている点だろう。たぶん檜の脂《やに》止め手段としてであるが、そのため外輪がぼうっと照りかえり、発色の効果をやわらげて、雲上へかよう品位ある風情を、絵肌にもかもしだす。

かの須田国太郎先生が賞揚して、大切に保存を示唆されたとか。後見座の端しに、堂々たる対の印がふたつめだつ。朱筆で「巖城清灌《いわきせいかん》」と、拡大した手描きのもの。

昔ながらの落ちつきは、見所をさじきの坐り席のままに残しているところだろう。奥間の御簾や橋掛りの背板《せいた》の青海波の帯がなじみ、鏡板をつつむ見渡しをなす。

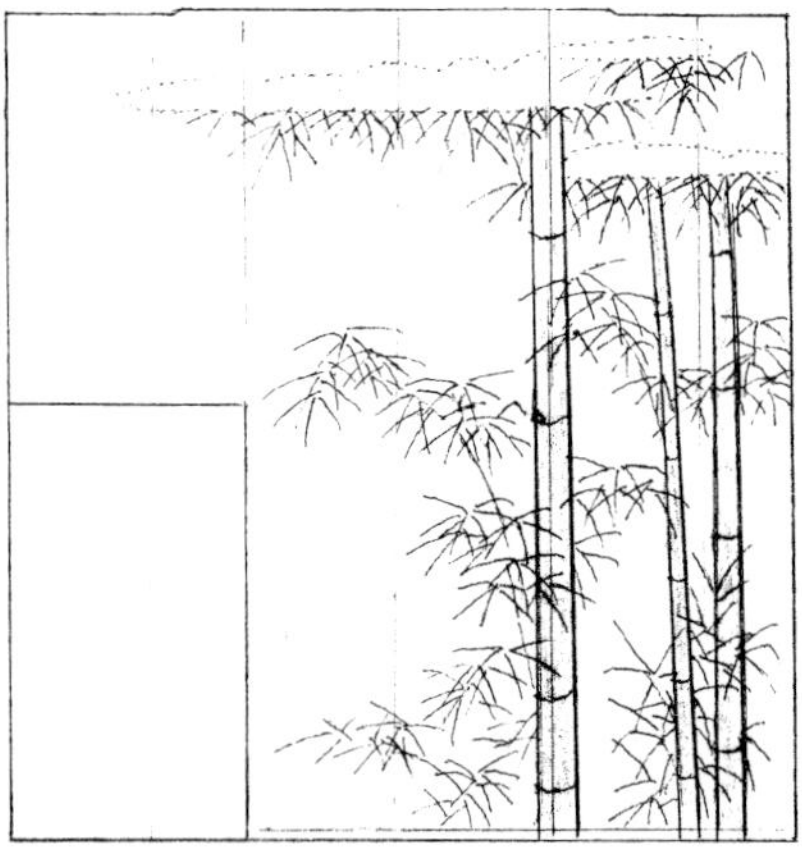

［余滴］

床板《ゆか》に立つと、幅木がなく古摺れの跡と気づく。笛柱の環の座金《ざがね》が、二重《ふたえ》の十六弁菊飾りを刻む細工など、菊水の町にちなむとすれば、やはりゆかしい。

家元の本舞台を、キリの祝言になぞらえて掉尾《ちょうび》にすえた。以下ざっと滴《したた》りの泡沫《はね》を、掬くいとめよう。

◇

紹介が終盤にまわった今宮神社は、東京観世会館の依頼で示された資料の中にあり、知得はごく早かった。四半世紀をへだてて行きついた御旅《おたび》所は、快よく話の筋が聴き容れられて、猿も延命を咨《はか》るやら。

堂守りさんの祖父母がたは、宮家の近侍で当流にしたしみ、催事にも金剛の能を、ずっと招いていたのだった。

その懇意にすがって、伏見大社へ諒解を執次《とりな》してもらい、九条の写生が叶えられた。本願寺式の模《うつし》とはいえ、筆勢に富む力作であり、まったく埋没させては惜しい。

◇

かつて河原町で、百貨店の収蔵する能面を見学し、呉服売場へ出た。みれば屏風の写真パネルだが、みごとな松図なのである。とっさに原画の素性を、たしかめる方策《すべ》もなく、ひたすら熟視をしばし。

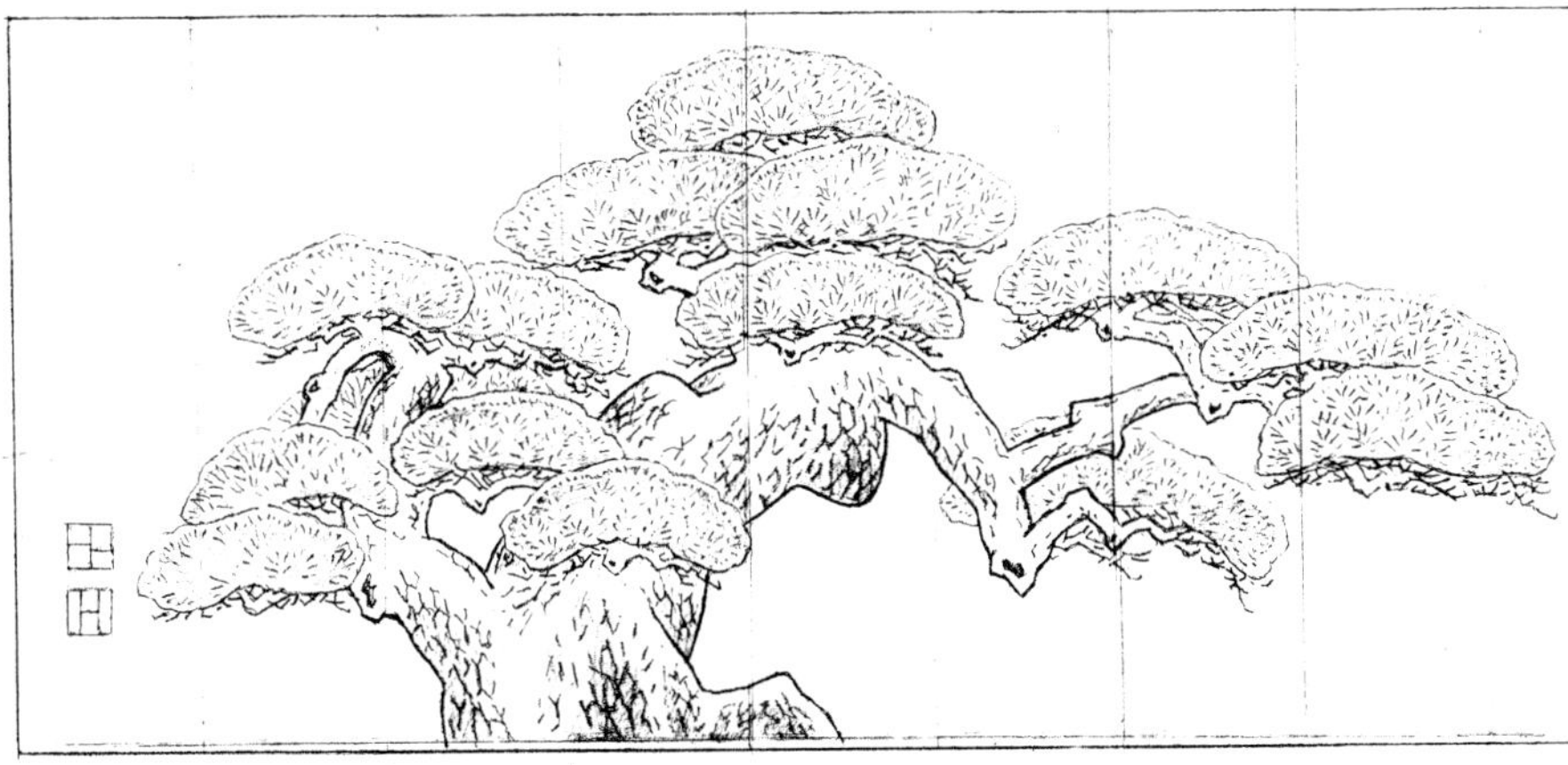

◇

日ごろ内に抱《いだ》く、障壁の例を挟んだのは、長い中断の再開が機縁だった。因《たね》を招いたきっかけは、名古屋滞在の制作である。

若松の鏡板を生じた余波はそれとして、能にかかわる話題が、興味本位なとりざたに傾くのでは、とかくおもむきをそこなう。しかしまたこれで、ひとの耳目に遠い鏡板という語辞《ことば》が、ごく一般に浸透するための、よぎない役回りを果したのだった。

ところで鏡板を、つい能舞台のみのように倣《み》なすのは、うかつな慣用にすぎない。正しくは社寺の建築に、『雇実矧《やといざねはぎ》』とよぶ施工方法の板張りの総称で、羽目板と区別して宮大工たちが、最上級の格式でのぞむ繋《つな》ぎ板《て》の建てつけなのである——。

さる棟梁から父がこれを訓《おし》えられたとき、板巾はじつに四尺寄りの五枚割り仕立てで、あとにもさきにも、これほど豪華な感触を味わう経験はなかった由。

◇

烏丸の上《かみ》や亀岡市には、助染をつとめた舞台もあるが、戦前で収録の線をひいた。見残しは、他日に任せたい。

奏風 秀世記念 松野藝文館

能楽への思いを受け継いで

長谷川三香……松野藝文館代表

　東京から電車でおよそ一時間、千葉県四街道市の住宅街の一隅《いちぐう》に、松野藝文館が看板を披《ひら》いたのは二〇一〇年四月のことである。館名に冠する日本画家、松野奏風、秀世父子は「能画」という一部門でその画才を揮《ふる》った。

　父の松野奏風《まつのそうふう》（一八九九〜一九六三）は能画の大家、月岡耕漁《つきおかこうぎょ》を師と仰ぎ、師が語る能の舞台の魅力に惹かれて能画家を志した。奏風自らは、能の舞台に接すると自然と美しい感情が誘発され、純粋な心持ちになるものと語り、一幅の絵に能の真の美《び》を描き込んだ。肉筆作品や木版画集のほか、謡本《うたいぼん》の挿絵なども手がけ、さらに能の評論や解説の執筆を試みるなど、幅の広い活動で、戦前から戦後にかけての能界にその足跡を記した。

　次男の松野秀世《まつのひでよ》（一九三六〜二〇〇二）は父の勧めもあって、東京藝術大学日本画科で研鑽を積み、卒業後は日本美術院展を中心にグループ展や個展で作品を発表していった。早くから能に親しみ、写生を積み重ねた秀世は、卒業後に急逝した父のあとをうけて、

奏風の松図揮毫風景（昭和二年仙台）

能画作品に筆を染める一方、日本画家として能の姿をモチーフとした日本画作品の制作にも積極的に取り組んだ。

この松野父子が能界に遺したいまひとつの大きな功績として、能舞台鏡板への老松図の揮毫《きごう》が挙げられる。

能画家としての地歩《ちほ》を固めつつあった奏風が初めて鏡板式老松図の揮毫に挑んだのは、昭和二年のことだった。仙台の能楽愛好家からの依頼は、座敷舞台の背景に鏡板の代わりに使われていた杉の板戸への染筆《せんぴつ》であった【前頁下図参照】。

諸方の先達《せんだつ》に指導を仰ぎ、構図は旧江戸城能舞台の狩野派《かのうは》の松図に倣《なら》ったが、完成した老松図には、既存の板戸、しかも本舞台より寸の短い敷舞台《しきぶたい》にあわせるための奏風独自の工夫が凝らされた。

この一枚の松図が父子二代にわたって描き継がれた鏡板の松の出発点となったのである。奏風は六十三歳で没するまでに三十を超える老松図を描き、中尊寺境内白山神社能楽殿、大阪市の山本能楽堂、大阪能楽会館などに、その筆あとを遺した。

秀世は学生時より父の制作に立会い、下地の準備や絵の具溶《と》きを手伝いながらその画法を習得した。在学中に四件の舞台で助染《じょせん》を勤めたが、中でも奏風最後の松図となった大阪能楽会館では、体調を崩した奏風を助け、父の指示を仰ぎながら仕上げの作業を担った。

昭和三十八年の奏風没後は、数々の本舞台、敷舞台を手がけ、父には及ばないが遺した松図は二十数点に及んだ。東京観世能楽堂や熱海のMOA美術館能舞台など新設舞台への揮毫のほか、厳島神社能楽殿再建では鏡板絵の復元に従事した。

松野奏風筆「船弁慶」（前シテ　静御前）

松野秀世画「翅袖」（能「胡蝶」より）

各地に残る古舞台の鏡板の研究取材にも力を入れていた。その成果の一部が本書で紹介の「鏡板　洛中洛外」である。

秀世が後年語っているように、これらの歴史的遺産から我々現代人が多くを学び、享受できることの幸せは、能楽という伝統文化に負うところが大きい。催事が遠のいた舞台がその存在意義を失い、荒廃を余儀なくされた例は少なくない。

「松を描く者」の使命のひとつとして、研究成果を一冊の本にまとめることを望んだのも、失われつつある古舞台に光を当て、催事の復活、ひいては舞台の存続を願ってのことだったのだろう。くも膜下出血という突然の死で、その願いが絶たれたことが悔やまれる。

奏風の老松にはいまだ生命力が漲《みなぎ》り、秀世の描いた松は優美な気品に満ちている。画風こそ異なるが、その背景にはひとつの精神が貫かれていた。

奏風も秀世も、鏡板を自作発表の場とは考えていなかった。鏡板の松を、能面や能装束などと同じく能楽という総合舞台芸術を形づくる一要素と捉え、自己主張はむしろ戒めた。ただひたすら能楽のために松図と向き合い、描かれた老松の前で展開される能の世界に思いを馳せ、制作に打ち込んだのである。

また、奏風が多くの鏡板を手がける中で到達した結論は、舞台の敷地の方位を考慮に入れて、老松の樹の向きを構図することであった。秀世は父の教えを心に留め、周辺の景観、舞台と見所《けんしょ》の空間、造作など設計のあらゆる点に調和をはかった図柄を心がけた。「一本《ひともと》の松を植えるつもりで」。父から子へ受け継がれた言葉である。

松野奏風、秀世父子とはこういう経歴の持ち主であった。

奏風老松図が描かれた杉の板戸（松野藝文館での展示風景）

秀世は父を敬愛し、その作品の保存を望んでいた。松野藝文館は、その遺志を継いで、二人の作品の保存を目的として設立された。現在のところ期間を限ってではあるが、父子の能画および日本画作品、スケッチなどを公開している。奏風が老松図を描いた、前述の杉の板戸は、現ご当主より当館が保管を任されており、許可を得て随時紹介させていただいている【下図参照】。目下、定期的な開館を目指して制作資料などの整理を進めている。

残念ながら三代目の世代に父子二代の画業を受け継ぐものはいない。能を愛し、美しいものを愛した二人の画家の思いを伝え遺すことが、我々に与えられた使命だと心得ている。

本書を読んで、能楽への関心が芽生《めば》えたら、ぜひお問い合わせいただきたい。千葉までの電車の旅は、能の始演《しえん》を待つに似て、心楽しいものになるだろう。帰途の旅はまた、能の終演《しゅうえん》の余韻を楽しむに似て、味わい深いものになるに違いない。

奏風　秀世記念　松野藝文館
千葉県四街道市美しが丘一―一九―二十
〇四三―三七七―七一八八
四街道駅より徒歩約十分
開館は不定期。要問合せ

能舞台細見

入れ子式能楽堂を例として

小林保治…早稲田大学名誉教授

いわゆる「能楽堂」とは、山崎楽堂によれば、「明治以来の社会要求により、舞台・楽屋・見所・その他所要の諸室を一切包括して、劇場的に設備した現代の公共建築」ということになるが（「能楽全書」第四巻）、狭義には、現在は、舞台・観客席・楽屋の総称として用いられている。

それに対して能舞台と言われるものの歴史は古く、現存する最古のものは一五八一年以前と考証されている西本願寺北能舞台（第二部参照）で、屋外能楽堂のかたちをとるものが多い。

奥富利幸氏は、能楽堂の空間構成の変遷を、能舞台と観客席（見所）との関係性から、次の三種、三段階に分類しておられる（『近代国家と能楽堂』、以下「奥富本」と略称）。

①対置式能楽堂（能舞台が見所である広間に白州を介して対置する形式）

②囲繞式能楽堂（能舞台の周囲を見所が取り囲み、能舞台の屋根と見所の屋根が分かれており、共に屋根が屋外に露出した形式）

写真①

③入れ子式能楽堂（能舞台が鞘堂である能楽堂に内包される形式）

そのそれぞれについては、本書第二部の能楽堂紹介を参照していただくことにして、ここではわが国近代の能楽堂の完成型とみるべき、③の「入れ子式能楽堂」を例として、その細部について説明を加えることにする。

一、見所（観客席）

室町時代の一四三三年、足利義教の時と一四六四年の足利義政の時に京都の糺《ただす》の森《もり》の東方の高野川の糺河原《ただすがわら》で興行された勧進猿楽の舞台図をみると、見所は舞台の周りにほぼ円形に配置されていて、正面に天皇と公方（室町将軍）の席があり、その左右に半円形がたに舞台正面奥の橋掛りまで諸大名が居並ぶという具合で、脇正面とか中正面とかいうような席の呼称はなかった。また前記の対置式能楽堂の場合にも、全部が正面席になるので、そうした呼称は生まれていなかった。

【写真①】は横浜能楽堂の観客席で、向かって右手に正面席が二列、左手の手前に中正面席（単に中正とも）二列、その奥に見えるのが脇正面席（単に脇正とも）である。本舞台（演者の立ち位置）から正面に当たるのが正面席、本舞台（演者の立ち位置）の右手の脇に当たるのが脇正面席、本舞台の目付柱の方向にある、言い換えれば、正面席と脇正面席の中間に位置するのが中正面席ということである。**【写真②】**は国立劇場能楽堂（以下国立能楽堂と略称）の脇正面席とそこから見た舞台の全景になる。かつては本舞台の右手、地謡座の

写真②

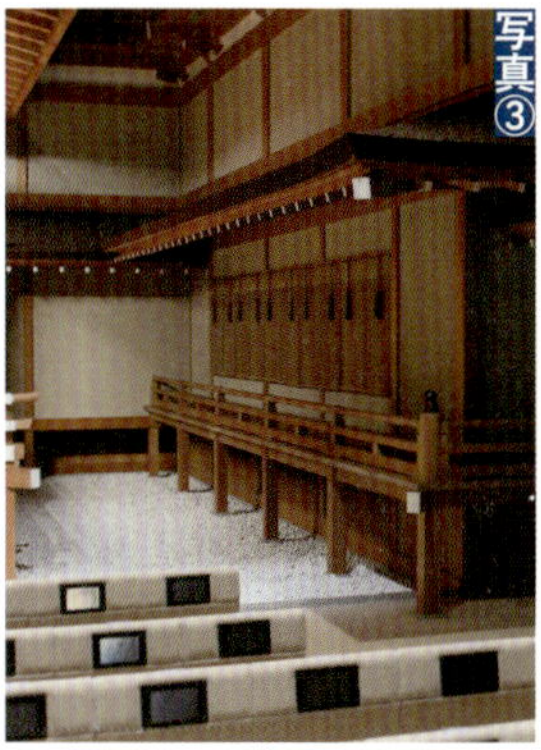
写真③

背後に配置する見所もあり、地裏と呼ばれていたが、地謡が妨げになって見にくいので現在は廃止されている。【写真③】は国立能楽堂の地裏の位置にある御簾の間の外見で、往時の地裏席の面影をとどめているが、一般の観客用ではなく、限られた関係者のみの非公開の席となっている。【写真④】の右側の地謡方が居並んでいる位置が地謡座である。

「見所（観客席）」の歴史については、「奥富本」に興味深いことが紹介されている。見所の拡大による白州部分の縮小と天蓋化《てんがいか》ということである。明治末期から大正期になると、それまで大勢を占めていた対置式能楽堂のなかに、「見所の母屋が脇正面側に拡大されて白州が狭《せば》められ、さらに白州の上部に常設の屋根が設けられ室内化して、（浅野侯爵家滝野川別邸能舞台のような）囲繞式能楽場が形成され」たが、昭和初期にかけては、それとは別に、今度は「見所が能舞台の正面と脇正面、橋掛りを取り囲み、白州は舞台と橋掛りの周囲に一皮残す形で縮小され、白州上部に能舞台と母屋の屋根を繋ぐ片流れ屋根が設けられ」た高輪の梅若能舞台や杉並能楽堂のような新しいタイプの囲繞型能楽堂が誕生しているというのである。入れ子式能楽堂の萌芽もこれに平行しているようで、「奥富本」によれば、京都の金剛能楽堂は明治四十二年（一九〇九）の改築で入れ子式に替わり、東京の宝生会能楽堂も明治四十四年から立て替え計画があり、大正二年（一九一三）に竣工している。

とは言え、戦前の観客席（見所）はみな文字通りの座敷席で、椅子席になるのは戦後のこと。昭和十年代後半の見所の風景を山本東次郎氏は、次のように描写している。

当時はどの舞台も小規模な木造建築で、見所は座布団敷き、その脇に小さな手あぶり

写真④

写真⑤

火鉢が置かれ、冬はそれだけで暖を取っていた。（略）火鉢は煙草《たばこ》の火種としても使われていた。煙草は大人の嗜《たしな》み、それをくゆらせながらの観能は当然ということだろう。吐きだされる煙ときたらたいへんなもので、春からは秋は窓を透かせられるが、冬場は締め切ってしまうので、勢い煙が舞台にも見所にも充満する。能舞台全体に霞《かすみ》のように広がる煙はまさに「紫《し》煙《えん》棚引く」態であった。

（日本経済新聞、二〇一五年二月二十一日付）

二、能舞台

現在の本舞台は、三間四方（約六m四方）の竪板張りの面で、横に地謡《じうたい》座、後方に囃子《はやし》座・後見座の後座があり、後座から鏡の間へ向かって斜めに橋掛りが延びているが、文禄年間（一五九二〜九六）の頃には、能舞台は二間四方（約五m四方）で、地謡座はまだ無く、地謡は後座《あとざ》で謡われていたようである。現在も「翁」や狂言の歌舞の際の地謡が囃子方の後ろの後座で謡われているのは、その名残とも言える。

【写真⑤】は川崎能楽堂の舞台である。長い床板が十二、三

【図版①】

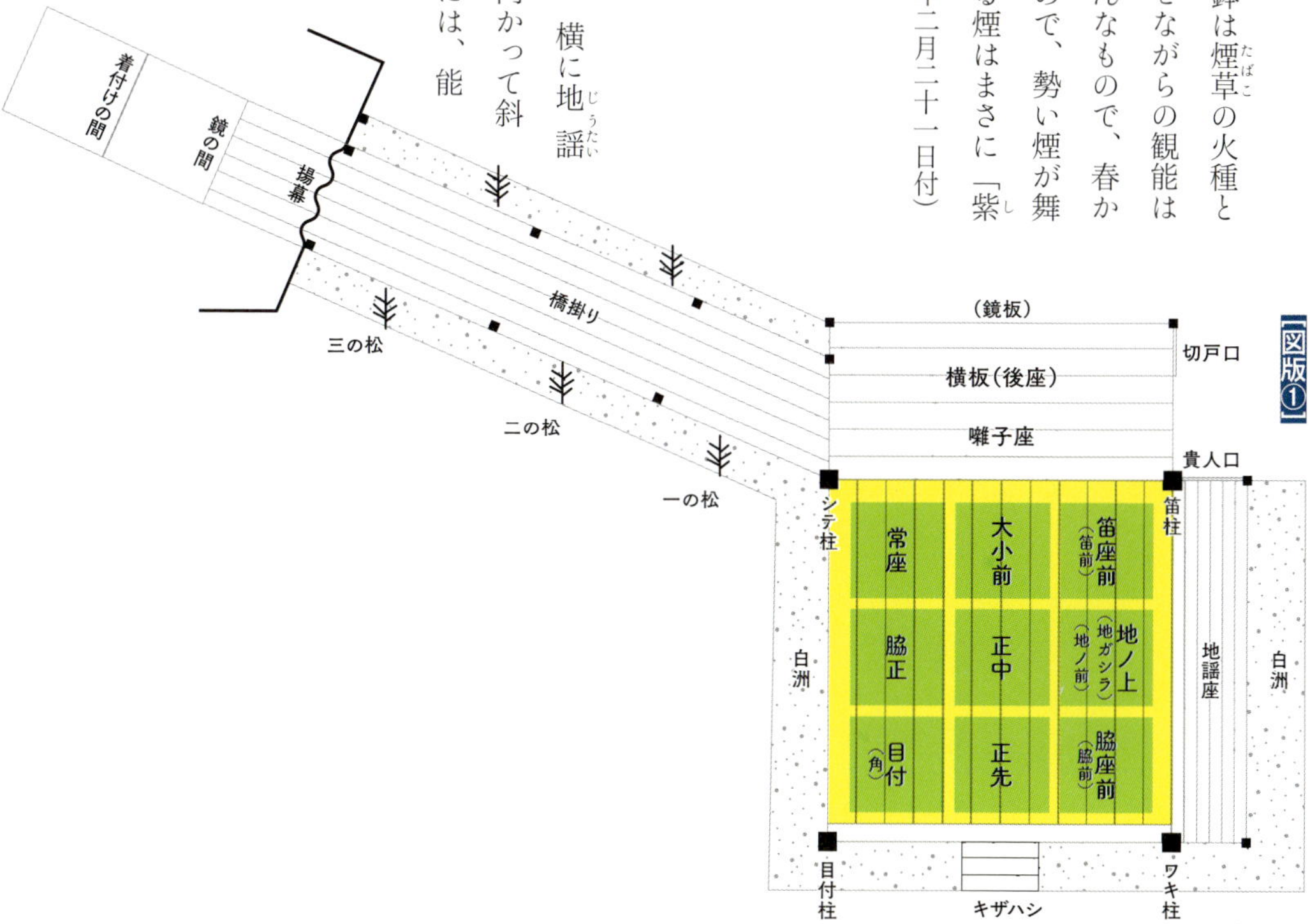

枚～十五枚ほど縦に並んでいる竪張《たてばり》面は、地謡座・囃子座（後座の一部）につながる。【図版①】に従って説明すると、見所に近い方から、目付柱に近い「目付」または「角《すみ》」、刻階《きざはし》（三段の階段）に近い正面の先の「正先」、ワキ座に近い「脇座前、脇前」があり、その奥に、脇正面席の中央部の前に近い「脇正」、舞台の中心部に当たる「正中」、地謡座の前に当たる「地ノ上」。「脇正」の奥の後座に接する所に、舞台に入る演者がまず立ち止まるシテ柱の側が「常座《じょうざ》」（またはワキが名乗りをする位置なので「名ノリ座」とも）、大鼓方《おおつづみがた》と小鼓方《こつづみがた》の真ん前に当たる「大小前」、笛方《ふえがた》の前に当たる「笛座前、笛前」などというふうに呼び分けられている。

【写真⑥】は、平成二十八年五月五日の明之會での「卒都婆小町」の舞台面で、正中にシテ（加藤真悟）、ワキ座にワキ（安田登）が居て、後座の囃子座に右から順に笛（松田弘之）、小鼓（幸信吾）、大鼓（亀井忠広）と並び、後見座には後見（右から梅若万三郎、中村裕）が控えている。

【写真⑤】からは、竪板張りの舞台の奥の後座《あとざ》が横板張りになっていることがわかる。後座の奥にある「老松の描かれてある大羽目板」が鏡板《かがみいた》である（これが歌舞伎の「松羽目物」の呼称のいわれとなる）。そして後見などが出入りする切戸口《きりとぐち》の側にある、若竹の絵の描かれている横羽目板【写真⑦】である。これも同じ鏡板であるが、正面のものと区別して「脇鏡板」とも言う。切戸口は見所からは見えにくく気づかれにくい出入り口なので、「忘れ口」とも、また切り組み物で切られた弱い臆病者の引っ込む戸口であるのを揶揄《やゆ》して「臆病口《おくびょうぐち》」とも呼ばれる。【写真⑧】（横浜能楽堂）は、切戸口から舞台と見所を覗いた場

【写真⑥】

【写真⑦】

面である。また、地謡座の先にある固定された扉は、かつては大名・貴人が使用する出入り口であったとされる貴人口の痕跡である。現在は全く使用されないとされているが、二世梅若万三郎（一九〇八～一九九一）は、平成元年五月三日に梅若家舞台で行なわれた安田雄蔵との対談において、今日一般には「貴人口」と言われる開かずの扉が、実は開閉ができ、「臆病口」と呼ばれ、特別な使われ方をしていた、と語っている。

「それから臆病口というのがあるんです。これは皆さんご存知ない。今現在使っていないですから。地謡が座ってますこの横、これが開くんです。開くのが本当なんです。病気になって引く場合には必ずここから引く、ということを聞いておりますけどね。（切戸口に比べて）これはぱっと高いですから。ここの舞台でも臆病口は開きますよ。（略）後見が代わった場合には幕へ引かない。病気になった場合は臆病口から。」

（「橘香」平成四年七月号）

【写真⑨】は国立能楽堂の舞台正面。手前に玉石の敷かれた白州から舞台に掛かっている刻階《きざはし》（白州梯子《しらすはしご》とも呼ぶ）が見える。この三段の梯子段はかつては別棟の見所で観ていた大名などから演者に褒美の品を渡すために用いられたものと言う。左手の角の柱が目付柱で、面をかけて視界の狭い演者の目の付け所となる大切な柱。その柱の奥、橋掛りとの接点に立つのがシテ柱。そのずっと右手、貴人口の横、笛座に近い位置に立つのが笛柱で、「道成寺」の演能の際に、天井の棟木に取り付けられている滑車から下りている鐘を吊り

【写真⑧】

【写真⑨】

上げる綱を留めるための円鐶《えんかん》が柱の裾に近い角《かど》についている。シテ柱の橋掛りを挟んだ奥の柱が後見柱で、後見座の近くにある。後座の奥行きは江戸時代の規格では一間半（約三m）とされていた。後座の天井は本舞台の屋根から傾斜のある庇《ひさし》になっていて、本舞台の屋根の傾斜と共に音響効果が配慮されている。その後見柱の左約二m、欄干《らんかん》に沿った位置に狂言座がある。後見柱は狂言座にも近いので、狂言柱と呼ばれもする。

【写真⑩】は国立能楽堂の橋掛りで、後座から横板で鏡の間へ向かって斜めに延びている。現在の能舞台の後座から橋掛りにつながる角度は、江戸時代のものに比べて小さく、直角につながっているものさえ珍しく無くなってきている。橋掛りには欄干が付き、両側は白州で、松が植えられている。手前側の白州の松は舞台に近い順に一の松、二の松、三の松と呼ばれ、遠近感を出すために一の松よりは二の松が、二の松よりは三の松が低いものであるように高さが調節されている。橋掛りと鏡の間との境界は幕口と呼ばれ、揚幕《あげまく》が吊り下げられている。

揚幕は、囃子方、ワキ方、シテ方の演者が出入りする際に揚げられる幕であることから出た呼称だが、古くは切幕《きりまく》と呼ばれていた。幕は唐草地緞子《からくさぢどんす》の五枚仕立てで、色目は白・青・赤・黄・黒の五色、あるいは赤三と青二・赤三と黒二・赤三と白二という二色、または赤の一色とされ、真紅の太い掛け綱に通され、両端に同色の長い房を下げるのがきまりである。

【写真⑩】

【写真⑪】

三、能舞台の裏

【写真⑪】は、国立能楽堂の鏡の間に隣接した着付けの間。広義には楽屋の一部であり、従って畳敷きとなっている。その日の後見を初めとする仲間の能楽師がシテの着付けを手伝う。シテは立っているだけで、手伝い人の言うままに手を伸ばしたりはするが、着せ替え人形になったごとくでなければならず、自発的に動いてはいけない。

【写真⑫】は、国立能楽堂の、いわゆる楽屋。橋掛りの裏から舞台の背後をへて切戸口に至る廊下に面する長い畳敷きの大部屋で、シテ方、ワキ方、囃子方、狂言方、すべての諸役の演者はここでそれぞれ支度を調え、出番の前に鏡の間へ移って待機する。

【写真⑬】は横浜能楽堂の鏡の間で、右側に大きな鏡がある。シテは身にまとった装束の着けようを確かめた後に、鏡の前に腰掛けてその日に用いる能面に向き合い、一礼をして顔に着《つ》ける。左側は橋掛りへ通じる揚幕の内側。いよいよ能が始まるという際に、囃子方はこの揚幕の手前に坐ってお調べを奏し、演能の開始を告げるのである。

【参考文献】
奥冨利幸『近代国家と能楽堂』(大学教育出版)、
山崎楽堂「能舞台」(『能楽全書』第四巻、創元社)、
横道萬里雄「能の舞台」(岩波講座　能・狂言Ⅳ)、
小林責・西哲生・羽田昶『能楽大辞典』(筑摩書房)「能舞台」の項。

【写真⑫】

【写真⑬】

靖国神社能舞台

第二部……全国能楽堂・能舞台案内

二十五世観世左近記念 観世能楽堂

にじゅうごせ かんぜさこんきねん かんぜのうがくどう

観世清和
二十六世観世宗家

観世、銀座に還る

二十五世観世左近記念　観世能楽堂は、平成二十九年（二〇一七）四月二十日、東京・銀座六丁目に誕生した複合施設「GINZA　SIX」の地下三階に開場した。

能舞台は、渋谷区松濤の観世能楽堂の舞台を運び、再び組み直している。それ以外はすべて新しい。見所（観客席）は四八〇席。椅

◎正面から舞台を望む（写真提供・観世宗家）

子はゆとりのあるデザインを採用し、座席の前後の間隔も従来より広げた。細部のしつらい、納まりにも神経を行き届かせ、質の高い能楽堂に仕上がっている。日本の伝統文化を発信する場として多目的の使用も考慮し、目付柱は取り外し可能とした。

銀座は流儀にとって、ゆかりの深い土地である。

現在「ガス灯通り」と呼ばれている通りは、以前「観世通り」と呼ばれていた。現在の銀座一丁目と二丁目あたりになる。寛永十年（一六三三）、十世観世重成が徳川家光公より約五〇〇坪の敷地をここに拝領した。当時能は幕府の式楽であり将軍家のさまざまな行事に伴って舞台を勤めることが求められていた。江戸城附近に本拠を構え、いつでも速やかに登城してお役目を果たせ

上◎開場記念公演「翁」翁・観世清和、千歳・観世三郎太、二〇一七年四月二十日
下◎中正面の位置から舞台を望む（写真提供・いずれも観世宗家）

という幕府側の意図だったのだろう。以来、明治へと時代が移るまでの二百余年の間、観世家はここに屋敷と能舞台、さらに蔵などを設け、日々研鑽に努めた。この時代が、将軍をはじめとする幕府要人の高い鑑識眼に鍛えられて、能がいよいよ洗練の度を深めてゆく時代ともなった。

学者・研究者の中には、幕府に抱えられることによって能が当初のエネルギーを失ったかのような見方をする方もあるが、私はそのようには考えてはいない。実際、当家に伝わる先祖の手控えには、登城を前に懸命に稽古を重ね、これでよいか、まだ努力が足らないのではないかと、自問自答を重ねた文字が残されている。一段と切磋琢磨し修練を重ね洗練さを増した時代だった。

その銀座に再び本拠を設けることに感慨を禁じ得ない。この度の移転・開場について、私がしばしば「観世、銀座に還る」と申し上げているのは、以前、屋敷を構えていたことがあるという郷愁や符合によるのではない。銀座には研鑽を重ねた先祖の精神の伝統が息づいている。そこに戻るのである。

それにしても、銀座という世界に名をはせる東京の中心地に、新たに能楽堂が開場することの意味は大きい。オリンピック・パラリンピックの開催も控えている。オリンピック・パラリンピック開催地の能楽堂の存在が人の目に触れる機会は飛躍的に多くなるだろう。改めて、七百年の伝統を堅持する能に注目をいただく機会となる。さらに進んで、日本が誇る伝統文化に触れていただくきっかけにしたいと思う。買い物や散歩の折に「こんなところに能楽堂が」と気づかれる方も増える。その足で能楽堂へ訪れていただくと、能・狂言が気軽に鑑賞できるということになれば、日常の延長で伝統文化に触れていただけるようになる。この度の開場を、能のみならず日本が誇る伝統文化継承の新たな出発点にしたいと思う。

◎鏡板の松（写真提供・観世宗家）

所在◉東京都中央区銀座六―一〇―一
GINZA SIX地下三階
電話◉〇三―六二七四―六五七九
アクセス◉銀座駅A3出口より徒歩二分

◉能楽堂追想………

観世能楽堂（松濤）

野村四郎◉シテ方観世流能楽師・人間国宝

東京渋谷の閑静な住宅地、松濤の地に観世の能楽堂ができたのは昭和四十七年（一九七二）、私が先代二十五世宗家観世元正師に入門してちょうど二十年目の年であった。私は野村萬蔵家という狂言の家の四男として生まれ、三歳から十代半ばまで狂言役者として舞台に立っていたが、昭和二十七年、十五歳の時、「能のシテ方になりたい」と父に話して観世流に入門した。

その頃東京の能楽堂はほとんど空襲で焼失していて、残っていたのは駒込の染井能楽堂と多摩川園内の多摩川能楽堂、それに狂言の山本家の杉並能楽堂の三ヶ所。私が内弟子に入った頃の観世会は染井の舞台で開かれていた。

その後、昭和二十九年に、大曲（新宿区）に観世会館が再建され、私の若い頃の研鑽はこの能楽堂の舞台で始まった。しかし、大曲の能楽堂はやがてやむなく移転することになった。都電の線路に面していた上に、首都高速道路の建設、都道の拡幅、地下鉄の開通なども重なって騒音・振動の問題が大きくなったからである。元正宗家が八方手を尽くされ、最終的に三ヶ所の候補地の中から旧鍋島藩邸があった渋谷区松濤の地に決まった。閑静な住宅地に能楽堂ができたのは、近隣の方々や東京都などの行政の協力があってのこと。そして、大勢の支援が得られた

◎「望月」シテ・野村四郎、子方・観世清和、一九七二年四月（撮影・前島吉裕）

のは、まことに穏やかで優しかった元正宗家のお人柄ゆえであったと思う。

昭和四十七年四月十四日から「観世能楽堂舞台披祝賀能」が行なわれ、私は元正宗家の弟の元昭師とともに当時としては斬新な番組のパンフレットの監修を務めた。そして十九日には「望月」を勤めさせていただいた。その時の子方は現在の清和宗家であった。

能楽堂は地上二階、地下一階建て。舞台の様式は唐様を基調とした檜造り、屋根は入母屋式の檜皮葺き。橋掛リの天井の内側を円《まる》くして、作り物の出入りをスムーズにしたり、「翁」上演の際の地謡、囃子方、後見の出入りやすさを考えて、後座が通常より半間ほど

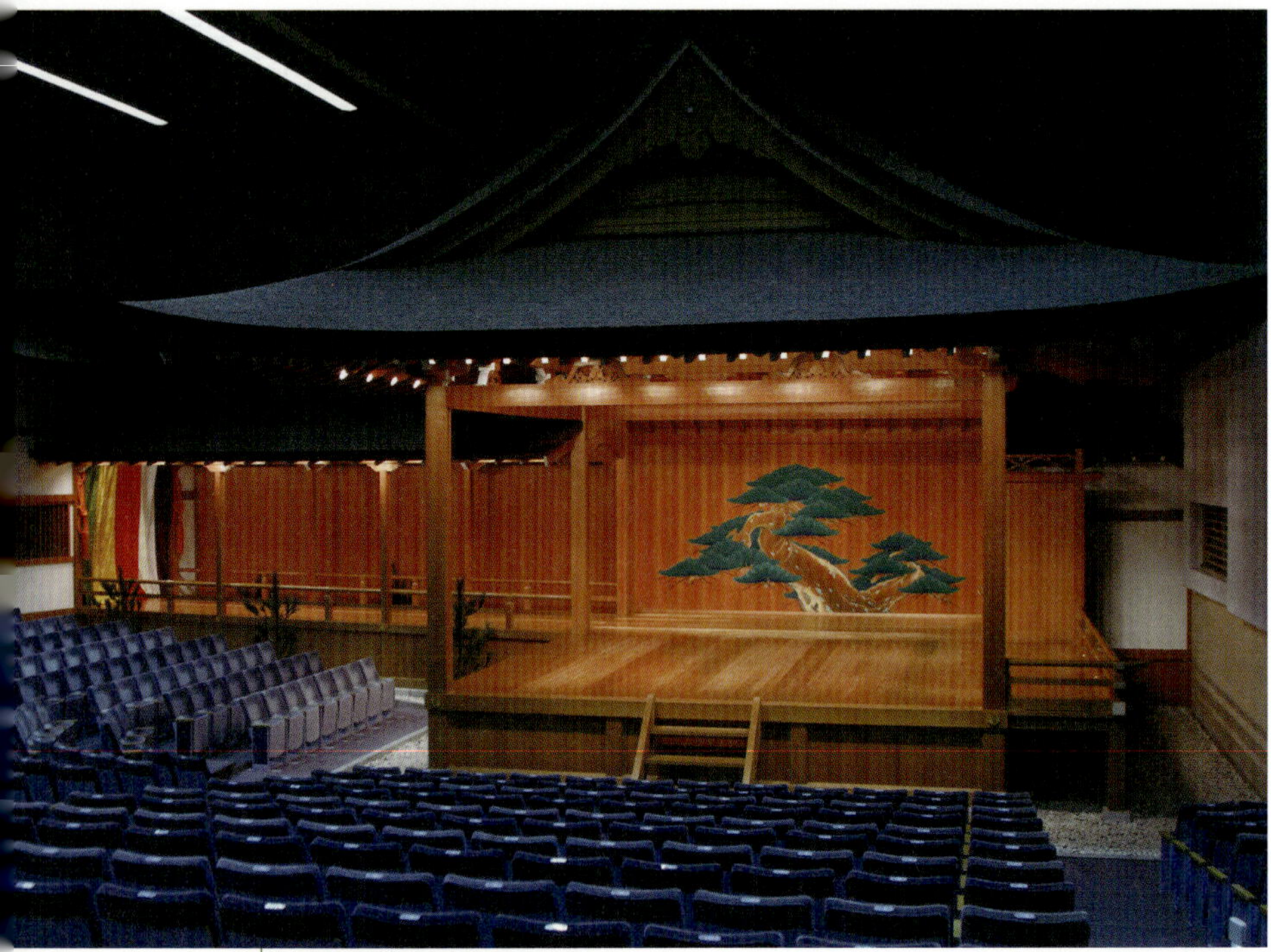

上◎舞台全景
下◎外観（撮影・いずれも前島吉裕）

◎楽屋（撮影・前島吉裕）。

拡張されるなどの工夫がある。舞台正面の老松を描かれたのは能画家の松野秀世氏である。音響、照明も専門家によって整えられ、声もよく通り、残響もなく理想的な舞台である。銀座にはこの舞台が解体され、移築される。従来の能楽堂になかったところといえば、二階に敷き舞台を併設し、若い人たちの養成を考えた稽古場としたこと、一階の楽屋口のそばに椅子席の食堂ができたことも珍しかった。

昭和五十六年からは勉強会「野村四郎の会」を始めたが、「檜垣」「姨捨」「関寺小町」など老女物の大曲も全てこの能楽堂で披かせていただき、平成二十七年の二月には「安宅」を舞い納めた。三月の「観世能楽堂さよなら公演」では、作者の世阿弥自身が傑作と自負した「井筒」を勤めた。それもこれもみなこの能楽堂で始まった研鑽の賜物と言うしかない。

四十三年間通った渋谷から銀座へ。数年後にはオリンピックもあり、新しい能楽堂は能の海外宣伝に大きな効果をもたらすことだろう。私も新たな再生を目指し、元正宗家をはじめとする諸先輩方の教えを次の世代に伝えていきたい。

◉能楽堂追想………

観昭会館能舞台回想

松田 存◉二松學舍大学名誉教授

時は昭和四十年代、日本においては世紀の文化遺産とも云える国立能楽堂、能楽流儀最大手観世流のホームグラウンドたる観世能楽堂（渋谷区松濤町）の落成に先行して、能舞台を擁する観昭会館がオープンしたのは昭和四十五年（一九七〇）一月のことで、同二十四、二十五日に落成祝賀披露能があった。同舞台は、二十五世宗家観世元正師（一九三〇〜九一）の令弟元昭師（一九三七〜九三）の独立稽古舞台として一階に楽屋と事務所、面・装束室、駐車場、二階に舞台と桟敷・椅子兼用の見所（約二百人収容）があり、三階が元昭家の私宅で、エレベーターも付されていた。

元昭師は昭門会に観昭会を主宰、昭和四十五年（一九七〇）三月二十二日（日）、同二十九日（日）、四月十二日（日）、同十九日（日）、同二十六日（日）、同二十九日（祝）の六日間に亘って同門による舞台新築落成記念能が開催された。それ以後同舞台では、秀謡会（亀山雅臣師主宰）、嘉声会（竹前嘉房同）、光峰会（浜野金峰同）、冨久謡会（田辺竹生同）、沖宏心会（沖宗久同）といった同門社中の発表会が春秋に亘って開催され、活況を呈した。発表会では、斎藤茂吉夫人輝子さん、薄田みちさん（薄田泣菫の姪か）、阿川弘之夫人や加藤精一・三枝子夫妻（三枝子）等とお目にかかることもしばしばであった。そうした中、浜野師の光峰会別会（昭和四十八年十月十日）で能「俊寛」（シテ・福島幸夫、康頼・今村幸雄、松田存）のツレ丹波少将成経役で舞台に立ったことも思い出の一つではある。また観昭会館では、次世代を担う若手同門による椎名町研究能が開催されることもあった。

その後、元昭師長男清顕さんが昭和六十二年（一九八七）、

◎光峰会別会「俊寛」後見・観世元昭、浜野金峰、シテ・福島幸夫、ツレは筆者ほか。一九七三年十月（撮影・前島久男）

元昭師令兄二十五世宗家元正師が平成三年（一九九一）に、その二年後の平成五年（一九九三）には元昭師自身が他界、流祖世阿弥（一三六三〜一四四三）を襲った晩年の悲劇が再現されるが如きことであった。大黒柱を失った観昭会館では、能の開催は無く、定期的に刊行されて来た機関誌「観昭」も休刊・廃刊となり、平成十年（一九九八）頃まで維持・存続されていた観昭会館の建物も現在では取り壊されている。

なお同会館とともに二十数年に亘って刊行されて来た機関誌「観昭」誌には、逐年の能狂言主要文献目録（小林保治）や、世阿弥伝書解題（全）、能謡名所旧跡史料等が連載されて居り、貴重な資料となっている。

国立能楽堂

こくりつのうがくどう

表きよし
国士舘大学教授

能楽の継承・普及・発展を担う拠点

その名のとおり、国の資金によって東京都渋谷区千駄ヶ谷に建設された能楽堂。長年にわたる要望が実って、昭和五十一年五月に国立能楽堂設立準備調査会が発足、昭和五十五年五月七日に起工式を行ない、昭和五十八年九月に開館された。設計は大江宏建築事務所で、管理・運営は国立劇場と同じく独立行政法人日本芸術文化振興会が行なっている。

ゆったりしたロビーを通って入る見所の座席数は、正面二四五席、脇正面一九〇席、中正面一五六席で、正面席と脇正面席の後ろに部屋の中から鑑賞できる形の座席が設けられており（SB席・G

◎「卒都婆小町」シテ・加藤眞悟、二〇一六年五月

B席)、脇正面席後ろのGB席は固定で三六席あるため、固定席の合計は六二七席である。

国立能楽堂の舞台の最大の特徴は、橋掛りの長さと角度にある。橋掛りは全長一三・五mで、角度は二六度になっている。橋掛りが長いので、役者は登場の際や橋掛りを使った演技の際には注意が必要になる。また、能舞台が屋外に設けられていた時の橋掛りは舞台から斜め後方に伸びていたが、能楽堂の中に能舞台を設ける場合、角度が大きいと建物の面積を広く取らねばならないため、能楽堂の多くは橋掛りが後座の真横に付けられている。その点で二六度という角度は能楽堂としては画期的なものである。

国立能楽堂で行なわれる公演の多くは能楽師が舞台を借用して行なう催しだが、国立能楽堂の自主公演も行なわれている。毎月二回の定例公演(水曜日午後と金曜日夜)、毎月一回の普及公演(土曜日午後。解説が付く)のほか、狂言の会や能楽鑑賞教室、復曲能・新作能など意欲的な取り組みが行なわれる企画公演などがある。低料金に抑えられているため、発売して間もなく売り切れてしまう公演もあるほどの人気である。

◎「卒都婆小町」シテ・加藤眞悟、二〇一六年五月

また、平成十八年十一月から字幕システムが導入された。これは前の座席の背面に小型の液晶画面を設置し、能の謡の詞章などを表示するもので、日本語表示・英語表示（意訳と解説）・表示オフを選択することができる。謡の詞章がわかりにくいという観客の声に配慮されたもので、主に自主公演に使用されている。

能楽の普及・継承・発展に寄与する役割を担う国立能楽堂には、通常の舞台のほかに研修能舞台や大講義室（一六〇席）、能楽関係図書や公演記録資料を閲覧することができる図書閲覧室や展示室なども設置されており、公演以外にもさまざまな役割を果たしている。昭和五十九年からはワキ方・囃子方の養成事業も行なわれており、この養成事業を経て能楽の世界で活躍している役者も増えつつある。

参考文献

『国立能楽堂』一号（昭和五十八年九月）など

上◎国立能楽堂の外観
中・下◎講義室の風景。「粟谷能の会」事前鑑賞講座。右から、粟谷明生、粟谷能夫、金子あい。二〇一六年十一月

所在◉東京都渋谷区千駄ヶ谷四―一八―一
電話◉〇三―三四二三―一三三一
アクセス◉千駄ヶ谷駅より徒歩五分

靖国神社能楽堂

やすくにじんじゃのうがくどう

岩倉具視ゆかりの近代初の野外舞台

小林保治
早稲田大学名誉教授

東京都千代田区九段坂上に鎮座する靖国神社の境内にある野外能楽堂、古くから九段能楽堂とも呼ばれる。前身は東京府より借用した、芝公園内紅葉山二千坪の敷地に一年余をかけ、一万八千余円の費用を投じて宮内省内匠課の白川勝文の監督の下に建立されたいわゆる芝能楽堂である。岩倉具視以下華族

を主とする社員六十二名によって創始された能楽社が「英照皇太后の御教養のため」と「方今能楽は衰微しているがその技の練達者はまだ世に存しているので、今その者らを鼓舞して能楽の維持保存に資するため」という趣旨で発起されたもので、舞台開きは明治十四年四月十六日。初日の番組は、「翁」、「高砂」宝生九郎、「田村」観世清孝、「櫻川」梅若実、「鞍馬天狗」金剛唯一、「加茂」桜間伴馬というものであった。その後皇太后は明治三十年の崩御に至るまでに三十回以上も行啓している。

この能楽堂建設が呼び水となって維新以来各地に散在していた能役者の

◎靖国神社の野外能楽堂。「能楽」の扁額が見える

右◎「羽衣」シテ・宝生英照、一九九七年四月
左◎地裏から舞台を望む。手前の桜は東京の標準木

出京も増え、能楽社への登録希望者がたちまち百余名に達したという。

しかるに明治十六年七月に岩倉公が歿して後、行啓能、華族能は時々催されたが、能楽社主催の能や会員である能楽師連の能の催しははかばかしくなく、能楽堂の修繕費や家屋税、借地料の負担も重く、明治二十三年十月に、内大臣三条実美《さねとみ》を監督者に据え、能楽社は「能楽堂」と改称された。しかし、次第に各流儀の能舞台が建設されてくると、勢力を挽回してきた流儀の能楽師の出勤が減り、森林中の陰地に建つことからくる破損も甚だしく、式能なども催されてはいたが、経営に窮するようになり、上野博物館や華族会館などへの移転という案も出たが話が進まず、結局明治三十五年（一九〇二）九月、帝室の御用能、本会や会員の演能時には貸し付けるという条件で、靖国神社へ奉納、移築された。ここでは明治三十九年三月七日に能楽倶楽部による第一回の「夜能」が行なわれたが、それが慣例となって現在も毎年四月初旬に夜桜能が催されている。

大正十二年の関東大震災により、宝生会、梅若会、喜多会、井伊家、山階家、観世喜之家等ほとんどの舞台が焼失した時には、池内信嘉の進言が契機になって賀茂水穂宮司や宝生会の本間広清が動いて早急に修繕がなされ、諸流の演能を支えた。

太平洋戦争時もここだけは聖域で、能楽協会は、昭和十六年に作られた英霊顕彰の新作能「忠霊」が演じられたこの舞台で、その後も五流の能を月に一度ずつ終戦の月まで毎月催し続けていたという。幸いにも戦火を免れ、今もなお境内の一隅に古雅なたたずまいを残している。何よりも舞台正面奥の梁《はり》の上に掲げられた「能楽」の扁額《へんがく》が、創立当時の先人たちの能楽保存・発展への熱い思いを伝えている。この額の揮毫者は、能の巧者で、殊に能筆で知られた旧加賀藩の藩主前田斉泰《なりやす》である。

参考文献
池内信嘉『能楽盛衰記』下（東京創元社）、『華より玄へ―観世栄夫自伝』（白水社）ほか。

所在◉東京都千代田区九段北三―一―一
電話◉〇三―三二六一―八三二六
アクセス◉東京メトロ九段下駅より徒歩五分

宝生能楽堂

ほうしょうのうがくどう

宝生和英
宝生流二十世宗家

焼失・再建を繰り返した不屈の能舞台

明治以降の宝生流の能舞台の歴史は、明治十九年（一八八六）に神田猿楽町に建てられた松本金太郎の舞台から始まり、当初は十畳位の板の間を拵えただけの粗末なものだったが、明治二十六年には舞台の改造、同三十一年には新しい舞台が建築され、猿楽町舞台と

して使用される。
明治四十四年に社団法人宝生会が設立され、大正二年には新舞台が建設される。この舞台が初めて本格的な能楽堂の形式を備えた舞台であったが、大正十二年の関東大震災によって焼失。一時は再建すら危ぶまれたが、翌年には早くも能楽堂再建計画が進められた。
舞台は駒場の前田邸に保管されていたものを永久使用する事が許され、敷地は水道橋傍の松平家旧邸の敷地千余坪が提供されることになる。前田侯、松平伯とともに宝生流の絶大なる後継者だったことが幸いし、財政面でも後楯を得た当時の十七代宗家宝生九郎重英が再建に奔走、昭和三年三月、ついに現在の地に初めて宝生流の能楽堂が完成した。

◎「紅葉狩」シテ・和久荘太郎、二〇一六年十二月（撮影・亀田邦平）

上◎本舞台全景。一辺の梁に蟇股を二つずつ使用している入念さ
下◎「安宅」シテ・宝生和英、二〇一六年十月（撮影・いずれも亀田邦平）

最初の名称は、「宝生会能楽堂」と名付けられ、収容人数は八〇〇人、宝生流のみでなく、五流を網羅する大きな演能はすべてこの舞台で行なわれていた。

ところが、この「宝生会能楽堂」も第二次世界大戦の戦火に巻きこまれ、昭和二十年の東京大空襲で焼失してしまう。

終戦を迎え、能楽師も続々と復帰し、演能会が復活・再開されると、舞台復興の計画も着々と進められ、昭和二十三年頃から宝生宗家父子を中心に、全職分・全国の流友が協力し、昭和二十五年三月にめでたく再建された。戦後まだ都内にこれだけの規模の能楽堂がなかったために、他流が利用することも多く、あえて宝生の名を冠さずに「水道橋能楽堂」と名付けられた。

水道橋能楽堂も四半世紀を経て老朽化が進んだ昭和五十年頃から再建改新計画の案が持ち上がり、昭和五十一年に再建計画が具体化すると、昭和五十三年から建替の作業が開始されたのである。

建築資金は広く流内寄附の勧誘により集められ、昭和五十四年三月二日舞台上棟祭を執行、五月三十一日能楽堂竣工、六月八日落成式が行なわれた。この能楽堂は再び流儀の名を冠して「宝生能楽堂」と名付けられた。

舞台は昭和二十五年以来幾多の名人が踏んできた由緒深いものをそのまま使用、この舞台はとても柔らかいため、正座の負担が少ないと言われている。また、見所は旧能楽堂からあったスロープ形式を採り入れるなど、「観やすい客席」「演じやすい舞台」「利用しやすい能楽堂」として、流儀の枠を超えて能楽の保持の重要な役割を果たす殿堂として認知され、現在も多くの公演に利用されている。

平成二十六年に客席を全改修し、古来は野外で行なわれていたことから「原点回帰」をテーマに、レッドカーペット・白カバー座席から全てアースカラーに統一したデザインに変更。来館者からは舞台が映える配色との評価を得た。また、舞台の照明も現代風な白色の蛍光灯色ではなく、黄味がかった暖色で、落ち着いた柔らかい色との評判がある。

所在◉東京都文京区本郷一丁目五—九
電話◉〇三—三八一一—四八四三
アクセス◉水道橋駅より徒歩三分

十四世喜多六平太記念能楽堂

じゅうよんせいきたろっぺいたきねんのうがくどう

塩津哲生
喜多流能楽師

喜多流の芸風を象徴する鏡板の松

喜多流宗家十四世六平太は、明治七年生まれ、幼名宇都野千代造、号は能心。母まつが喜多流宗家十二世能静の三女であったことから、能静の五女とよと結婚して宗家十三世を継いだ喜多勝吉が離縁された後、明治十三年とよの養子となり、翌年のとよの没後、喜多流を相続したと言われる。能静の弟子の松田亀太郎や分家の喜多文十郎、津藩主藤堂高潔、黒田藩抱えの梅津只円、細川藩抱えの友枝三郎、

◎「雲林院」シテ・香川靖嗣、二〇一七年一月

等々に学び、明治十七年三月、家元継承披露能を催して、「鷺」を舞った。

喜多流舞台の歴史は、度重なる焼失の歴史である。明治二十六年に大山巌邸から飯田町に移築された舞台は大正十二年の関東大震災で焼失、昭和二年に淺野家別邸の能舞台の寄贈を受けて四谷に建てられた舞台は、昭和二十年の東京大空襲により再び焼失してしまった。その四谷の舞台の、熊谷直彦画伯の描いた鏡板の松は「見る者は襟を正さずにはいられないような見事なものであった」と当時を知る先輩たちは口々に讃える。この四谷の舞台が無くなってからの演能は主に染井能楽堂と杉並能楽堂を借りて行なわれていた。三番目の舞台が、昭和三十年に大林組中村寅之助氏の好意ある尽力や全国流友の浄財により、現在の地（品川区大崎）に喜多能楽堂として建てられた舞台である。十四世喜多六平太は一代のうちに実に三つの能舞台を建立したことになる。その偉大さは卓越した芸の力（文化勲章・人間国宝・芸術院会員）もさることながら、喜多流の継承、普及にも抜群の力を発揮した。

上◎脇鏡板から離れて独立している笛柱。後座も、幅と奥行きを持たせた設計となっている
中◎二階席から能舞台をのぞむ
下◎デザインされた喜多霞が見える玄関正面

昭和四十六年一月の十四世宗家の没後、四十八年に能舞台はそのまま残し、財団法人化による寄付も得られて、十四世喜多六平太記念能楽堂として改築された。この舞台の改築中の演能は、梅若能楽学院や矢来能楽堂で催された。能舞台の屋根は奈良の室生寺の屋根を模した茅葺きの屋根で、当時はモダンな能楽堂として人気を呼んだものであった。収容人員は約四五〇名。十五世喜多実・長世（十六世六平太）父子が中心となり、喜多流を挙げての一大事業であった。その後、昭和三十年以来五十年の使用に耐えて消耗した床板の張り替えの必要が出てきた。そこで平成十九年に、四十八年の改築時の設計者であった榛沢敏郎氏の紹介により、能舞台床板用材として二十年前に製材され、岐阜県の山中に大切に乾燥保存されてきたという完璧な板材で舞台と橋掛りの床板が張り替えられ、舞台は面目を一新した。

能舞台は三間四方というのが一応のきまりであるが、舞台によって微妙な違いがある。寸法の計り方が柱の内、外、中と変わっただけで、一尺や五寸の差が出てしまう。見所からの目線ではほとんど差は感じられないが、面をつけて舞う側からは一歩の違いは重要なことである。喜多の舞台はわずかに広めになっている。橋掛りの角度と長さは各々舞台によって違っている。例えば宮島の舞台は幕を揚げると真正面にワキが見えるほどの角度である。橋掛りは長く、角度が大きいほど観客からは距離感があってよいが、能舞台の特殊な形は、諸々立地条件により難しい問題である。当流の舞台は残念ながら敷地の制約から長さも角度も充分にはとれていない。

さて能舞台で最も大事な鏡板の松は、当流の誇りとするものである。江崎孝坪画伯の揮毫《きごう》・前田青邨《せいそん》画伯の監修によるもので、太く力強い幹と豊に繁る枝ぶりは、喜多流の気迫・大きさを専らとする芸風を象徴して正に千年の緑を成している。独立した笛柱の造りゆえ後座が広く、鏡板の松も他の舞台には見られないような大きな広がりを見せている。

創建者十四世六平太を初めとして数々の諸先達の芸を支え続けて六十年、見所に居て、誰もいない舞台に対座していると、趣の違った世界に身を浸すことが出来る。先人のさまざまな思いが漂っているのであろう。迷いの気持が浄化され、体中に不思議な気が満ちてくる。

所在◉東京都品川区上大崎四―六―九
電話◉〇三―三四九一―八八一三
アクセス◉目黒駅より徒歩七分

梅若能楽学院会館《うめわかのうがくがくいんかいかん》

表きよし

謡・仕舞の学校の中に作られた舞台

梅若家は長い歴史を持つ能役者の家である。室町時代には丹波《たんば》猿楽《さるがく》と呼ばれ、現在の京都府を拠点に活動を展開していた。豊臣秀吉が大和猿楽四座に配当米を支給する制度を設けたため、大和猿楽以外の有力な猿楽の役者は大和猿楽に編入されたが、梅若は観世座に属することになった。江戸時代には観世座のツレ家として勢力を保ち続け、観世座を盛り上げる役割を担った。明治維新により能は崩壊状態となったが、初世梅若実が東京で演能を続け、能楽の復興に大きな功績を残した。梅若家は梅若六郎家と梅若万三郎家の二家の態勢となり、一時は梅若流の独立という話もあったが、現在はシテ方観世流を支える勢力の一つとして活動を続けている。

◎能舞台全景

その梅若六郎家の本拠地が梅若能楽学院会館の舞台である。この舞台ができるまでの経緯については梅若能楽学院のホームページに詳しい説明があるので、それを参考にしながらまとめてみる。六郎家の舞台はもともと浅草厩橋《うまやばし》（現在の台東区蔵前）にあったが戦災で焼失し、六郎家は中野に転居した。二世梅若実は中野の地での舞台建設に意欲を見せたが昭和三十四年に逝去、その遺志を継いだ長男の六郎が舞台建設に立ち上がった。ところがこの場所は住宅専用地域で舞台建設は出来ないことがわかったため、六郎は都知事などに相談を持ちかけ、学校の教場としてなら舞台建設が可能であることが判明し、昭和三十五年に学校設置の許可が下りると舞台の建設に着手、翌年八月に舞台披《ひら》き公演が催された。設計は大江宏、施工は竹中組である。

ＪＲ東中野駅か地下鉄中野坂上駅から山手通りを八分ほど歩いた住宅地の中に梅若能楽学院会館があ

上◎「西行桜」シテ・梅若玄祥、二〇一二年四月
下◎脇正面から能舞台を望む
左◎春は入り口に桜が出迎える

る。舞台の見所には正面奥に三十席の雛壇、脇正面奥に二十一席の桟敷があり、脇正面の補助席も合わせると三三八席の規模を持つ。昼間は自然光の差し込む落ち着いた舞台で、梅若会定式能や別会能を始め、様々な催しが行なわれている。もちろん今も学校としての機能を保持しており、謡と仕舞を一年から三年で学ぶ本科、謡か仕舞のどちらかを学ぶ自由科、本科修了者がさらに学びを継続するための別科がある。

　現在の六郎家当主であり学院長でもある梅若玄祥は復曲や新作能の上演、海外公演にも意欲的に取り組んでいる。梅若会のメンバーにより、この舞台を拠点とした魅力ある取り組みが、これからも発信され続けていくことだろう。

所在◉東京都中野区東中野二―六―一四
電話◉〇三―三三六三―七七四八
アクセス◉東中野駅、中野坂上駅より徒歩八分

銕仙会《てっせんかい》 能楽研修所舞台《のうがくけんしゅうじょぶたい》

表きよし
（監修・九世観世銕之丞）

流行を先取りする街で伝統文化を守る

地下鉄表参道駅のＡ４出口を出て坂を下りきった交差点の角に、銕仙会能楽研修所がある。周囲には一流ブランド店の入ったビルが立ち並び、銕仙会能楽研修所自体もコンクリート打ちっ放しの外観であるため、気付かずに前を通り過ぎてしまう人もいる。ここがシテ方観世流観世銕之丞家の本拠地である。観世銕之丞家は、江戸時代中期の十五世観世大夫元章の弟である織部清尚が分家を認められたことに始まり、宗家に嗣子がいない時には銕之丞家から後継者を出すなど、長く観世宗家を支える役割を果たして来た。現在は九世銕之丞を中心に公益社団法人銕仙会として活動を展開している。

銕之丞家の舞台はもともと東京都下谷区西町（現在の台東区東上野）にあったが、昭和二十年の空襲で焼失したため、戦後しばらくは大田区田園調布の多摩川能楽堂を拠点としていた。昭和三十年に港区南青山の現在地に銕仙会舞台を建設し、翌年一月に

◎見所は五段の畳敷

舞台抜き祝賀能が行なわれた。石段を数段上がって玄関を入ると桟敷席が広がる趣のある舞台で、ここで観世寿夫・栄夫・静夫（八世銕之丞）の三兄弟が修業を積み、三人を慕って多くの役者が集い、戦後の能楽界を盛り上げる拠点の一つとなった。しかし、建物の老朽化が進んだため、昭和五十八年にコンクリート造りの現在の建物に建て直された。

地下一階、地上五階の建物で、舞台は二階にある。見所は五段階の畳敷きで、以前の舞台の見所の雰囲気を残している。観客は座布団に座って鑑賞することになるが、正面と脇正面の見所の最後部にはベンチ席が設けられ、畳に座るのが困難な観客にも対応できるようになっている。舞台は多摩川能楽堂以来のものであり、落ち着いた空気を湛えた空間が広がる。収容人員は二〇〇名で、舞台と見所の距離が近いため、迫力のある演技を楽しむことができる。

銕仙会の若手・中堅メンバーを中心とする青山能が年五回程度開催されており、終演後には能楽師による小講座があるなど、能を見慣れていない観客をも惹きつける工夫がなされている。八月には小学校や中学校などの国語・音楽の教員を対象とした講座があり、また春と秋には銕仙会定期公演の鑑賞も含めて四回にわたる講座が開かれていて、能楽の普及にも舞台が活用されている。また今年から謡・仕舞や能面・能装束着用を体験できる教室も始められており、様々な人が行き交う表参道という土地柄を生かした取り組みが今後も進められていくことだろう。

◎表参道の町並みに溶け込む、モダンな佇まい

所在◉東京都港区南青山四―二一―二九
電話◉〇三―三四〇一―二二八五
アクセス◉表参道駅より徒歩四分

矢来能楽堂

やらいのうがくどう

観世喜正
シテ方観世流能楽師

神楽坂近く、後方に座敷席を残す古風な造り

牛込区矢来町、現在の新宿区矢来町。昭和五年、先年の関東大震災で神田西小川町今川小路の舞台を焼け出された、私の曽祖父、初世観世喜之が、この矢来の地に九皐会《きゅうこうかい》舞台を建てた。

坂沿いの地形をうまく生かし、大きな明り取りの窓や二階の座敷もある桟敷《さじ》きの能舞台で、日頃

◎能舞台全景

は曽祖父の自宅として用いながら、催しの折には総出で桟敷きを組み、升席《ますせき》に座布団や火鉢を並べ、多くのお客様を迎え入れたという。当時御後援頂いた華族の方々の定席は後方に設えられ、「井伊様御席」「毛利様御席」「戸田伯爵様御席」などと銘打ちご用意をした由を、鬼籍《きせき》に入った先人達から聞いて育った。

昭和二十年五月二十四日の空襲で、牛込地区も焼かれ、昭和五年の能舞台は灰燼《かいじん》に帰した。当時既に能面能装束は近隣の土蔵を貸して頂き分散して収蔵したり、鏡の間の鏡などの備品類は地下に掘った防空壕の中に避難させていたようだが、たまたま「頼政」の演能が予定されており、用意してあった頼政の装束一式が焼けてしまったのが悔やまれるとの話しを、当時小学生だった私の父、三世観世喜之から度々聞かされている。

昭和二十七年九月。祖父の二世観世喜之が多く

上◎脇正面から能舞台を見る
下◎貴人口の扉に梅が描かれている

の方のお力添えを得て、戦後にしてはいち早くというべき時期に舞台を再建。社団法人観世九皐会を設立し、「矢来能楽堂」の名称で今日ある舞台を再建した。木曽観世九皐会に繋がる方々の尽力で、木曽の御料林の檜を調達し、舞台はもとより建屋も木造の建築となった。時代の流れを先読みし椅子席をメインとして、後方に座敷席を残すという客席配置も特徴的である。数少ない当時の白黒写真を見ると、白木の美しい舞台面や柱が印象的だ。爾来六十余年…。

舞台に立つと姿が舞台面に映り込むほどに磨き込まれ、飴色となった能舞台、そして能楽堂は、平成十一年、文化庁から登録有形文化財の登録を頂いた。古きものを残さず新しくしてしまうことばかりの東京という都市の中で、古きものの存在価値を認めて頂けたことは光栄なことである。と同時に現在の姿を残していくために、可能な限りの修繕や整備をたゆまず続けている。行政をはじめ関係各位の更なる助力を願う次第である。

近年は、隣町の神楽坂がブームで、閑古鳥だった休日の歩行者天国は、マップを持った観光客でごったがえしている。売りであるはずの古き街並みは、逆に再開発の波に洗われている。

「古きままま」の、矢来能楽堂では、従来の定例公演に加え、新規のお客様や外国の方向けの入門公演や体験講座なども増やし、また近隣の学校や自治体との連携を積極的に行なっており、能楽を習える稽古場としての機能も大いに果たしている。能楽の鑑賞者のみに限らず、建築をはじめとする日本文化そのものにより深い興味と理解を示してくださる方々を増やす為に、いつまでも矢来能楽堂を大事にしていきたいと思っている。

所在◉東京都新宿区矢来町六〇
電話◉〇三―三二六八―七三一一
アクセス◉神楽坂駅より徒歩四分

梅若万三郎家能舞台

うめわかまんざぶろうけ
のうぶたい

三上紀史
大東文化大学名誉教授
（監修・三世梅若万三郎）

万三郎家一門の本格的な稽古舞台

梅若家の能舞台は、現在の梅若万三郎家能舞台が建設されるまでに、いくつかの変遷をたどっている。初世梅若実（一八二八～一九〇九）は、幕末の丹波篠山藩藩主、青山下野守の屋敷にあった能舞台を譲り受け、明治四年に浅草の厩橋《うまやばし》の邸内に能楽堂を建てた。この舞台を運んでくるときに、三匹の狐

◎舞台全景

がついてきて、真夜中に狐が舞台を尻尾で打つ音が聞こえたという。初世梅若実はこの厩橋能楽堂を拠点として、明治維新によって衰退した能楽を復興させるために尽力した。大名公家出身の華族たちが、流儀を超えてこの舞台で共演した様子を、初世梅若実の長男の初世梅若万三郎（一八六九～一九四六）はその著書『亀堂閑話《きどうかんわ》』に書いている。この厩橋の舞台は、大正十二年の関東大震災で焼失する。その後、昭和四年に厩橋梅若能楽堂が再建された。初世梅若実の次男竹世（二世梅若実）は梅若本家を継ぎ、この舞台を活動の本拠としたが、これも昭和二十年の空襲によって焼失した。

　関東大震災によって厩橋の舞台を失ったあと、初世梅若万三郎は高輪に移り住み、益田孝男の邸宅の庭に能舞台を建て、昭和三年一

月に舞台抜きを行なった。これが高輪能楽堂である。この舞台も昭和二十年の空襲によって焼失する。戦後、二世梅若万三郎（一九〇八～一九八一）一家は、現在の住いのある渋谷区西原に転居した。それから十余年を経て、梅若一門の本格的な稽古場がないことの不便さが、高輪の能舞台への愛惜に伴って痛感されるようになり、新しい能舞台を建設することが急務とされた。そこで二世梅若万三郎を中心に、梅若家の邸内に能舞台を建設する計画が進められ、設計を羽間忠作、工事施工を唐木半七が

上◎仕舞「羽衣」梅若万三郎、二〇一六年七月
右◎初世梅若万三郎胸像（高さ三二〇cm）

担当することになった。羽間忠作は宮内省の建築に長く携わった建築士であり、唐木半七は京都の和風建築に腕をふるってきた建築士で、自ら謡を習い能に関する知識は豊富であった。昭和三十二年一月に、万謡会を中心に「梅若万三郎家能舞台建設後援会」が設立され、建設費の寄付を募る体制も整い、舞台の建設は昭和三十二年四月に着工され、同年の九月に完成した。

舞台の材料は総檜で、舞台の規模は、本舞台三間四方に後座と地謡座が設けられ、四間の橋掛かりが伸びて応接間に直結している。この応接間は鏡間としても使用できる。見所は正面十二畳、ワキ正八畳のたたみの間で、五十人ほどの観客を収容できる。正面の見所の下には、地盤の高低を利用して、作り物などの能の道具を収納する倉庫が設けられている。鏡板の松は、二世梅若万三郎の親戚筋にあたる川端龍子《かわばたりゅうし》画伯の監修のもとに、その高弟の結《ゆう》城《き》天童《てんどう》画伯が執筆した。雄渾で高雅な味わいは当初から称賛された。高輪の舞台を知る古い門弟たちは、高輪舞台の面影を宿しているとなつかしがった。

この舞台は現在、梅若万三郎家一門の稽古場として、梅若研能会の申し合わせ、三世梅若万三郎（一九四一〜　）の主宰する紀耀会の例会などの会場として使われ、時には本格的な能も上演されている。この舞台は天井に釣鐘用の金具も取り付けられ、照明その他の施設を含めて、本格的な能舞台の機能と姿を備えている。

平成二十一年に万三郎家の本宅が改築され、能舞台も若干改装された。舞台裏に稽古場が設けられ、応接室が板の間になって、橋掛かりの延長として使用することができるようになった。

参考文献

『橘香』（昭和三十二年五月号〜十一月号）
初世梅若万三郎著『亀堂閑話』（玉川大学出版部、平成九年）

所在◉東京都渋谷区西原一―四―二
電話◉〇三―三四六六―三〇四一
アクセス◉代々木上原駅より徒歩十分

代々木能舞台

よよぎのうぶたい

浅見真高
シテ方観世流能楽師

邸宅に粛然と寄り添う温和な舞台

本舞台は、浅見家の母屋に隣接して中庭に建てられた半屋外の能舞台。

母屋（昭和九年築）が建てられた後、昭和二十五年（一九五〇）の建築である。設計は神祇院の小島芳正氏が関わり、戦後の物資が不足している中、当時の当主浅見真健の還暦を祝って、弟子や後援者の方々の出資により建造、平成二十一年には国の有形登録文化財として認定された。

舞台は三間四方（約五・四m×五・四m）の規模で、無駄のない簡素な造りは、京都西本願寺にある最古の能舞台、北能舞台（国宝）を模している。橋掛りは舞台に直角に付き、桁行は九・五mある。一の松、二の松、三の松は、ほとんどの能楽堂では作り物であるが、当舞台は生木を植えており、今では珍しい風景となっている。鏡板は真健の幼なじみで鏑木《かぶらき》清方《きよかた》の門下である渡邊伍光の制作による。尚、切戸口面の竹の絵は、六代目尾形《おがた》乾山《けんざん》の娘尾《お》

上◎左手奥が本舞台。手前の母屋の大広間に隣接している
下◎敷舞台から母屋と本舞台方面を望む

◎正面からみた本舞台（上）および敷舞台（下）と、その鏡板

形乾女《がたけんにょ》によるものである。

公演時には、本舞台向かいに面した母屋の大広間が見所となる。広間のガラス戸やふすま等の建具を取り払い、柱のみが残るように設計されている。脇正面が直接中庭に面しているため、西日や風雨にさらされることも多く、ある時床板が全て反り返ってしまったことがある。一寸二分厚の床板は、木の力の方が勝って釘では太刀打ちできない。しかし、山田初太郎という素晴らしい腕の大工が一夜で反りを戻したという。要は、板をすべて外して土の上に置き、地面の湿気を利用して反りを直したのである。これはよほど経験がないとできない作業である。それ以来、狂いは全く無い。

敷舞台は、昭和八年に四谷にあった自宅より移築され、鏡板は大正期のもので、高知県出身の日本画家 乾南陽《いぬいなんよう》の作と言われている。本舞台と同様、平成二十一年に有形文化財として認定されている。母屋の大広間のふすまを介して隣に敷舞台があるため、広間の天井は舞台と高さを合わせて約十尺（三m）と極めて高い造りとなっている。戦災で焼け出された先代の観世流二十五世宗家・観世元正氏と弟の元昭氏、お母上の三人がしばらくの間この大広間で起居されていたこともあった。

本舞台の舞台開きは昭和二十五年五月五日。戦災で東京の多くの舞台が焼失し、一刻も早い舞台の再建が待たれていたこともあり、各流派の能楽師が次々と代々木能舞台に上がった。その後も浅見家のホームグラウンドとして、「一真会」や「健声会」など、数々の曲を披露する場として使われてきた。

平成十年からは現当主浅見真高を主宰者とする「代々木果迢《よよぎかちょう》会《かい》」を発足。気候の良い春と秋に催される年四回の定期公演は、自然の風や虫の音が古《いにしえ》の演能風景を偲ばせる。

このような個人邸内に能舞台を有する和風住宅は、現在はほとんど見ることができないが、昔は東京郊外に点在していたといわれる。高速道路が張り巡らされ、高層ビルが立ち並ぶ中にひっそりと佇む代々木能舞台は、かつて存在していた伝統芸能（能楽）を伝承する和風住宅群の数少ない遺構の一つといえるだろう。

所在◉東京都渋谷区代々木四―三六―一四
電話◉〇三―三三七〇―二七五七
アクセス◉初台駅より徒歩五分

杉並能楽堂《すぎなみのうがくどう》

表きよし

山本東次郎家の狂言に磨きをかける空間

東京都杉並区和田にある能楽堂。閑静な住宅街にあり、目立つ建物ではないので気付かずに通り過ぎてしまいそうだが、門注に掲げられた表札板と、舞台が杉並区指定有形文化財であることを示す標識板とによって、ここが杉並能楽堂であることがわかる。

杉並能楽堂は狂言方大蔵流山本東次郎家の

◎能舞台全景。切戸口が確認できる。

本拠地である。狂言山本東次郎家は、江戸末期から明治にかけて活動した初世東次郎則正に始まる。豊後岡藩士だった則正は藩命により江戸で狂言の修業に励み、明治維新で一度は豊後に帰ったが、二世則忠とともに上京し、明治の混乱期に東京の大蔵流狂言を守り続けた。現在は三世則重の長男である四世東次郎則寿氏を中心に三世代にわたるメンバーが活躍している。

杉並能楽堂については、『狂言を継ぐ——山本東次郎家の教え』（原田香織編著。三省堂）において東次郎氏が詳しく説明しているので、それをまとめて紹介する。二世東次郎の素人弟子に渡辺銀行頭取の渡辺勝三郎がいた。素人弟子の間で「十分に稽古のできる板の間のスペースがほしいが、先生は生活が苦しくて借金までしているのでそんなものを作ること

上◎脇正面から能舞台を望む
下◎切戸口から橋掛りをみる

はできない」という話が出たのを聞いた勝三郎は、先生にそんな思いをさせるのは申し訳ないと、借金を清算した上で本格的な能楽堂を作ることを提案し、明治四十三年十月、文京区本郷弓町に能楽堂が完成した。ところが世の中が不況になった昭和二年、当時の大蔵大臣の不用意な発言から取り付け騒ぎとなって渡辺銀行は倒産、能楽堂の建物だけは二世東次郎の名義になっていたため、昭和四年に舞台を杉並に移築再建し、杉並能楽堂となった。

舞台を造る際には彦根井伊家に所蔵されていた江戸城三の丸の舞台図をもとにしたと言われ、能役者が頭を深々と下げて舞台に出られるよう切戸口が大変小さく作られている。鏡板の老松の絵も江戸城の舞台の下絵を正木白羊がそのまま写したものである。見所は三段の畳敷きになっており、四段目は板の間で窓際に椅子が置かれているため、床に座るのが困難な人も楽に見られるよう配慮されている。見所の周囲の窓や舞台屋根と見所屋根の接合部のガラス窓から自然光が入るため、照明だけの能楽堂とはひと味違った雰囲気を楽しむことができる。玄関で靴を脱いで上がる形だが、舞台や見所はもちろん、玄関から休憩室・トイレに至るまで手入れが行き届いた落ち着いた空間になっている。ここでの催しは山本会や青青会など年数回だけだが、多くの山本家ファンが集まるため、見所はいつも満員状態になってしまう。山本家の日頃の厳しい稽古を想像しながら舞台を見ると、狂言の味わいがいっそう増していくことだろう。

所在◉東京都杉並区和田一―五五―九
電話◉〇三―三三八一―二二七九
アクセス◉新中野駅より徒歩十分

セルリアンタワー能楽堂

ホテルの地下、料亭に隣接する舞台

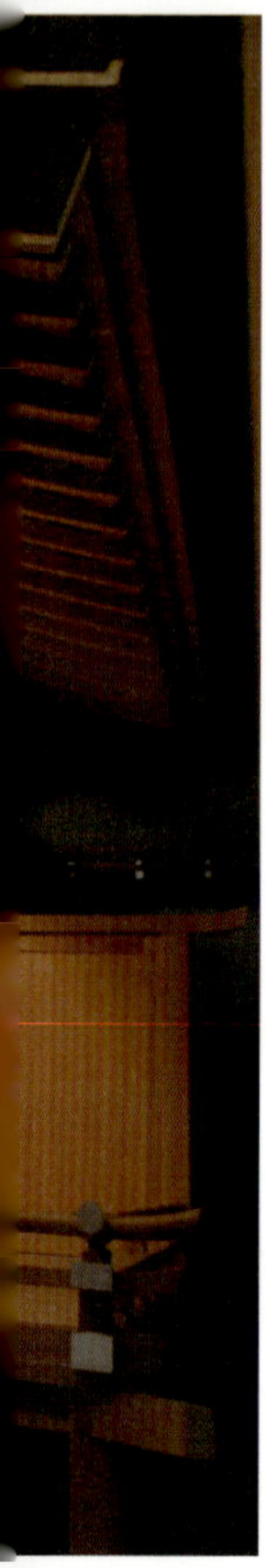

セルリアンタワー能楽堂は、「渋谷の再開発とその渋谷を文化の中心に」という故・五島昇の遠大な構想の下に、Ｂｕｎｋａｍｕｒａに続き、「和」文化の発信の一つとして二〇〇一年五月二十二日東京急行電鉄㈱の旧本社跡地に開設された、民間会社の運営する能楽堂である。

世界に向けた伝統文化の発信機能を担う施設として、能・狂言の定期公演を中心としながら、二〇〇八年より開始した「伝統と創造シリーズ」などバレエ・クラシック音楽など異文化との共演等、多彩な公演活動を行なっている。

また、能・狂言のほか、日本舞踊・邦楽演奏・落語などの伝統芸能、演劇・コンサートなどの公演・

◎能舞台全景

発表会など文化交流の場として、企業・団体からの受託企画公演の場としても利用されており、伝統を重んじながらも新しい形の能楽堂として注目されている。

　客席数は二〇一席（正面八十七・脇正面五十八・中正面五十六）と小規模だが演者との距離が近く、臨場感あふれる舞台である。鏡板の松の絵は、日本画家仁志出《にしで》高福《こうふく》（大正十五年（一九二六）二月二十六日生、日展会友）によって描かれている。

　セルリアンタワー能楽堂では、公演の行なわれていない日に客席から自由に舞台を見学できる時間を設けている。

所在◉東京都渋谷区桜丘町二六―一―B2
電話◉〇三―三四七七―六四一二
アクセス◉渋谷駅より徒歩五分

◉能楽堂追想………

銀座能楽堂

大江 新◉法政大学名誉教授

脇見所より舞台をみる

一九七三年、有楽町の数寄屋橋から南へ向かう外堀通りの小さなビルの八階に、規模がわずか一〇九席の小さな能楽堂が誕生した。能に関心の深いこのビルのオーナーによって設けられた能楽堂で、四十年間近くにわたって流派を問わず多くの能が催されたが、残念ながら今は姿を消してすでに無い。設計を担当したのはこの能楽堂の開館からちょうど十年後（昭和五十八年）に千駄ヶ谷に登場した国立能楽堂と同じ建築家の大江宏。偶然とはいえ、大江は極小と特大の両方の能楽堂の設計に携わったことになる。

この銀座能楽堂は舞台と見所を合わせてもわずか五十坪余のこじんまりしたサイズだったが、舞台自体は堂々三間四方の正規の広さがあった。天井と軒先に並ぶ檜の垂木は日本建築の伝統を十分に感じさせてくれる豊かな構成で、懸魚《げぎょ》や蟇股《かえるまた》、桝肘木《ますひじき》など組み物の造形も丹念にデザインされて、国立能楽堂にまったく引けを取らない風格を備えていた。

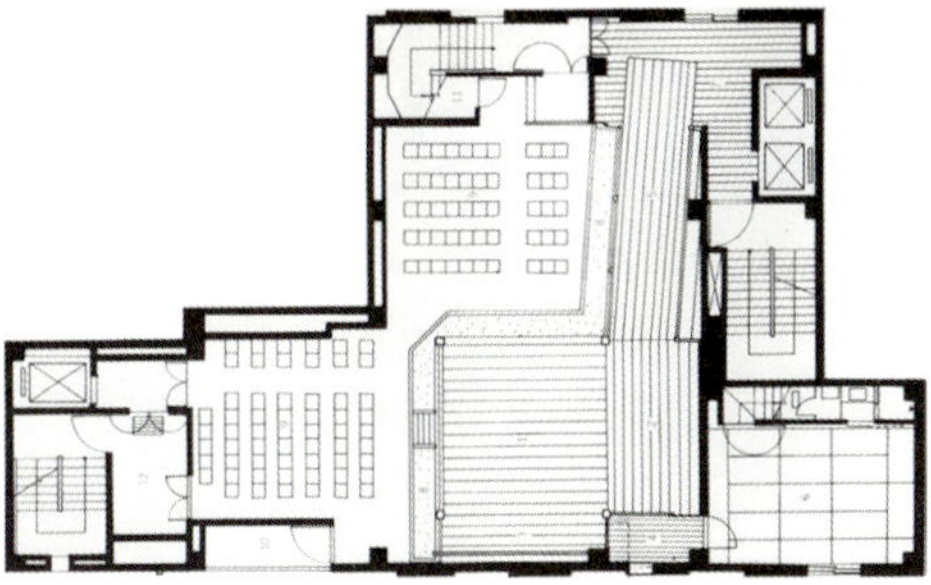

右◎脇正面から能舞台を望む
左上◎演能中の舞台正面
左下◎能楽堂ビル全体の平面図。中正面に見所を確保できなかった構造がよくわかる（図版提供・すべて大江新）

一方、もともと変則的なビル形状の中に挿入された能楽堂だったために窮屈な点も多かった。振れ角のほとんど無い橋掛りは長さも極端に短く、奥に続く鏡の間は単に広めの廊下といった造りだったし、その脇にはビル全体を貫通する階段が立ちはだかっていて、演者たちは楽屋からこの階段部分を経由して鏡の間へ到達せねばならない苦労もあった。

客席の方もまた、ビル全体の形状の制約から中正面に席の無い、正面と脇正面席だけの変則的な構成で、演者が目《め》付柱《つけばしら》へ向かう際の視線の先には壁が立ちはだかることとなった。また観る側にとってもフロア面積があまりに小さいため、見所と同じ階にロビーを設けることが出来ず、観客は九階のロビーを経由した後にエレベーターまたは階段を下りて見所に入ってくる、という他には例のない特異な構成だった。

こんな変則的な能楽堂ではあったが「銀座の地」にあった意味は大きく、一時期は多くの愛好者たちが訪れる魅力の場所でもあった。くしくも平成二十九年春、この同じ銀座の地には渋谷から移転した観世能楽堂が新たにオープンすることとなり、今再び「銀座での観能」が可能になったことはたいへん喜ばしい。

横浜能楽堂

よこはまのうがくどう

中村雅之
横浜能楽堂館長

加賀文化の残香、明治の華奢な舞台

横浜能楽堂の本舞台は、明治八年（一八七五）、東京・上根岸の旧加賀藩主前田斉泰の隠居所の一角に建てられたものだ。斉泰は、加賀藩十三代の藩主で、大政奉還の少し前に隠居したが、幕末・維新の激動が、やっと収まった頃、隠居所を建てることになった。

加賀藩は、「加賀宝生」という言葉が残るように、

◎能舞台全景

江戸時代にはシテ方宝生流の拠点で、「空から謡が降る」と言われたほど能が盛んだった。斉泰も能楽愛好者として知られ、明治九年（一八七六）の岩倉具視邸での初めての「天覧能」では、天皇の前で自らも舞っているほど。能楽保護のための組議「能楽社」を組織し、衰退しかけた能・狂言の復興に尽くすなど、近代の能楽史に大きな足跡を残している。

明治十七年（一八八四）に、斉泰は亡くなって後も、能舞台はその後も能楽愛好者たちにより利用され続けられた。

しかし、前田家が周辺の家屋を整理する事になり、能舞台は大正八年（一九一九）に旧高松藩主・松平家に譲られ、東京・染井の松平頼寿邸に移築され「染井能楽堂」の舞台となった。この時の移築の指揮をしたのが、能評や能舞台の研究でも知られていた建築家の山崎楽堂だ。

上◎松の背後に白梅と根笹が描かれた珍しい構図の鏡板
下◎第二舞台

戦時中の昭和二十年（一九四五）八月十四日には、「戦力能」という戦意高揚のための催し、十五日の終戦の日を挟んだ九月十六日には能楽協会主催の「平和日本再建能」が開かれたのも「染井能楽堂」だ。

戦後は、東京近郊の舞台の多くが戦災で焼失してしまった中で残り、便利な事から各流が挙って使う事になった。名人・上手がたくさんいた時代の「歴史の証人」と言える存在だ。

この頃、日本映画の巨匠・小津安二郎監督の代表作の一つ「晩春」の撮影にも使われた。主演の原節子の父親役・笠智衆が再婚のため見合いをすることになる。笠智衆は見所の正面に座り、脇正面にいる見合い相手をさり気なく見る、という能舞台の特殊な構造を上手に生かした演出だ。舞台上で演じられている二世梅若万三郎の「杜若」を長回しで撮影している。劇映画で、能がこれほど長い時間にわたって映し出されている例は他に無い。

やがて他の舞台が再建されるに従い使われなくなるとともに老朽化もあり、昭和三十九年（一九六四）に解体される。

解体された後は、部材として保管されていたが、市内在住のシテ方観世流能楽師・田邊竹生さんから横浜市に寄贈され、平成八年（一九八六）の横浜能楽堂の開館にあたり本舞台として甦った。

部材には、最上とされる檜《ひのき》ではなく樅《もみ》が使われ、柱も細い。いずれも、柔らかさを出す工夫と考えられている。

鏡板には、老松に加え白梅と根笹が描かれている。梅は、前田家の祖が菅原道真であるとされている事と家紋の剣梅鉢《けんうめばち》に因んだもの。バランスを取るかのように、他の舞台に比べ松は細い。

江戸時代、城中や江戸屋敷など大名家の舞台は、幕府の定めに従い、決まり切った形でしか建てることが出来なかった。

優美な加賀文化の香りを残しながらも、幕府の統制から解き放された明治という新時代の空気の中で建てられた名舞台だ。

所在◉神奈川県横浜市西区紅葉ケ丘二七―二
電話◉〇四五―二六三―三〇五五
アクセス◉桜木町駅より徒歩十分

横浜能楽堂誕生秘話

松田　存

　横浜能楽堂は旧染井能舞台が移築再建されたものであることは今や世間周知のことであるが、ここでは染井能舞台が東京オリンピックの行なわれた昭和三十九年（一九六四）に解体されてから横浜能楽堂として甦るまでに尽力した人々の蔭のエピソードを残しておきたい。

　話の発端は昭和四十年代に横浜市長を勤めた飛鳥田一雄市長からの、「西の港神戸にはあって東の港横浜にはないものの一つは能楽堂だ。由緒ある能楽堂があれば、それを横浜に移築できないものか。調べてみてほしい」という下命にあった。それを受けたのは当時横浜市役所に勤めていた観世流師範の伊藤文治氏であった。伊藤氏は横浜市在住の観世流の能楽師田邉竹生師の田邉冨久謡会の幹事であったが、当時観世元昭師の主宰する観昭会館の発行していた機関誌「観昭」の編集に当たっていた私の所に相談に来られた。「佐渡には沢山の能楽堂があると聞いているが、その一つを譲り受けて横浜に移築できないものか」ということであった。「移築できるような状態・条件のよい舞台はないだろう」と答えたが、それでも伊藤氏はわざわざ佐渡に検分に出向いたものの不調に終わったという。その後、宝生流の野村蘭作師について稽古をしていた作家の緒方ゆきさんと話していて、解体された染井能舞台は加賀藩ゆかりのものということで水道橋の宝生能楽堂の倉庫に保管されていると聞いた。そこで緒方さんから宝生会の仕事をしていた佐藤芳彦氏に話を通してもらい、昭和四十八年（一九七三）三月五日の午後、田邉竹生師と共にわんや書店に佐藤氏を訪ねたのであった。横浜市への能楽堂の建設について私が話を切り出し、田邉師が「三溪園あたりも移築の候補地に考えられる」というような話をして、宝生の倉庫にある染井能舞台の解体資材の譲渡を願い出ると、佐藤氏は「三溪園に再建していただけるのならば、保管料だけで……」と即座に承諾されて、僅か五十万円で譲渡が決まったのであった。佐藤氏のこの金銭的な打算を超えた無欲な決断には頭が下がった。

　その年の八月半ば、富久謡会会長の太田武雄氏が保管代金を支払い、三台のトラックにて横浜に運送、太田氏の自宅邸内の空調

◎横浜能楽堂の印象的な窓

の効いたプレハブの建物に保管されることになった。

用材は藁ごもできちんと梱包されており、運送にあたっては先先代宝生流宗家宝生九郎師も笑顔で見送られていた。その頃横浜市長は細郷道一氏に代替わりしていたが、「必ず再建したい」との確約のもとに、昭和五十四年（一九七九）に太田氏が田邉竹生師を代表者として市に寄付されたのであった。それ以後、解体資材は市に移管され、水道局の倉庫に保管されていた。そして、再建の地も、三溪園内では装束や道具類の運搬に要する車両等の乗り入れが不可能なことから、横浜駅ビルそごう階上などの候補が挙がったり二転三転したあげく、地域住民との折衝を経てようやく掃部山公園内の現在地に決まったのである。その間、横浜市役所の担当職員が私の勤務先の二松学舎大学の研究室に相談に見え、新聞社の取材にも応じて旧染井能舞台再建の意義について語るなどして側面から横浜能楽堂の誕生には協力してきた。

以上、旧染井能舞台が横浜能楽堂として甦り、平成八（一九九六）年六月には二日間にわたって盛大な舞台披きが行なわれたが、そこに至るまでの埋もれてしまった経緯の一部について、後世のためにあえて書き残しておくことにした。

川崎能楽堂

かわさきのうがくどう

北條秀衛
公益財団法人川崎市文化財団・顧問

舞台と見所が一体になる空間

一九八六年六月七日、「翁」の柿《こけら》落《おと》し以来、一〇〇回の記念公演「石橋」（開館二十七年目、二〇一三年十二月）を無事終了し、現在は一一〇回の定期公演となっている。

「見所は手の上げ下ろしから、面の表情などもすごく良くはっきり分かる。気の抜けない空間で演じる事は演者にとって必要ですし、お客さんにとって

◎能舞台全景

は密な空間で見て頂けるので、それは私どもにとっても嬉しいことなのです」。（梅若玄祥師・川崎市定期能、第一〇〇回記念誌より）また、「私たち演者は狭い空間が一番怖いんですよ。観客の視線が近いので、私も初めて川崎能楽堂の舞台に立った時は、ふだんとは違う緊張感がありました」とも述べている。更に同記念誌で公演の常連である友枝昭世師は「川崎能楽堂の空間は、コンパクトですがお客様の呼吸が直に感じられ、演者のそれと相俟って得も言われぬ心地よさで勤めることができる舞台です、他の能楽堂とはひと味違う感覚で楽しませていただいております。それが故に選曲に大変苦心いたします。もちろん登場人物が少ない曲で何よりシテの細やかな心情や、面づかいが伝えられる、大ホールでは得られない本来の魅力を伝えられるような曲をと選んでおります」と語っている。

客にとって、とてつもない魅力をもつこの能楽堂

上◎川崎市定期能一〇〇回記念「猩々乱 双之舞」角当行雄・角当直隆、二〇一三年十二月
下◎鏡板の松

は、大日本電線の工場を開発するにあたり、地域貢献施設として川崎市に寄贈されたものである。故に興行的には大変厳しいものがある。公演の他に稽古等にも貸し出しており、一定の利用は確保されているが経費はかなりの部分を市の補助金に頼らざるを得ない。「川崎市定期能一〇〇回公演」の折、ある能楽関係誌の評に「二十七年間、一〇〇回の公演をほぼ赤字で実施してきた川崎能楽堂の矜持は大変なことである。今後も継続して欲しい」とのお褒めと励ましのコメントをいただいた。体力（財力）の続く限り、頑張ろうと誓い合って、既に十回の公演を開催した。出演していただいている多くの能楽師、狂言師の方々の深いご理解とご協力の賜物である。

この間の歩みの中で特筆すべきは年三回～四回の観世をはじめとした各流派による定期能の他に、鵜澤久師による「夏休み能楽体験・鑑賞教室」、狂言山本家による「狂言全集」、狂言野村万蔵師による「芸能サロン」が開催されていることである。他にもこの能楽堂のスタッフにより、川崎の北部において「人間国宝の競演（友枝昭世、山本東次郎、解説・馬場あき子）」、観世流宗家による「川崎大師薪能」、山本則俊師による「こども狂言教室」なども近年開催されている。能の伝統を継承しながら、未来への可能性を追い求める。実演者、観客、企画運営、この三者のスクラムが能楽堂を支え続けているのである。

所在◉神奈川県川崎市川崎区日進町一―三七
電話◉〇四四―二二二―七九九五
アクセス◉川崎駅より徒歩五分

鎌倉能舞台

かまくらのうぶたい

中森貫太
シテ方観世流能楽師

観客目線に合わせた座敷舞台の形式

観世流能楽師の中森晶三が神奈川県鎌倉市に昭和四十五年七月に「財団法人　鎌倉能舞台」として団体を設立し、舞台は翌四十六年に開場。

当初より「能の普及」を第一目的に、単なる大劇場の縮小版では無く、完全な能楽堂としての造りながら、多目的にも使えるというコンセプトで、極力舞台高を下げ、全ての観客に同じ視線で舞台が見えるような座敷舞台の形式を採った。当初は座椅子に座布団という見所だったが現代では正座が敬遠されるのでほとんどが椅子席となっている。天井は当初は照明を入れた格子天井だったが、現在は板張りとなっている。

最初から「道成寺」の上演は考えていないので、天井は低く、その分二階の楽屋スペースとして十分な広さの楽屋を持つ。

開場直後より「能を知る会」という、能を初めて見る方をメインターゲットとした「解説付き・狂言一番・能一番・終演後の質

◎能舞台全景

疑応答」で二時間半以内の公演をスタートさせる。

当初は業界中から「初心者に媚びてどうする」「能一番の短い会はおかしい」と言われたが、現在では多くの会がこの公演形態となっている。

規模は開場当初は一〇〇～一二〇名の見所と一間半の短い橋掛り、その見所の五十席分はガラスで仕切られ通訳のいる外国人や遅刻者用に使っていたが、観客の増加と地震時の安全のためガラスは外し、開場四十周年の改修工事時に、揚げ幕を橋掛りと直角に付ける事で舞台を二間半まで延長。

更に見所を一五〇～一六〇席に増やした。また、公演日以外は「能楽博物館」として一般公開しているので見所には能面や装束を飾れるショーケースを設置して見学ができるようになっている。

舞台は間口三間、奥行き二間半と変則で、舞台と見所が一m位しか離れていないので正に「かぶりつき」状態で見ることが出来る。

音響は全面板張りで天井高が低いので良く通り、ジャズ

◎中正面から能舞台を望む（図版提供・鎌倉能舞台）

セッションや弦楽四重奏などでも良い評価を得ている。

また見所がフラットなカーペット貼りなので撮影などではレールを敷くことも可能と重宝され、CMやプロモーション映像の撮影にも使われている。

定期公演は年間六〜七日で一日二回公演。その他能楽の稽古以外にもセミナーや講演会。呉服の展示会などにも使われている。

通常は「能楽博物館」として一般公開中。昭和四十八〜五十五年頃までは毎月「鎌倉寄席」を主催し、後に人間国宝にもなられた柳家小さん師匠を始め三遊亭円楽・古今亭志ん朝師匠などがお気に入りの席として度々勤められていた。

「能は弟子が観るもの」の既成概念を払拭し、新しい観客層を開拓するために建てられた能舞台で、能の基本演出を変えること無く初めて能をご覧になる人たちに分かり易く・面白く観て頂くことを念頭に絶えず研究・試行錯誤している。平成二十九年より見所に字幕システム（壁面にモニターを取り付け解説や現代語訳を表示）を運用開始。

所在◉神奈川県鎌倉市長谷三―五―一三
電話◉〇四六七―二二―五五五七
アクセス◉長谷駅より徒歩七分

●コラム…

仮設能舞台【一】

◎旧仙台公会堂の仮設能舞台（図版提供・松野藝文館）

能舞台には、野外、屋内を問わず、常設のものではなく、必要から臨時に敷設される仮設舞台がある。勧進猿楽《かんじんさるがく》の催し場のような観客席が大規模に異常に肥大した興行用のものは別として、戦国時代には戦場の慰みに能を見るべく組み立て式の舞台を運ばせることも行なわれた。歌舞伎の松羽目物の舞台は組み立て式ではなく、現代のステージ能の舞台の先駆けともいうべきものだが、戦国期の組み立て式の仮設の能舞台の伝統は近代にも受け継がれた。

第二次大戦直後のことになるが、仮設の能舞台の傑作が生まれている。それは仙台市公会堂の落成時のことであった。昭和二十五年九月、仙台市に観世・宝生・喜多三流の素人諸会が結集して仙台能楽協会が誕生した。その際に、取りかかったのが敷舞台の新設で、設計と製作には会長の河合宇三郎氏が当り、青森ヒバを使用、昭和二十二年に中尊寺白山神社の能楽殿の鏡板を手がけた松野奏風氏が来仙して松羽目《まつばめ》を描いたという。その年の十二月十七日に仙台市公会堂が落成したのを機にこの舞台は市に寄贈され、喜多流宗家一行により舞台抜きの能が催された。当日は十四代喜多六平太の「羽衣」、山本東次郎、中島登、山本則寿らの「棒縛」、喜多実らの「安宅」等が演じられた。このモノクロの旧仙台公会堂の舞台写真は、松野藝文館に保存されているもの。

宮越記念 久良岐能舞台

みやこしきねん くらきのうぶたい

鍋嶋敏夫
前久良岐能舞台館長

自然の中に平福百穂の鏡板が映える

久良岐能舞台は、横浜市磯子区《いそごく》内の久良岐公園の一角、三方を山に囲まれた閑静な場所に位置し、敷地面積はおよそ八千坪、四季折々の木々や草花に恵まれる。昭和五年頃、この地に横浜・野毛山《のげやま》の林光寺《りんこうじ》の住職であった塚越《つかこし》至純《しじゅん》禅師《ぜんじ》（勝海舟《かつかいしゅう》の門下生で、後に鎌倉建長寺の管長候補となった人物）

◎巨匠・平福百穂による鏡板の松

が、隠居所を建てるため、県内各地を探して、笹堀のふところが深く、地勢もよく、自然の景色も豊かに月も美しいこの地が気に入り、禅寺（大沢庵）を建立して、横浜の知名人に座禅や漢文を教えていたという。当時は鬱蒼《うっそう》と樹木が茂り、滾々と清水が湧き出で、夕方には池の水面に蛍が火の玉のようにかたまって飛んでいたとも言われている。禅師の亡き後、禅堂は中村町の浄光寺に移され、庫裏《くり》には妻の大井至純尼が住まっていた（舞台鏡の間の花頭窓《かとうまど》からその頃の面影を伺い見ることができる）。しかしながら、この地の周りにも都市化の波が容赦なく押し寄せて来るようになったことに心を痛め、この風景をそのまま残したい、残して貰える人に託したいと願った至純尼は、昭和三十二年頃、宮越賢治《みやこしけんじ》氏を見込んで敷地建物を譲渡した。

その後、宮越氏は昭和三十九年三月に、東京芸術大学の能舞台新設に伴い、不用になり解体する事になっていた旧東京音楽大学の能舞台を譲り受け、昭和四十年に地謡座《じうたいざ》、橋掛かり等を付設してこの地に復元した。この舞台の由来を尋ねると、大正六年に『能楽盛衰記《のうがくせいすいき》』の著者で知られる池内信嘉《いけのうちのぶよし》（俳人高浜虚子《たかはまきょし》の実兄）が中心となり、囃子方《はやしかた》養成の目的で社団法人能楽会の事業として東京日比谷の帝国ホテルに隣接する場所に建造したもので、建築設計は山崎静太郎（楽堂《がくどう》と号した能楽研究家でもあった）、鏡板《かがみいた》の松と切戸口側の竹の絵は、平福百穂《ひらふくひゃくすい》（日本画の巨匠、帝展審査員）、という名舞台であった。この当初の舞台からは、葛野流大鼓方《おおつづみかた》の川崎九淵《きゅうえん》、亀井俊雄、吉見嘉樹《よしみよしき》、幸流小鼓方《こつづみかた》の小早川《こばやかわ》靖二ら、数多くの後の人間国宝が養成され巣立っていったという。その後、昭和六年三月に、東京音楽学校能楽科に寄付され、神田駿河台《するがだい》の分教所に移設されていた。それが昭和三十九年に宮越氏に譲渡されたのである。

やがて昭和六十年二月、宮越氏から横浜市に寄贈され、整備されて十月からは練習舞台として開館したが、平成八年の横浜能楽堂の開館によって姉妹施設として財団法人横浜芸術文化振興財団の管理運営に帰属することになった。現在は、指定管理

右◎脇正面から能舞台を望む
左上◎畳敷きの見所
左下◎玄関に掲げられた扁額

者制度によって指定を受けた企業が運営管理を行っている。

久良岐能舞台には和室、茶室も付設されていて、能や狂言の鑑賞のほかに、謡や仕舞、日本舞踊、横笛、三曲の稽古や発表会、お茶会、句会など、年間のべ約二万人の人々に利用されている。

所在◉神奈川県横浜市磯子区岡村八―二十―七
電話◉〇四五―七六一―三八五四
アクセス◉上大岡駅よりバス・タクシー

日本文化伝承の館 こしがや能楽堂

にほんぶんかでんしょうのやかたこしがやのうがくどう

小林保治

宮大工の技が冴える対置式能楽堂

隣接する日本庭園・花田苑から望む景観にもよく調和した、能舞台の見所が中庭空間を挟んで対置する構造の、埼玉県内唯一の対置式能楽堂である。平成三年に着工され、約二年の歳月を費やして、平成五年(一九九三)春に竣工、五月一日に開館

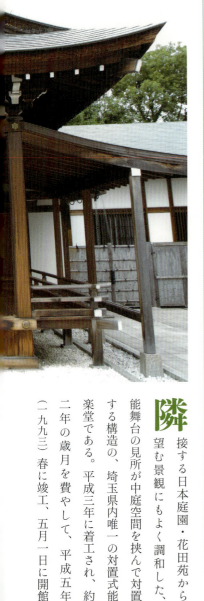

◎舞台全景

した。

建物全体はコの字型で、能舞台から向き合う位置の建物内に和室の観客席、側面から向き合う位置の建物内に折りたたみの床几を並べる椅子席があるが、さらに演能の際には、能舞台と和室との間の中庭および側面の観客席との間の中庭にも、能舞台を取り囲む形で折りたたみの床几椅子席が設けられ、収容人員は九六二名となるという。

能舞台には、鏡の間、橋掛りに至るまですべて樹齢四〇〇年といわれる無《む》節《ふし》の木曽檜《きそひのき》が用いられ、入母屋造《いりもやづく》りの構造で、屋根は切り妻である。工法は宮作りで釘は使われず、日本古来の組み立て式、はめ込み式で、棟梁は飛騨の匠で宮大工の袈裟丸《けさまる》時男氏であった。

上◎「橋弁慶」シテ・本田芳樹、二〇一六年十月
下◎客席、右は床几を置いたところ

たとえば能舞台の梁の蟇股《かえるまた》の細工ぶりなどに宝生の能楽堂に見られるような丁寧な細工も見られ、その濃《こま》やかな名工の技巧の冴えに、この能楽堂の建築の卓抜さの一端が表れている。

　能舞台の面積は五・九一㎡、鏡板の老松と脇鏡板の若竹の絵は、単なる写実を越えたやや抽象的な描かれかたで、厳島神社の老松の修復なども手がけた松野秀世画伯渾身の秀筆である。

　演能は地元越谷市出身のシテ方観世流の関根祥六（祥雪）の主宰する閑能会による「こしがや能」（新春能、薪能）と大宮市など埼玉県下で活動しているシテ方金春流の本田光洋の主宰する社中による「こしがや紅葉能」が主要な催しとなっているが、毎年行なわれる前者は二〇一六年十月で第二十四回目を迎え、隔年に催される後者は同じく二〇一六年十月に第八回目を迎えた。越谷市教育委員会生涯学習課が管理運営に当たっている。

参考文献

越谷市役所生涯学習センター発行「こしがや能楽堂」案内など

所在◉埼玉県越谷市増林二—三三
電話◉〇四—八九六四—八七〇〇
アクセス◉越谷駅からバス・タクシーなど

西本願寺の能舞台《にしほんがんじののうぶたい》

北能舞台・南能舞台・対面所式舞台

石黒吉次郎
専修大学名誉教授

現存最古を誇る国宝の北舞台など

京都の西本願寺北能舞台は現存最古の能舞台として知られており、国宝となっている。日本史の教科書等で、写真がよく紹介されてきた。天正九年（一五八一）以前に造られた建築とされる。現在の能舞台の形式に至る過渡的なもので、能舞台の歴史を知る上でも重要な資料となる。西本願寺は正しくは単に「本願寺」と称し、浄土真宗本願寺派の総本山で、下京区堀河通七条にあって、真宗大谷派の東本願寺と東西に並んで位置している。蓮如《れんにょ》の時代から、本願寺では布教の手段として能楽を用いていた。十一世顕如は大坂の石山本願寺に居て、織田信長との間で石山合戦を行ない、天正八年勅命によって講和したものの、寺院は焼失した。天正十三年、豊臣秀吉によって大坂天満の地が与えられ、次いで天正十九年（一五九一）現在の地が寄進された。本願寺の坊官であった下間《しもつま》家は素人ながら能で活躍し、下間少進《しょうしん》（一五五一～一六一六）は初め観世流の能を学んだが、後に金春大

◎現存最古の西本願寺北舞台全景（撮影・今駒清則）

夫喜勝（法名、岌蓮）の弟子となり、金春流の秘伝を伝授されて、勝れた能役者として知られ、『能《のう》之《の》留帳《とめちょう》』等の能楽関係書を遺している。この北能舞台は元和年間（一六一五〜二四）以降の移築と考えられている。

この舞台は書院（対面所と白書院）の北側に位置し、中央に床の根太を支える横材（大引）を支える束柱（床束）を一本入れており、束間二間式である。間口一七尺（五・一m）強、奥行き一九尺（五・七m）弱で、ほぼ京間三間四方である。ま

上◎南舞台。「三輪」シテ・片山博太郎（幽雪）、一九七六年十月
下◎南舞台の全景（撮影・いずれも今駒清則）

た舞台後方にある後ろの座は一〇尺（三・三m）で深く出来ている。舞台からこの座まで床板はすべて縦に張られている。今日の一般的な能舞台は、京間三間四方（一九・五尺＝約六m）で、舞台は縦に床板が張られ、後ろの座（アト座・横板）は横に床板が張られている。またこの舞台の地謡座は庇や柱などが不自然なので、後の増築部分と考えられている。徳川家から下間家に与えられ、下間家が本願寺に寄進したものとされる。西本願寺にはもう一つ国宝の南能舞台があって、これは先述の書院の南側に位置する。細部の様式から桃山時代に造られたものかとされ、一時解体されていたが、明治二十九年（一八九六）に現状のように再建された。豊臣秀吉の伏見城の中にあったものが移築されたのではないかという説がある。北舞台・南舞台ともに造られた経緯の詳細は不明であるが、桃山時代には能舞台は解体したり、使用する際に組み立てたりする形式のものがあるようである。西本願寺では、書院内の対面所と白書院《しろしょいん》三の間は、畳を上げると座敷の能楽用の式舞台となる構造を持っている。なおこの書院も国宝となっている。北能舞台ではまれに能楽が催され、南能舞台は五月二十一日、宗祖降誕会に際する祝賀能が行なわれている。

◎対面所敷舞台全景（撮影・今駒清則）

所在◉京都府京都市下京区堀川通花屋町下ル
電話◉〇七五―三七一―五一八一
アクセス◉京都駅から徒歩十五分

東本願寺能舞台

ひがしほんがんじのうぶたい

石黒吉次郎

親鸞の御遠忌に開場した明治の舞台

古来仏教行事には法楽《ほうらく》としての延年芸能が付きものであったが、浄土真宗においては能楽がこれに該当していて、本願寺坊官で、素人能役者でもあり、いくつかの能楽伝書を遺した下間《しもつま》少進《しょうしん》（一五五一～一六一六）の尽力は大きい。東本願寺は真宗大谷派の本山で、

◎能舞台の全景（撮影・今駒清則）

慶長七年（一六〇二）に教如《きょうにょ》が徳川家康の後援を得て、西本願寺から分かれて創立した。京都市下京区烏丸通六条にあって、西本願寺と東西に並んでいる。親鸞が祖師でこれを一代目とすると、十五世紀の蓮如が八代目で、十一代目にあたる顕如の子教如は十二代目、同じく顕如の子で教如の弟准如が十二代目として西本願寺を継いだ。

さてこの寺院の能舞台であるが、造られたのは新しく、まず明治十三年（一八八〇）御影堂・阿弥陀堂両堂の釿始式《ちょうなはじめしき》に際して、白洲に仮設用として組み立てられた。鏡板の松は京都画壇の重鎮であった幸野《こうの》楳嶺《ばいれい》が描いた。東本願寺出版部の「配紙」明治十三年九月二十七日を見ると、十月五日より「釿始祝賀之為」の「能興

行」があることを知らせ、僧達にどのような装束で観るかの指定を行なった。真宗大谷派宗務所出版部の「真宗」平成十一年（一九九九）一月号の記事によれば、明治二十八年両堂落成遷仏遷座《せんぶつせんざ》式にともない、御影堂前の白洲に臨時の舞台を組み、能が演じられたという。御影堂は宗祖親鸞聖人の御真影を安置する御堂で、東本願寺内でもっとも重要な建物である。次に『遠忌大観《おんきたいかん》』（中外新聞社、明治四十四年）によると、明治四十四年五月一日、三日の両日東本願寺式能が催され、大師堂前に仮設舞台を造って能五流の大家が演能した。初日は僧侶が主賓で、二日目は宮家など来賓本位であった。初日宝生新が式能開口文を朗誦している写真も載せられている。親鸞聖人六百五十回御遠忌に当たる年であった。

昭和十二年（一九三七）白書院の近くに、従来の分解可能な建築物が常設の舞台として組み建てられ、今日に続いている。幸野楳嶺《こうのばいれい》が描いた鏡板の松の絵は、傷みを防ぐために普段は覆い板で覆

右◎地裏から見所を見る
左◎「羽衣」シテ・金剛巌、一九七三年四月八日（撮影・いずれも今駒清則）

われている。またこの能舞台は、普段は一般参詣客には見ることができない位置にある。白書院は現在来賓接待等に使用されている建物である。また先の「真宗」平成十一年一月号の記事に戻ると、平成十年四月蓮如上人五百回御遠忌法要が行なわれ、この時に能が催されて、観世流の「羽衣」等が演じられた。この能舞台は従来あまり使われてこなかったが、最近は次第に利用されることが多くなっている。

参考文献

藤島達朗著『東本願寺の歴史　本廟物語』（真宗大谷派宗務所出版部、昭和五十九年）

所在◉京都市下京区烏丸通七条上ル
電話◉〇七五―三七一―九一八一
アクセス◉京都駅から徒歩十五分

京都観世会館《きょうとかんぜかいかん》

青木道喜
シテ方観世流能楽師

京都の誇り、堂本印象の鏡板

大正七年、観世元義（七世片山九郎右衛門）は観世流の関西の基盤とすべく川端丸太町西詰の地に能楽堂を建て「観世能楽堂」と大きな標札を掲げた。世に「丸太町のお舞台」と呼ばれた能楽堂である。大正中期から昭和初期、戦時中の苦しい時期も絶え

◎「庵梅」シテ・茂山千作、二〇一六年九月
（撮影・今駒清則）

ることなくこの能楽堂で京都観世会が催され、昭和十九年にも月例会十一回が三番立て・四番立てで組まれている（但し空襲による中止一回・中断一回）。昭和二十年は終戦の年であるが、この丸太町の舞台は四月十五日、国による強制疎開という名の取壊しの憂き目に会う。舞台建立より二十七年目のことである。終戦のわずか四ヶ月前。当時の方々の無念さは察して余りある。片山博通師（八世九郎右衛門）は大八車に面・能装束を乗せ、後ろをまだ少年の博太郎師（九世九郎右衛門・幽雪）に押させて、丸太町を後に高尾口の片山家別邸まで引かれたという。

戦後その無念さをバネに、昭和二十五

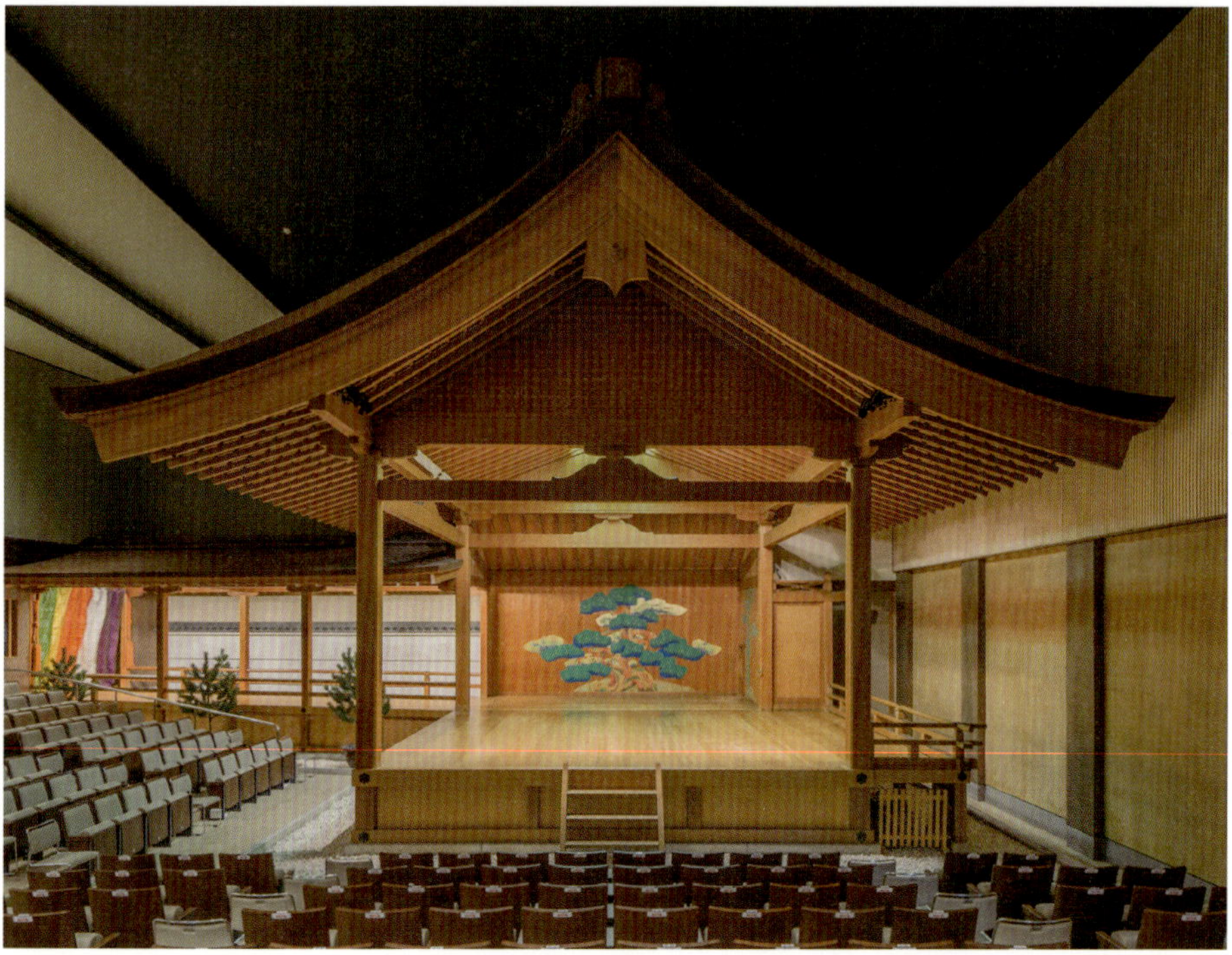

上◎能舞台正面
下◎京都観世会館外観（撮影・いずれも今駒清則）

年頃から片山博通師を中心に舞台再建の気運が出始め、二十年代末の「建設準備委員会」を経て、三十年十一月祇園八坂クラブで「京都観世能楽堂建設発起人総会」が開かれた。在京観世流楽師一丸となっての困難な資金集め（博通師夫人四世八千代師の努力が大きかったと聞く）、候補地選び（初めは借地案）と具体的問題を何とか片づけ、現在の岡崎の地購入に決定。昭和三十二年六月の起工式を経、三十三年二月に竣工、三月二十五日その名も「京都観世会館」と称して舞台披きを迎えた。二十五世宗家観世元正師の「翁」・片山博通師の「高砂祝言之式」・分家銕之丞師（七世・雅雪）の舞囃子「羽衣」の他、各流宗家・流儀長老重鎮の仕舞があり、能とは別に、四世井上八千代師による京舞「柱立」「老松」が舞われている。画家・堂本印象《どうもといんしょう》の手による金色を思い切り活かした鏡板の老松は、当時「モダンの先端を行くようだ」と評判になり、現在ではモダンさの中に日本画特有のの古風な落ち着きを醸し出して、われわれの演能をしっかりと見守ってくれている。

博通師亡き後、京都観世会会長を引き継がれた片山幽雪師（博太郎・九世九郎右衛門）は昭和四十二年、舞台板総張り替えの為の木曾檜購入を決断。七百日の川の中の貯木、七年間の自然乾燥（一寸厚の製材板にして）を経て、昭和五十一年秋に総張り替えが行なわれた。当時われら内弟子たちに交じり、率先してお酒で舞台を拭かれる幽雪師の姿を懐かしく思い出す。昭和五十九年には客席椅子の取り替え・玄関口改修・扉の防音・トイレの増改修工事を行ない、平成二十八年には見所天井大改修・座席取り替え・ロビー絨毯張り替え・屋上防水改修・防火シャッター防水扉取り替え等を行ない、少しでも能楽に触れていただく空間環境を良くしようと、現会長・十世片山九郎右衛門（清司）を中心に絶えず腐心努力している。

夏冬年二回の大掃除には会長をはじめ理事や若手がうち混じり、二十代から七十代までが楽屋掃除をし、糠を炒って皆で舞台を拭く。年々拭くスピードは遅くなって行くようだが、先人たちの想いと情熱をしっかり受け継ぐと同時に、舞台人としていくつになっても労せずして初心に帰ることができる、大事な大事な慣習だと思っている。

所在◉京都市左京区岡崎円勝寺町四四
電話◉〇七五―七七一―六二四
アクセス◉東山駅から徒歩五分

金剛能楽堂《こんごうのうがくどう》

金剛永謹
金剛流二十六世宗家

二階にも御簾席をもつ、雅な見所

金剛能楽堂は、平成十五年に京都の室町四条から現在の地である京都御苑の西向かいに移転・開館した。

室町四条にあった旧金剛能楽堂は、徳川の時代から金剛謹之輔、金剛巌、金剛永謹など金剛家が代々住まいした住居の中に、能舞台を作り、多くのお客様にご覧頂けるようにと客席を作って出来た歴史をもつ能楽堂であった。しかしながら年を経るごとに著しい老朽化が進み、近年では阪神・淡路大震災などの影響も受け、平成十二年に舞台を閉じた。移転は実に難事業であったが、金剛永謹宗家のもと、多くの温かい後援者の方々に恵

◎御簾越しに舞台を望む（撮影・今駒清則）

まれ、新能楽堂の開館が叶った。

京都御苑の中立売御門の西向かいとなる現在地は、能楽と特に関わりの深い、室町幕府の「花の御所」があった界隈でもある。新装となった金剛能楽堂には、先人の汗や思いが詰まった一五〇年余の星霜を経た能舞台（総ヒノキ造り）をそのまま移築、二十一世紀の能楽堂の中に十九世紀の能舞台が融合する、時空を超えた空間が生まれた。

能舞台の鏡板は円山応挙《まるやまおうきょ》の弟子である巌城《いわき》清灌《せいかん》の作である。また、禁裏《きんり》での能を勤めてきた金剛家のゆかりとして、橋掛りの白壁に青海波《せいがいは》文様を描いた簾が飾られている。これは、かつて京都御所にあった能舞台の文様を写したものである。一階席の後方と二階席は御簾席となっており、雅な趣きのある見所の佇まいを一層引き立て、旧金剛能楽堂のゆか

上◎閉館する旧金剛能楽堂の最後の舞台で挨拶する金剛永謹宗家。二〇〇〇年十二月
下◎「祇王」シテ・金剛永謹、ツレ・金剛龍謹、二〇一六年五月
（撮影・いずれも今駒清則）

◎金剛能楽堂の外観（写真提供・金剛能楽堂）

しい面影を今に伝えている。

夜空を想わせる暗色天井に星のように点在する照明、壁面に設けた障子の建具越しに淡く取り入れた自然光が見所を柔らかく照らし出す。能楽堂の照明は照明学会より照明普及賞 優秀施設賞を受賞した。八月十六日の京都の五山の送り火の日の夕刻に開催している、新しく導入した色照明を使った「大文字送り火能――ろうそく能」は能楽堂の人気公演となっている。

虫干しを兼ねた夏の能面・能装束展には、金剛家が所蔵する能面が舞台上に並び、毎年訪れるファンの方々も多い。ロビーやギャラリーから見える庭園には池の上に石舞台をしつらえた。高浜虚子の句碑も残る庭園は、もとは庭師小川治兵衛の作った庭で、四季折々の季節の移ろいが彩られ、新緑の頃は特に美しい景色である。

幕間のひと時には、庭園のテラスに出て、池の鯉を眺めて楽しまれているお客様も……。いつの時代にも金剛能楽堂には、ゆったりとした京都の時間が流れているように感じられる。

所在◉京都市上京区烏丸通中立売上ル
電話◉〇七五―四四一―七二二二
アクセス◉今出川駅より徒歩五分

大江能楽堂

おおえのうがくどう

大江又三郎
シテ方観世流能楽師

明治・大正期の姿を伝える稀有な舞台

大江能楽堂は、能楽観世流大江家五世又三郎（後に竹雪。現又三郎祖父）が、一九〇八年（明治四十一）十一月、京都市中京区押小路通柳馬場東入ルの地に創建、二十八日に舞台披きが行なわれた。当初の舞台は二間半四方であったが、大正八年九月、五十坪の増地により、三間四方の現在の規模に改築された。

押小路通りに面して二階建ての武者窓のある楽屋、二階の一部は住居に宛てられていた。

一九四一年五月、竹雪の死去により六代目又三郎が相続する。先の大戦中、一九四五年、建物疎開で四月に丸太町にあった観世能楽堂が取り壊され、大江能楽堂にも七月末から八月上旬までに撤去せよとの命令が届き、八月十三日に楽屋と住居部分の引き倒しを終え、十五日には舞台と見所の取り壊しを

◎鏡板（撮影・今駒清則）

する予定であった。それが正午に天皇陛下の降伏受諾の玉音放送があって、危うく舞台の解体を免れたのであった。かくて、一九四六年（昭和二十一年）正月二日に謡初め、三月より急造の楽屋にて定期能復活に漕ぎつけた。時は流れ、一九七八年八月、六代目又三郎の死去に伴い、将董が七代目当主となった。

明治、大正期に新たに屋内に作られた能楽堂は数多く存在したが、現在、創建当時の姿をそのままに伝えるものは希少である。この大江能楽堂は京都の中心に位置し、しかも街中にあって上京区にある河村能楽堂とは別趣の古風さを色濃く伝える能舞台といえる。

能楽堂の内部に入ると、タイムスリップしたかと思わせる独特の空間が拡がっている。音がむっくりと拡がる空間、黒光する松材の舞台や桟敷の見所には、ほぼ一一〇年のあいだ、人々に愛され、大切に守られてきた力が宿っている。

鏡板の松は、円山応挙六代目の子孫にあたる国井《くにい》應陽《おうよう》

上◎「猩々」シテ・高林昌司、二〇〇一年四月
下◎大江能楽堂の外観（撮影・いずれも今駒清則）

の手になるもので、他所と著しく異なっているのは、「限りなく成長し、力強く根を張るように」との願いを込めて梢《こずえ》と根株《ねかぶ》が描かれていない点で、能楽堂の発展と演者の精進、ここに集う観客

のかたがたの繁栄を庶幾《しょき》するものとも解することができる含みのある独自の構図である。

その後も改修を重ね、一九六九年には簾《すだれ》掛かり、幕掛かり、平場に分かれている見所のうちの平場の一部を土間にして椅子席を設けた。二〇〇一年には明治の面影をそのままに残す形で見所の基礎と床、二階の支柱、ロビーなどの大改修補強を行ない、一・二階席、桟敷《さじき》席（一部椅子席）の収容人数は、約四〇〇席、自然光がたっぷりと入る珍しい能楽堂に生まれ変わった。

現在、大江定期能（年四回）のほか、能楽関係・邦楽関係・教育関係の催し、学会発表など、当能楽堂の良さを評価して頂けるさまざまな催しに、また若手育成や能楽普及のための場として利用されている。

所在◉京都市中京区押小路柳馬場東入ル
電話◉〇七五―二三一―七六二〇
アクセス◉市役所前駅から徒歩四分

河村能舞台

かわむらのうぶたい

味方健
シテ方観世流能楽師

その昔の花の御所の一隅に建つ舞台

河村能舞台は、京洛上京、烏丸通上立売《かみだちうり》をすこし上《あが》った西側に位置し、京都御所、臨済京都五山の二位相国寺、同志社大学今出川キャンパスなどとともに、上京文化エリアの一画を占めている。すぐ南に、明和事件で処刑にあった藤井右門宅があった。水上勉の『雁の寺』（相国寺塔頭瑞春院）は筋向いである。町の名を問えば、柳図子《やなぎのずし》町。『太平記』に「今出川転法輪柳が辻」と見え、降《くだ》って江戸期の『山城名勝志』にも「今、上立売北室町東有二柳辻子一」とあって、その往昔《かみ》、足利幕府の室町花の御所の一隅だったことを伝えている。ちなみに、立売町は秀吉の京都都市計画に駆り出された人々の宿舎提供を免除されているお墨付きが残っている。舞台の建立願主は、父北星および——嫡男道也はビルマ（現ミャンマー）に戦没して——禎二・晴夫・隆司の三兄弟で、有縁の人々の支援を得て、昭和三十一年（一九五六）に落成した。爾来《じらい》、六十年になる。北星の室＝楳《うめ》子の内助の功が

◎鏡板（撮影・今駒清則）

大きかった。

禎二の室、多美子が観世流職分山本博之の長女である縁から、博之社中の山田組社長浜田豊太郎が施工主であった。浜田は全国に数多くの神社を建立した宮大工で、さきに大阪天満の徳井町に山本能楽堂を建てた、その道の熟練者である。侠気の棟梁であった。舞台抜きの素人会に「三井寺」の能を舞った。

本舞台は正三間四方、用地面積の都合で、残念ながら橋掛りは四間、そのかわり、幕内の走り込みまで一枚板である。撥《ばち》ころがしは、シテ柱から目付柱にかけて二寸下げてある（標準は一寸）。シテ柱と笛柱は舞台の檜皮葺《ひわだぶ》きの屋根を貫いて、ホールを支えている。檜材四十尺（一三・三m）。北星のひそかな誇りであった。もと桃山城に秀吉が構築した舞台を倣《まな》んで蟇股《かえるまた》は五三の桐、橋懸りはおなじく家康がもと駿府に構築した、現西本願寺の黒書院の舞台を倣《まな》んで一本勾欄《こうらん》となっている。鏡板の揮毫《きごう》は昭和を代表する能画家松野奏風。

見所の収容員数三〇〇。一・二階とも桟敷《さじき》席で、それぞれ後方にベンチを設ける。河村定期研能会、河村各社中の青嵐会、晴夫の創始した学園能をはじめ、小・中・高校生、一般社会人、海外からの観覧客を対象とする「能楽おもしろ講座」（年間二〇〇回）が行なわれている。禎二・信重による春秋の「女性のための能の会」も二十年間続けられた。はじめ、河村能楽堂という名称で建設計画は進んだが、「家でない者が不遜である」との非難囂囂《ごうごう》たるものがあり、「ここは一番退《ひ》くがよかろう」と北星の賢策で能舞台となった。舞台抜きの番組は能楽堂、と、刷り直した能舞台の両様、当日配符の冊子は能舞台としるされている。奏風揮毫の「河村能楽堂」の表札がいまに舞台にのこる。能会・謡会・囃子会・講座等々に、おおかたのご利用をお待ちしている。

所在◉京都市上京区烏丸通上立売上る柳図子町三二〇―一四
電話◉〇七五―四一五―〇七三七
アクセス◉今出川駅より徒歩四分

河村能舞台の思い出

河村晴道
シテ方観世流能楽師

幼いころ、祖父北星に謡《うたい》を習った。自宅から祖父の住まう河村能舞台に行き、楽屋で稽古を受ける。祖父は私を襖に向かって座らせ、私の背中から謡って聞かせてくれた。私は襖の模様を凝視しながら、繰り返し真似て謡った。今も楽屋の襖を見ると、祖父の面影が浮かぶ。父晴夫に、仕舞や能の型を稽古してもらったのも河村能舞台だった。能のシテを勤めるときには、伯父禎二、叔父隆司にもよく指導を受けた。味方健氏が河村能舞台に玄人を集めて、毎週のように謡の稽古をされていた。私は中学の頃から参加させていただいた。拍子盤で囃子をあしらい、謡を細かく直してゆかれた。また、味方氏の話しは、実技から作品論から一般教養まで多岐にわたり、今の私の能の把握の基礎となっている。また、河村研究能という会が年に数回あり、少年期から壮年期まで、多くの能を勤め、後見や地謡や装束着けなどの勉強をした。会は無料で一般に公開し、若いワキ方、囃子方、狂言方の人たちにも参加していただいた。一曲済む度に鏡の間で指導を受け、会の最後には楽屋で合評会がある。楽屋には常に、舞台と同様の緊張感が充ちていた。この研究能は、一般の催しの少ない夏と年末が多かった。舞台にはエアコンというものが久しく設置されておらず、夏は汗を滝のように流し、冬は体の芯まで冷えながら舞台を勤めた。エアコンなどの舞台環境の好条件が、必ずしも芸を育てると思えないのは、若い頃のこのような経験によるのかもしれない。かくの如く私にとって河村能舞台は、およそ修行の場という印象が強い。そこに永く身を置けたことは、役者として幸運であったと思っている。

◎外観（撮影・今駒清則）

気を集め、気の流れを生み出す能という演劇にとって、能舞台は実に機能的な構造をもっている。床、柱、梁による空間限定により、演技は無限の広がりを生み出す可能性を与えられ、橋掛りの距離感は、時間の座標さえ与えてくれる。その構造的機能性と同時に、舞台には精神的な何かが潜んでいるようにも思う。名手や尊敬する先人たちが命を懸けてきた各舞台に、自分が立つときに覚える畏敬と感動と安心。それは舞台の此処彼処に、先人たちの姿が見え隠れすることによる。それと同じように、河村能舞台には、一途に能を愛し続けた創建者たち（祖父、伯父、父、叔父）の魂が今も遊び、その魂を集めて自分の能が形作られているようにも思えるのである。

◉能楽堂追想………

関西セミナーハウス能舞台

天野文雄◉京都造形芸術大学舞台芸術研究センター所長

京都市左京区の比叡山西麓、修学院離宮や曼殊院《まんしゅいん》のほどちかくにある日本キリスト教団の関西セミナーハウスの庭園に、すこし古びた能舞台が建っている。現在は三面の柱間にガラス戸が取り付けられ、床には絨毯が敷かれて会議室として使用されているから、それが能舞台だと気づく人は少ない。しかし、よく見ると会議室へ通じる廊下は橋掛りであり、それはまぎれもなく能舞台である。じつはこの能舞台は明治三十一年（一八九八）の四月十九日から二十一日までの三日間、東山阿弥陀ガ峰《あみだがみね》の豊国廟で盛大にとり行われた太閤秀吉の三百年祭に際して、阿弥陀ガ峰中腹の太閤坦

◎舞台の全景（撮影・株式会社ウルム空環意匠）

に建てられた能舞台なのである。

この舞台では四月十九日から二十一日までの三日間、明治の三名人と呼ばれた宝生九郎・梅若実・桜間伴馬をはじめ、喜多六平太・観世銕之丞・金春八郎・金剛右京・金剛謹之助・片山九郎三郎といった東西の主要役者が妙技を競い、さらに四日目の二十二日には華族の前田利鬯《としか》や平瀬亀之助ら関西財界人による素人能や素人狂言が上演された。出演した役者は総勢二百名を越えるもので、この能は明治維新後の能楽復興を象徴する催しであった。秀吉の三百年祭にこのように大規模な能が催されたのは、生前の秀吉が熱烈に能を愛好したからで、その供養のために彼が好きだった能が奉納されたのである。

この舞台はその後、翌明治三十二年の平安神宮における大正天皇（当時皇太子）

の台覧能《たいらんのう》で使用されたあと、解体されてしばらく豊国神社に保管されていたが、明治三十六年に四条河原町下ルの現在の高島屋の裏手にあった狂言茂山家の京都能楽堂の舞台として使用されることになった。それが大正元年に四条通りの拡張のため撤去され、神戸の造船会社の経営者の所有となって、一時は伏見の酒蔵に保管されていたが、やがて修学院ちかくにあった同人の別荘地内に復元して再築された。これが昭和四十一年に関西セミナーハウスに寄贈されて、現在その庭園に建っている舞台なのである。この舞台は短期間で建てられたために北山丸太を削らずに用いたと伝えられている。柱が丸い能舞台というのはたいへんめずらしいが、その柱はいまも往時のままの円柱である。

このように、この能舞台は明治の能楽復興と秀吉の能楽愛好を現在に伝える記念碑なのだが、現在その由緒を知る人はまれである。場所も所有者も転々と変わったのだから、それも当然であろう。私などは昭和六十二年から同セミナーハウスを研究室の夏季合宿で何度か利用していて、そのつど能舞台を見学していながら、幾年ものあいだそれが秀吉三百年祭のおりの能舞台であることに気づかなかった。所有者のセミナーハウスもつい最近までその由緒を知らず、とくに案内板なども立てていなかったのである。この能舞台はいまはこうしてひっそりと比叡山西麓の庭園に建っているのだが、その能舞台をながめていると、明治の能楽復興や秀吉の熱烈な能楽愛好という能楽史をいろどった出来事が、埋もれかけた歴史のかなたからあらためて甦ってくるように思われる。

（『能に憑かれた権力者』（講談社選書メチエ、一九九七年）より抜粋）

所在◉京都市左京区一乗寺竹ノ内町二三
関西セミナーハウス
電話◉〇七五―七一一―二一一五
アクセス◉修学院駅から徒歩十五分

●コラム…

仮設能舞台【二】

◎新作能「将門」シテ・加藤眞悟（於・坂東市ベルフォーレ）二〇一三年十二月

能楽堂建設には莫大な費用を要する。そこで、組み立て式の仮設の能舞台は、公会堂や講堂、劇場のステージなどでの能の催しには不可欠であり、大道具としてそれぞれの場所に用意されていたり、芸能の興行を手伝う設備会社が貸し出し用のものを所有したりと、今日もこの仮設舞台の需要は高まっている。大学の講堂の仮設舞台といえば、早稲田大学の大隈講堂には、戦後の昭和二十年代後半から常備されていて、秋の大学祭の能・狂言のサークルの発表会には緊張した気持でその舞台に立ったものである。実際の舞台との大きな違いは、シテ柱・目付柱、ワキ柱などが高さ一mにも足らない低い点にある。設備会社の仮設舞台では、平成二十五年十二月七日に坂東市の市民音楽ホール（ベルフォーレ）で、梅若研能会によって上演された新作能「将門」の舞台に、旅川能楽プロの所有する舞台が使用されたのが私の記憶には新しい。使い込まれた能楽堂の舞台に比べて新しく明るい感じで、妨げになる柱もなくて観客には好評であった。しかるに、演者の側からすれば、「揚げ幕を前にして出を待つと、膝ががくがくするほど怖い。ところがステージに設けられた舞台だとそういうことがない」と観世寿夫が語っていたと増田正造氏（『世阿弥の世界』集英社新書）は紹介している。能楽堂との演者の緊張感の格差を物語っていて示唆深い。

奈良春日野国際フォーラム 甍 能楽ホール

ならかすがのこくさいふぉーらむ いらかのうがくほーる

金春安明
シテ方金春流八十世宗家

春日野にある奈良初の椅子席舞台

明治維新以来、奈良には公共の、靴を脱がずに椅子に腰掛けて能を鑑賞できる能楽堂は無かった。

一九八八年四月二十四日から十月二十三日まで、奈良市内で「奈良・シルクロード博覧会」が開かれ、それに間に合うように「奈良県立新公会堂」が作られ、一九八七年十月二十七日に

落成記念能が昼夜二部制で五流宗家らによって一日だけ開催され、次の日から内装を変更してシルクロード博覧会のパビリオンとして使われた。その間、金春流の公演は奈良県立橿原文化会館や奈良史跡文化センターを借りて開催された。

一九八九年四月九日に奈良県立新公会堂能楽ホールの「開館記念能」を金春宗家親子（信高・安明）の「小袖曽我」、髙橋汎の「卒都婆小町」、金春晃實の「道成寺」という豪華プログラムで祝い、それ以来、金春流はじめ各流により定期的に活用されている。

いわゆる「こけらおとし」が一九八七年と一九八九年の二度も開催されたり、一九八九年以来一度も「県立能楽堂」という名称を使っていない理由は、奈良県民の税金を能楽だけに使う事は他の芸術のかたがたに申し訳なく、さりとて、能は本来、橋掛りや鏡板はもちろん、床

◎能舞台全景（撮影・辻井清一郎）

の下には足拍子を踏んだ際の音響のために甕《かめ》を設置するなど、能舞台独特の建築様式でないと安心して舞台を勤められない。そこで、県立新公会堂内の「能楽ホール」という一室として、日舞でもコンサートでも落語でも多方面に活用という「名を捨てて実を取る」手段を選んだ。従って、小道具や、大鼓を焙《ほう》じる炭火は自前。「受益者負担」である。

能舞台を多方面で（たとえば国際医学学会のパネルディスカッションの類にも、革靴やハイヒールで上がっても桧舞台が傷まぬように厚いビニールを敷いて）使い始めた。それが意外と好評だった。常の「額縁舞台」で観客席が正面のみという事と変わり、九十度横の「脇正面」の席からもパネラーは観客（聴衆）から直角に囲まれる形となり、緊張感が生まれた。バレー、ダンス、講談でもおそらく思わぬ緊張が得られるだろう。ただし、奇術やマジックは背後から覗き込まれると都合が悪いかも知れない。あるいは、これを機に奇術やマジックが、背後から見られても良いように飛躍する事も悪くない。

「奈良春日野国際フォーラム 甍～I・RA・KA～能楽ホール」は「ハコモノ行政」と言われず多方面に活用され能の普及にもなる。

◎「野守」シテ・金春康之、二〇〇九年十月（撮影・辻井清一郎）。ちなみに世阿弥作の能「野守」の物語は春日野（能楽堂の所在地、現在の春日野町）で展開される

所在◉奈良市春日野町一〇一
電話◉〇七四二―二七―二六三〇
アクセス◉奈良駅より徒歩二十分

◉コラム…

橋掛り

三間四方（約六m四方）の主舞台と鏡の間とを結ぶ手摺り付きの渡り廊下、言い換えれば、舞台と鏡の間との長い境界地で、鏡の間を起点とすれば、あの世とこの世、異界と現世との架け橋ということになる。当初は舞台の真後ろに伸びていたが、天正・文禄（一五七三〜九六年）の頃には横斜め付きとなっていた。幅は約六尺（約二m）、長さは江戸城本丸舞台などを標準的なものとみれば、舞台のほぼ三倍が目安となっていたようであるが、立地条件によって長短がある。

◎大阪能楽会館の鏡の間および、舞台から見た橋掛り

演技との関係でいえば、舞台に続く平面として利用されることもあるが、「紅葉狩」「安宅」などの大人数物の曲では、大勢の登場者が居並ぶ空間として活用される。たとえば、「鞍馬天狗」の前場で、清盛ゆかりの平家一門の子供たちが大勢、遮那王（牛若丸）の前後に居並ぶ場面などもよく知られている。

また場面転換に利用される場合には、舞台の側からすれば、そこは異界や霊界への往路であり、鏡の間の側からみれば、そこは現世・人間界への通路となる。前場というこの世の空間で現世の人間同志のやり取りをした前シテが、橋掛りから揚げ幕の彼方へ立ち去り、中入りを経て後場になると、揚げ幕の奥から人間ならぬ異界・霊界の存在として現われて、この世の舞台にあの世の世界の物語を現出させる。つまり目覚ましい変身のドラマを実現するための効果的な装置として機能するのである。

大阪能楽会館《おおさかのうがくかいかん》

小林保治
（監修・大西智久）

柱が取り外せる先見的舞台

大槻能楽堂と共に大阪における演能の二大拠点として知られる。大西家には、大正八年に旧天王寺区堂ヶ芝町の住友家から譲られた千四百坪という広大な敷地に建てられていた日本一の規模を誇った大阪能楽殿があったが、昭和二十年六月の空襲で全焼、以来、能楽堂のないままに過ごしていた。しかるに昭和二十九年に東京

大曲の観世会館が再建され、昭和三十三年には京都観世会館が竣工するという気運の中で、復興の話が持ち上がり、大西信久師を社長として資本金壱億円の株式会社を立ち上げての募金活動により、昭和三十三年七月に着工、翌三十四年三月に完成した。鉄筋二階建て、四五〇坪、定席約五〇〇という当時としては日本最大の能楽堂であった。再建に功績のあった寺田八十二氏の強い提言で、角の柱(目付柱)や大臣柱(ワキ柱)が取り外し自由という前代未聞、まったく他に類例のない大胆きわまる形式で、観客にとっては視界の妨げのないたいへん見易い舞台が出現した。角の柱と大臣柱の取り外しを実現するために、屋根を軽量化して天井部につるすという構造になった。しかし大臣柱はともかく角の柱は「目付柱」という別称が物語っているように演者(ことにシテ)が視界の極端に狭い能面をつけて舞を舞う際に演技の目安とな

◎能舞台全景(撮影・今駒清則)

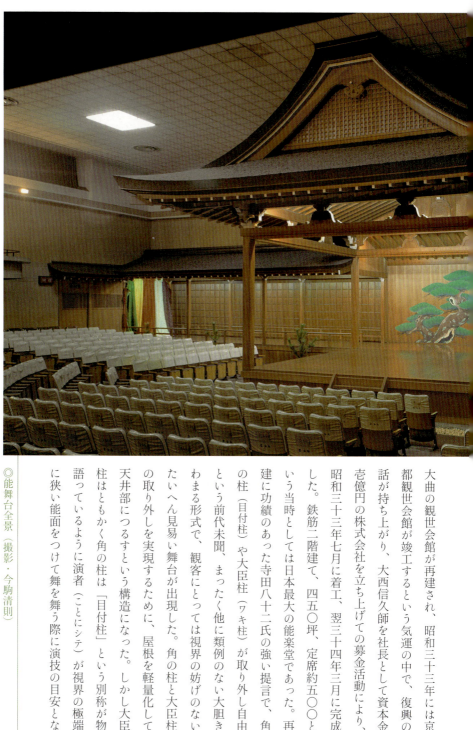

る柱で、舞台からの落下の危険を防ぐためにも不可欠のものとされて来ただけに、演者側からの反対の声はあったが、この二本は普段は外しておらず、外したいという演者の希望がある場合のみに外すというふうに対処されている。近年は目付柱を外す催しはだんだん少なくなっているという。さて、この能楽堂の観客への配慮の手厚さは観客席の椅子の配列が互い違いになっていて、前列の観客が後列の観客の障碍にならないという構造（智久氏によれば、これは平成十四年の改修時の工夫の由）や、二階席の観客に演者の面が常に曇って見えることを避けるために二階席全体が低めに造られ、しかも床席とされているのである。その後築後四十余年を経た平成十四年に改築がなされ、一階の見所の椅子が入れ替えられ、席数は十九席を減らしてゆったりした感じとなった。それによって総席数は二階席一二八と合わせて五一三席である。その年の九月には「リニューアル感謝能」が催され、大西智久・礼久父子による「猩々乱、双之舞・置壷」が演じられた。

ところで、昭和三十四年に完成した能楽堂の設計者は金沢出身の竹腰健造氏。東京帝大工科大学建築学科に学び、イギリス留学の後、住友総本店に入社、大阪を拠点に活躍し、大

右◎「自然居士」シテ・友枝昭世、ワキ・宝生閑、一九九三年十月二日（撮影・今駒清則）
左◎能楽堂外壁のレリーフ

阪証券取引所などを手がけている。その竹腰氏が大阪能楽会館の建立のいきさつについて次のようなまことに興味深い一文を残している。

「設計は宝生流の私、施工は大林組ですが、相談役の喜多流中村虎之助氏が全責任を負い、舞台橋懸りなどは山田組の社長で観世流の浜田豊太郎氏が全力をつくされ、いわば三流三者の最善をつくした合作である」

というものだが、それを裏付けるように、昭和三十四年四月一九日の完成祝賀能では、大西信久の「高砂」（地頭・智久）のほかは、中村氏が「羽衣」、竹腰氏が「求塚」、浜田氏が「班女」を舞い、会館代表の寺田氏が「神歌」を謡っているのである。こうした人々の熱い思いが結実して、JR大阪駅（阪急梅田駅）に程近い場所にある大阪能楽会館は現在も観客にやさしい観能環境を生み出していたが、平成二十九年十二月を以て閉館の運びとなった。

付け加えると、この能楽堂の鏡板の絵の制作に父奏風と共に携わった松野秀世氏は、平成三年の夏に、昭和三十四年の往時を次のように回想している。

「芸大三年の冬。親子ふたりの、懐かしい合宿で制作に掛りました。仕事場は生玉さん辺りに門を連ねた、天王

◎湾曲した手すりの二階席

寺末院の講堂広間です。軒なみ相撲の宿所にあてがわれていて、庭さきの土俵と俎板《まないた》ほどの下駄や、一抱えの銅火鉢。これに毎朝火を起こしては炭をつぎましたが、完成までの留守中、座敷へ山盛りの炭が空けられて、忽然と姿を消しました。この仕事の中断は、ほかならぬ父の発病で、恢復を待つあいだ、すっかり正月も帰京せずに、下地を塗りこみました。さいわい父は筆力をとり戻して松を仕上げ、竹の緑青は任されて彩色しました。枝ぶりを光琳風にという希望から（略）、静動の二面を示したかたちで、おのづといづれの当主にも添ったもののように、見受けて居ります。」

参考文献
大西信久『初舞台七十年』（大西松諷社）
権藤芳一『平成・関西能楽情報』（和泉書院）

所在◉大阪府大阪市北区中崎西二―三―一七
電話◉〇六―六三七三―一七二六
アクセス◉大阪駅より徒歩十分

◉コラム…

虫干し

◎面の虫干し。夏の定例行事でファンも多い（写真提供・金剛能楽堂）

能舞台が利用される大切な年中行事として、「虫干し」がある。民間では虫干しとは土用の頃、和紙の書籍や衣類を黴や虫害から守るために天日に曝《さら》す行事をいうが、能舞台では能面や装束に数日間風を当てて湿気の害から守ろうとするもので、通常は未公開だが、稀に公開され、一般の人にはその場は得難い展示会場となる。

『演目別にみる能装束Ⅱ』（淡交社）の「能楽堂の年中行事〈虫干し〉」の項には、正田夏子さんが京都の金剛能楽堂の虫干しを取り上げ、故廣《ひろ》田《た》陛一《のりかず》師による解説の名調子を懐かしんでいる。二〇一七年も、金剛家の能面・能装束・能扇などの展観（虫干し）は七月二十三、二十四日の二日間だけ公開され、十一時から十五時まで見所での解説がある。

東京では、銕仙《てっせん》会能楽研修所と矢来《やらい》能楽堂の虫干しが話題となるが、矢来能楽堂の場合は七月下旬から八月上旬の四日間ほど、能面・能装束・小道具の虫干しと点検、修理が行なわれる。銕仙会の虫干し公開の歴史は長く、ここも金剛能楽堂と同じく能面の名品の虫干しで知られていて、それを目当てに足を運ぶ人も多い。二〇一七年は七月十九日〜二十六日に公開されたが、虫干しの済んだ物は期間の途中にも仕舞われる由である。

大槻能楽堂

おおつきのうがくどう

大槻文蔵
シテ方観世流能楽師・人間国宝

斬新な自主公演・セミナーを開催

大槻能楽堂は、昭和十年に大槻十三によって設立された。それはそれ迄の能楽堂の常識であった見所の桟敷を椅子席とし、ロビー・客席にはシャンデリアを吊し、レストランも常設するという画期的な能楽堂であった。またこのレストランはロビー

の階上にあり、外部より直接の入口も設けられていて、能公演のない時も開店している近年では劇場に多くみられるようなものであるが、当時としては大変稀しいものであった。

見所が椅子席になって困ったのは、それ迄は枡席で四名様一枡単位でお求め頂いていた切符が、一枚単位となり一〇〇名様にお売りしたら良かったものが四〇〇名様になり、券売に大変苦労をしたと言っておられた。

第二次大戦後有識者の皆様方のお勧めもあり、いち早く昭和二十三年に財団法人となった。

その後昭和三十四年に大改修を行ない、見所・ロビーなど一新したが、以後消防法・劇場法の改正、また建物の

◎能舞台全景（撮影・今駒清則）

上◎「張良」シテ・大槻文藏、二〇〇五年一月
下◎大槻能楽堂の外観（撮影・いずれも今駒清則）

老朽化も進み、昭和五十六年より能舞台を解体保存し、旧建物を取り壊し、すべて建て直して、再び能舞台を組み立て、新能楽堂の完成を見た。

昭和五十八年に現在の新能舞台になってからは、より開かれた能楽堂、文化振興に寄与できる能楽堂を目指し、自主公演（能楽堂が企画する先駆的な公演）の開催に踏み切った。それは、質の高い演能を、低料金にて、お勤め帰りに気楽に足を運んで頂ける公演をと考えての企画であった。初めは年間十回ほどだったが、現在では二十公演ほど開催しており、平成二十九年に六二〇回を迎えた。

そして平成二十三年に公益財団法人となり、より公益性に富んだ能楽堂として努力している。ロビーの手狭さなど難は数々あるものの、能舞台は落ち着いた風格のある舞台と自負している。伝統芸術の基となる伝承を大切に、次世代へ継《つな》げられる能楽堂と自主公演を目指し、よりしっかりと創り上げるべく努めている。

所在◉大阪市中央区上町A番7号
電話◉〇六―六七六一―八〇五五
アクセス◉谷町四丁目駅より徒歩十分

山本能楽堂

やまもとのうがくどう

山本章弘
シテ方観世流能楽師

社交場の再生。開かれた能楽堂を目指す

山本能楽堂は昭和二年（一九二七）に山本家十代目・山本博之によって創設された木造三階建の能楽堂である。太閤秀吉によって築かれた大坂城の武家屋敷エリアに当時の町割のまま位置している。建物の西側には熊野街道が通っており、今も昔も大勢の人が行き交う。

山本家は信州山本城主諏訪盛重に発し、初代七郎右衛門が元禄年間に京都へ出て、京都・烏丸三条で伊勢屋と称した大名貸の両替商を営み、五大両替商の一つとして指折りの身代となった。東京遷都にあたっては、三井、下村、熊谷等とともに資金を献納したことが、徳富蘇峰「明治維新史」に書き記されている。祇園祭の鈴鹿山には、享保三年に山本家が寄贈した能面がご神体として今も使用されている。

博之の父、九代目弥太郎（雅号、天麗）は伊弥太銀行を設立し、長く京都市会議員をつとめ、京都市電敷設等に尽力したが、友人

◎能舞台全景。歴史の陰翳にモダンな空間が対峙する

の借用手形に判を押した事で全ての財を失くし、大阪へと移り住んだ。博之はかつて趣味として手ほどきを受けていた能楽の極め尽くせない奥深さにひかれ、二十四世観世宗家に入門、能楽師となった。

大阪は当時「大大阪」と呼ばれ、史上空前の賑わいを見せた時代であり、謡曲を嗜む方も多く、「文化的な社交場」をつくることを目的に船場の旦那衆によって山本能楽堂が建てられ、能楽を通して大勢の人々が交流を深めていた。しかし昭和二十年（一九四五）の大阪大空襲の戦火にあい、山本能楽堂も焼失してしまう。焦土と化したがれきの山の中で、「もう一度谷町に能楽堂をつくりたい」という船場の旦那衆や市民の熱意によって、昭和二十五年（一九五〇）に山本能楽堂が再建された。支援者には、松下幸之助や田村駒治郎、武智鉄二らが名を連らね、大半の能楽堂が戦災で失われた中、全国で最初の舞台復興となった。

建設には、戦前からの備蓄の檜を使用し、最高の資材で、最高の宮大工の技術によって、国宝・西本願寺「北舞台」を

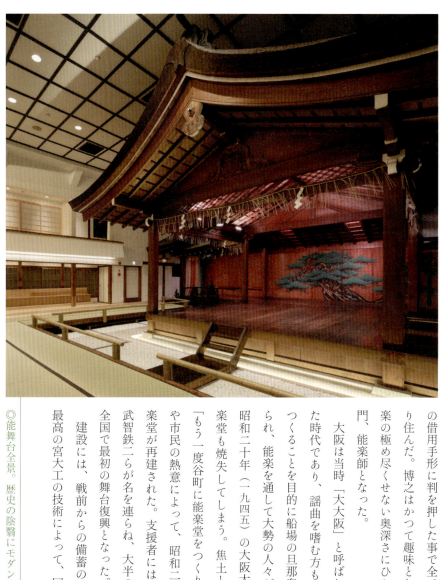

上◎鏡板は、松野奏風による揮毫
下◎子どもたちへの能の普及活動。講師は筆者
（写真提供・すべて山本能楽堂）

模して再建された。しかし戦後の物資の乏しい中、能舞台以外の建物は古材や廃材を交え、当時手に入ったあり合わせの資材で「物はなくても人々の熱意と英知を集結して」再建された。数年

後に二階の客席部分を増築した以外、ほぼ当時の佇まいを残しており、平成十八年（二〇〇六）に国登録有形文化財の登録を受け、平成二十三年（二〇一一）から文化庁の重要建造物等公開活用事業により、耐震補強工事を中心に、環境・衛生面の改善など大規模改修がおこなわれた。

改修のコンセプトは「開かれた能楽堂」。歴史の陰翳《いんえい》が刻まれた建物にモダンな空間が対峙する、他にはない新しい空間が生まれた。古い建物の良さはそのままに、床暖房、カラーLED舞台照明など現代のテクノロジーが加わり、車いす対応も含めより快適にお客様を迎えられるようになった。楽屋の二階、三階部分には新たにライブラリー・資料室が設けられ、アーカイブ化した資料が閲覧できるようになった。改修を機に様々な資料が発見されたが、中には画家・藤田嗣治の貴重な資料も含まれていた。

現在、山本能楽堂は、公益財団法人として能を「現代に生きる魅力的な芸能」として普及・啓発する様々な活動を精力的に行っている。観世流の能の伝承はもちろん、初心者向けの能の公演、全国の子どもたちへの普及活動、体験講座、公共空間でのストリートライブ能、アプリ開発などその活動は多岐にわたっている。

平成十八年（二〇〇七）からは大阪市、大阪商工会議所、大阪観光局の協力により、能を含めた上方伝統芸能全体の情報発信の役割を担い、大阪の地域振興に寄与している。また、造形遊びを通じた子どもたちへの取り組みや、「光と照明による能舞台の陰翳」公演など現代アートとのコラボレーションによるユニークな活動も多い。平成二十一年（二〇〇九）にはこどもたちと一緒に水の浄化をテーマに環境問題を考える新作能「水の輪」を初演し、以来国内外で十八回再演を行ない、能の現代社会における可能性を追求している。近年は東ヨーロッパを中心に能の海外公演も精力的に行ない、その活動が認められティファニー財団日本文化大賞、国際交流基金地球市民賞、外務大臣表彰など数々の賞を受賞している。

山本能楽堂は九十年以上「大阪・谷町の能楽堂」として地元に愛され、大阪における能の振興に携わってきた。これからも、六五〇年連綿と続く能の歴史の中で、「今」の時代を担う責務として能楽の普及・啓発につとめ、未来へと能楽を継承していく一端となるよう活動を続けていく所存である。

所在◉大阪市中央区徳井町一―三―六
電話◉〇六―六九四三―九四五四
アクセス◉谷町四丁目駅より徒歩三分

住吉神社能舞台

すみよしじんじゃのうぶたい

澤木政輝
毎日新聞記者

大阪府内最古・随一の風格を誇る舞台

大阪・豊中市の旧能勢街道沿いに鎮座する住吉神社は創建年代不明の古社で、古くは仁平二年（一一五二）に社殿を再建したとの記録が社記にあり、また天正六年（一五七八）、織田信長による荒木村重攻めの際に兵火にかかって焼失し、元和八年（一六二二）に再建されたと伝わる。さらに戦後の昭和二十二年（一九四七）に火災により焼失したが、同三十六年（一九六一）、大阪・中之島にあった豊国神社が大阪城内に遷座したのを機に、同社の旧社殿を譲り受けて本殿とした。神門に豊公の五七桐紋が浮き彫りにされているのはその名残である。

本殿の東側に趣のある透き塀を隔て、鎮守の森に囲まれてひっそりと建つのが「神楽殿」と称する能舞台だ。総檜造りで屋根は銅板葺入母屋造り。三間四方の壮麗な舞台は、現存する大阪府内最古の能舞台である。

大阪・本町橋の大坂西町奉行所の故地に明治初年、府立大阪博

◎住吉神社能舞台全景（撮影・今駒清則）

物場が開場。産業見本市、図書館、博物館、美術館、動植物園などの役割を兼ねた複合文化施設であり、近代大阪発展の前線基地として機能した。創設を主導し、後に場長を務めた平瀬露香《ひらせろこう》（亀之輔、一八三九〜一九〇八）は、船場の両替商「千草屋」当主から、第三十二国立銀行や大阪株式取引所、日本火災保険を設立した財界人としての活躍の一方、茶道、和歌、俳諧、書画など三十一の趣味を極め、江戸期の大坂を代表する文人・木村蒹葭堂になぞらえて「今蒹葭堂」「上方の粋《すい》の神」と呼ばれた。近代大阪を代表する文化人として知られている。『平瀬本源氏物語』（文化庁蔵、重要文化財）や青井戸茶碗・銘「柴田」（根津美術館蔵、重要文化財）など錚々たる美術品を所蔵した数寄者としても有名だ。能では金剛流の野村三次郎（現・金剛宗家の祖）の門人で、明治十五年（一八八二）、金剛流初の謡本刊行（山岸本）に携わった。二十三世金剛右京からの消息（明治三十九年）には、露香が一時期、免状発行などの家元業務を預かっていたことがうかがわれるという。自邸に敷舞台を構え、明治二十年（一八八七）の天覧能で「鉢木」

右◎「天鼓」弄鼓之舞。シテ・大西智久、一九九四年八月
左◎鏡板（撮影・いずれも今駒清則）

を舞い、明治三十一年（一八九八）四月に京都・阿弥陀ヶ峰で盛大に挙行された豊公三百年祭奉納能では、自身の発案、金剛謹之助監修で秀吉をシテとする能「豊国詣」を新作し、自ら舞った程の人物である。

その露香の主導で明治三十一年（一八九八）十二月に博物場内に建立されたのがこの舞台である。設計は大阪府技手岡崎要吉、工事監督井上節、棟梁は京都の雑賀長右衛門で、当時の上方大工の技術水準を示す堅牢な建物だ。鏡板は大阪に居住した円山派の上田耕冲が描いている。博物場敷地の北寄りに百畳敷の広間を持つ衆楽館という御殿風建築があり、これを見所として庭を隔てて南面して舞台が建てられた。催しの際には庭の部分にも床几を並べて観客を入れたという。大正八年（一九一九）に天王寺堂ヶ芝に建てられた大阪能楽殿とともに、戦前の大阪を代表する能楽堂であり、数々の名舞台が演じられた。明治三十九年（一九〇六）、弟子家にはかつて許されなかったという「関寺小町」を大西閑雪が務めたのも、また、梅若万三郎、六郎兄弟の「二人静」で笛の森田操が序之舞のカカリを呂に下げて吹き、大万三郎の度肝を抜いたというのも、この舞台でのことである。

博物場は大正年間に解体され、跡地は府立商品陳列所、貿易館を経て現在、大阪産業振興機構が運営する展示場「マイドームおおさか」になっている。舞台は篤志家を募って昭和二年（一九二七）に大阪天満宮に移築された後、住吉神社の昭和大造営に当たり、同五十六年（一九八一）に現在地に再移築された。平成十年（一九九八）には国登録有形文化財となっている。再移築の際に境内地に合わせ、橋掛りが一間程度に短くされているが、名匠苦心の秀作、大阪随一の舞台と讃えられた風格は今も健在だ。鏡ノ間は再移築の際に切り離され、近隣の服部天神宮祖霊社となっている。

住吉神社への再移築の後、昭和六十年（一九八五）から毎年八月に、観世流大西智久師一門によって薪能が催されていたが、平成十六年（二〇〇四）の第二十回を最終回として、以後定期的な能楽公演は行なわれていない。現在は神楽殿として神事に使われており、七月三十一日の夏祭と十月十五日の例祭には神楽をはじめ、氏子による箏曲やマンドリンなどの奉納演奏が行なわれている。見所スペースが限られ、舞台の正面に神木がそびえていることなど、催しの場としては不利な条件にあることも一因だと思われるが、この歴史的な舞台で演能の機会がないのは残念なことだ。舞台への入口は通常は施錠されているが、社務所に申し出れば見学することが可能だ。回廊部分には、明治三十一年新築時の棟札二枚（舞台と楽屋の物か）と、昭和二年移築時の棟札一枚が保存されている。移築に際して設立された「天満宮能楽会実行委員」の名が大書された昭和二年の棟札には、会長・小西新右衛門（伊丹の酒蔵「白雪」の当主で観世流の後援者）を筆頭に、中村彌三郎、手塚亮太郎、森田光次、茂山久治（善竹弥五郎）、今井長八郎、荒木賀光、上野義三郎、大西新三郎、生一左兵衛、大槻文雪ら名手の名が並び、往事をしのぶことができる。

参考文献
池内信嘉『能楽盛衰記』、大西信久『初舞台七十年』、梅若万三郎『亀堂閑話』、野々村戒三『能楽古今記』、関屋俊彦『近代大阪の演能場』、大阪歴史博物館『特別展・『なにわ人物誌』没後一〇〇年最後の粋人平瀬露香図録』ほか

所在◉大阪府豊中市服部南町二—三—三
電話◉〇六—六八六四—〇七六一
アクセス◉服部天神駅より徒歩五分

●コラム…

脇鏡板

能舞台正面の大羽目板に描かれた「老松」の図絵は見所からの眺めとしてまず第一に人目を惹《ひ》くが、笛座の横手後方にある横羽目板とそこに描かれた「若竹」の図絵は、正面席からはよく見えない角度に位置しているので、脇鏡板《わきかがみいた》と呼ばれる。松と竹、老と若の意識的な描き分けがなされている。

　両者に共通しているのは、「松竹梅」と言祝《ことほ》がれるような慶祝の意識であり、老いても変わらぬ常磐《ときわ》の緑と限りなく伸び行く青春の緑という生命力の象徴である。長寿延命と颯爽たる生命への祈念である。脇鏡板にはそのような大羽目板との協調と支え合いの使命が託されているのである。

◎大阪能楽会館の脇鏡板。右下に秀世の助力を得たとの奏風の署名がある

　その構図は二つのタイプに大別される。一つ目は太い竹幹が三本のもので三本の太い竹幹と真ん中の竹の隣に細竹と竹葉、あるいはそれぞれの竹に竹葉が描かれているものである（大阪能楽会館、湊川神社神能殿）。中には左側の切戸口近くに一本の細竹と竹葉、その右に三本のほぼ同じ太さの竹幹が描かれているものがあるが、（石川県立能楽堂、国立能楽堂）、これは前者と同類の一変形と見ておきたい。二つ目は類例が多く、向かって左側に一本の細めの竹幹、その右側に二本の太竹が描かれているものである（石川県立能楽堂、矢来能楽堂、代々木能舞台、岡崎城二の丸能楽堂）。

　それらと異なって特殊なのは、登米市の森舞台のそれで、五本の青い竹と竹葉が描かれている。向かって一番左側と四本目がやや細く、二本目がやや太い。向かって三本目と五本目とが太く、しかも群青色が濃い。大羽目板の松の構図も真っ直ぐに伸びる一本の幹に根元と梢は入らないという異色さである。

湊川神社《みなとがわじんじゃ》 神能殿《しんのうでん》

大山範子
神戸女子大学古典芸能研究センター
非常勤講師

楠公に演能を捧げる観阿弥父子の神殿

昭和四十七年の湊川神社鎮座百年祭記念事業の一環として、御祭神楠木正成公の血縁とされる観世宗家（当時は二十五世観世元正）と鹿島守之助（鹿島建設株式会社）の尽力に加え、地元財界及び能楽関係者の協賛、県や市の後援により建設された舞台である。

神戸の能舞台は、第二次世界大戦で全て焼失した。戦後、湊川神社の武道錬成道場「七生館」に能舞台が設けられたが、本格的

◎桟敷席から舞台を望む

な舞台建設を望む声は大きかった。神戸観世会（代表・藤井久雄）も、七生館の舞台を能楽堂に改築して神社に寄進する意向を示しつつも、資金面で難航していた（ちなみに旧舞台は、昭和三十八年三月十一日、神戸観世会で「求塚」のシテを演じていた京都の片山博通が演能中に倒れ、死去したことで知られている）。

鎮座百年祭行事の準備の進んでいた昭和四十三年、御祭神楠木正成公と能楽の祖・観阿弥、播磨の永富家は血縁があるという説が公表され、状況が変化する。『永富家の人々』（鹿島研究所出版会）によると、観阿弥の母は楠木正成公の妹にあたり、観阿弥の妻の生家は播磨の永富家である。永富家は鹿島守之助の生家であった。こうした縁で、神戸在住能楽師の依頼に鹿島が応じ、能楽堂の新築が決定した。

観世宗家からは、同時期に新築・移転した東京観世会館の旧舞台（東京大曲に昭和二十九年建設）が寄贈されることになった。総木曽《きそ》檜造《ひのきづくり》で檜皮葺入母屋破風《ひわだぶきいりもやはふ》屋根付きの本格的な舞台であり、鏡板の老松は川合玉堂《かわいぎょくどう》監修、今中素友《いまなかそうゆう》筆である。新築の能楽堂

上◎舞台。右手に観阿弥と世阿弥をまつる神棚が見える
右下◎複製された世阿弥像
左下◎鏡板

は昭和四十七年四月二十八日竣工、五月一・二日に舞台披きを終え、十月三十一日に神社に寄進された。かくして「湊川神社能楽殿」が誕生した。

この能楽堂の特色は、通常の能楽堂とは異なり、御祭神に対して能楽を上奏することを旨とする点にある。湊川神社では昭和五十七年から「神能殿」と称するようになった。それは、他の神社のように神楽を奉納するのではなく、楠木正成公の血縁である観阿弥・世阿弥が大成した能楽を奉納する意からである。能楽師は、演能に先立ち、舞台奥の神殿に祈誓謡「使命《ヨサシ》」を上奏後、始演するのが決まりとなっている。

また、ロビーには世阿弥像が設置されている。これは観世家蔵の像（高さ二七・四cm、横幅・奥行一五・九cm）を宗家（二十六世観世清和）の許可を得て拡大複製したものであり、平成十二年五月、観世流能楽師の馳川慶二・前島健二・広岡武士によって寄贈された。

平成二十一年一月、諸事情により休館し、経営の見直しや諸設備の改修を経て、平成二十五年十二月十六日に再開した。同日は「観阿弥生誕六八〇年・世阿弥生誕六五〇年／湊川神社神能殿再開記念勧進能」が開催された。なお、観世宗家の旧舞台とともに移築された客席椅子は、再開前の改修に伴い交換され、席数が減り、座席周りが広くなった。現在の収容数は、総席数四八九席（椅子席三一三、桟敷席四八、補助席一二八）である。地階には稽古舞台（鏡板は小川翠村筆）があり、三十二畳と十四畳の和室、休憩室を併設する。神戸観世会を中心に、神戸地区で開催される主立った能会のほか、素人会やワークショップなどの会場として、能狂言関係の催しを中心に利用されている。

観世宗家が昭和四十六年までは最も身近に使っていたこの舞台は、現宗家である二十六世観世清和の初舞台となった舞台でもある。昭和三十九年、四歳で「鞍馬天狗」花見（稚児役）をつとめたという。

所在◉兵庫県神戸市中央区多聞通三―一―一
電話◉〇七八―三七一―〇〇〇一
アクセス◉神戸駅から徒歩三分

篠山春日神社《ささやまかすがじんじゃ》能楽殿《のうがくでん》

中西薫
篠山能楽資料館館長

篠山藩主の寄進、江戸城能舞台の写し

昭和四十七年（一九七二）、東京在住の院展画家松野秀世氏が、体調不良のため針治療の名医を訪ねて篠山に長逗留された。秀世氏は全国の能舞台の鏡板を揮毫された松野奏風氏の子息で、能楽と能舞台に精通された方であった。滞在の間に篠山春日神社能舞台の存在を知った氏は、

◎お正月の能舞台全景（撮影・今駒清則）

その時期演能の場として使用されていないことを憂いて、私の父中西通に「ぜひ演能を復活すべきである」と提案された。父も地域の文化財や伝統の祭を活かした町づくりを進める立場にいた関係から、すぐさま篠山町行政や地域の有力者、春日神社宮司に相談し、翌年、実行委員会を立ち上げて第一回「篠山春日能」を開催した。その後、能舞台の顕彰は「質の高い演能を続けること」を合言葉に継承され、平成二十九年（二〇一七）の春開催をもって「篠山春日能」は第四十四回を数えている。

　この能舞台は江戸時代末期の文久元年（一八六一）、当時の篠山藩主青山忠良《あおやまただなが》が、篠山城北側の春日神社境内に建立寄進したものである。武家式楽の本山ともいえる江戸城能舞台を写しとったもので「箱根より

上◎「熊野」シテ・片山博太郎（幽雪）、一九八一年四月
下◎能楽殿床下の甕（撮影・いずれも今駒清則）

西では最も立派な能舞台」といわれた。江戸城の能舞台を図面化したと考えられる墨書が、現在も篠山市教育委員会で大切に保管されている。能舞台から発見された棟札には、建立にかかわったすべての人々の名が記されており、地元の大工棟梁稲山嘉七と永井理兵衛が「江戸城の様式を真似て造る」との内容の、誇り高き由緒書も残っている。このことからも、篠山藩挙げての大普請であったことがうかがえる。また、舞台の鏡板も藩お抱えの絵師松岡曽右衛門の手によるもので、その下図も現存している。舞台の下には音響効果のため、七個の大甕（内五個は本舞台下、残り二個は後座下）が配置されている。これらの大甕は、能舞台建立に際して当時の丹波焼陶工に注文したもので、甕の一つに「立杭釜屋《たちくいかまや》村源助作《むらげんすけさく》」との刻銘がある。甕の高さは八五cmで口径は七〇cmにほぼ統一されている。地元では「能楽殿《のうがくでん》」と呼ばれ親しまれてきたこの能舞台、常は雨戸の覆いがはめられ、大切に保存されており、お正月の翁神事、四月の春日能、十月の春日神社例祭でその覆いが外され、晴れの姿を現すのである。平成十五年（二〇〇三）には、建立以来の歴史的価値が認められ、国指定重要文化財に登録された。

私は国宝や重文を含む全国に残る素晴らしい能舞台を見て歩いたが、この篠山の能舞台ほど、城下町地域や周辺の農村地域に囲まれ、人々の生活に近い存在として残るものは他にないと感じている。藩主の命でありながら、篠山城内に建立することなく、城下町の重要な空間である鎮守の杜の中に建立してくれたことに、感謝の念を抱くのである。これは、謡曲や仕舞を中世の時代より愛した篠山盆地の人々の思いが、この能舞台造りに反映されたからにちがいないと考える。

今もこの舞台は生きた文化として、篠山の住民の誇りである。舞台を囲む神域は氏子にとって、守り伝えてきた「五穀豊穣」への祈りの場、まさに農《のう》〈みのり〉のシンボルなのである。

所在◉兵庫県篠山市黒岡七五
電話◉〇七九—五五二—〇〇七四
アクセス◉篠山口駅からバス・タクシー

大津市伝統芸能会館《おおつしでんとうげいのうかいかん》

澤木政輝

市民に親しまれ、三井寺の旧境内に建つ

七世紀創建と伝わる湖国随一の古刹にして、智証大師円珍《ちしょうだいしえんちん》による再興より中世に至るまで比叡山延暦寺と勢力を二分した天台寺門宗総本山・長等山《ながらさん》園城寺《おんじょうじ》は、むしろ境内に湧く霊泉に因んだ三井寺《みいでら》の称で親しまれ、西国第十四番札所として今も巡礼の善男善女の姿が絶えない。近江八景の一つ「三井の晩鐘」や日本三不動の国宝「黄不動」で名高く、能「三井寺」の舞台としても夙《つと》に知られている。

大津市中部に位置するこの寺の旧境内でもある隣接地に、平成七年五月に開館したのが大津市伝統芸能会館である。中世、日吉、多賀の両社に仕えた近江猿楽の本拠地であった歴史を背景に、伝統芸能の保護育成と市民の文化活動支援を目的として、大津市が総工費約五億四千五百万円を投じて建設した。大津は近江商人の系譜を受け継ぐ、謡の盛んな土地柄である。開館記念能には千七百人を超える応募があったといい、市民の関心の高さがうか

◎「土蜘蛛」シテ・味方梓、二〇一六年七月（撮影・金の星　渡辺写真場）

がわれる。

こうした公立施設は能楽堂に限らず、得てして造られた後の運営がお粗末になりがちだが、年間四〜六回程度、自主事業としての能楽公演を二十年間にわたって続けているのは立派なものだ。当初は市の直営で、公演企画を外注していたが、平成十九年度から指定管理者制度を導入した。受託する株式会社ピーエーシーウエスト（本社・大阪市）は、舞台装置や照明、音響を専門としており、限られた予算の中で、民間のノウハウを用いて個性的な運営に知恵を絞っている。平成二十七年には二十周年記念として初めて「道成寺」（シテ・味方玄）を上演し、五日間でチケットが完売した。能の他では、定番となっている落語公演に加え、近年はインド舞踊やバロック音楽といった、能楽堂の枠にとらわれない企画にも挑戦している。能面愛好家と鑑賞をつなぐきっかけ作りとして、ロビーで展示する能面を月替わりで一般から募集しているのもユニークだ。

一方、市の事業としては開館以来、市内三十七小学校の六年生

上下◎「道成寺」シテ・味方玄、二〇一五年十一月、右は鐘を吊るところ（撮影・いずれも金の星　渡辺写真場）

全員が狂言を鑑賞する取り組みを続けており、平成二十八年度は六、十一月の十日間、午前と午後に分かれて延べ三三三三人が、狂言方によるレクチャーに続いて「柿山伏」「附子」を楽しんだ。さらに、地元の長等小学校は総合的学習の時間を活用して、地元の愛好家グループの指導で狂言の実演に取り組んでおり、会館の舞台での発表会は毎夏の恒例

行事となっている。
橋掛りはやや短いが、本舞台は三間四方。鏡板は東京・渋谷のセルリアンタワー能楽堂と同じ大津市在住の日本画家、仁志出高福《にしでこうふく》さんの手による。ワキ正面が狭いため見所は全二一七席とやや少ないが、その分「舞台との距離感が近い」と好評だ。低廉な料金のゆえもあって、仕舞教室から学生サークルの稽古会、舞踊や詩吟、民謡の発表会などに幅広く利用され、舞台の年間稼働率は約五〇%に及ぶ。全五室の楽屋部分は、茶華道や舞踊などの稽古に使えるよう広めに設計されており、稼働率九〇%というから驚きだ。明治期に大津花街で生まれた伝統舞踊「大津絵踊り」の定期公演会場としても定着している。

所在◉大津市園城寺町二四六—二四
電話◉〇七七—五二二—五二三六
アクセス◉別所駅より徒歩五分

石川県立能楽堂《いしかわけんりつのうがくどう》

児玉信
芸能研究家

室町期からの加賀の能文化を伝える

石川県（加賀国）と能の繋がりは古い。室町末期には山岳信仰で名高い白山の支配下で加賀の猿楽座が成立し、神事能を勤めていた。諸橋・波奇（波吉）といった家があったが、江戸時代になると加賀藩に召し抱えられて

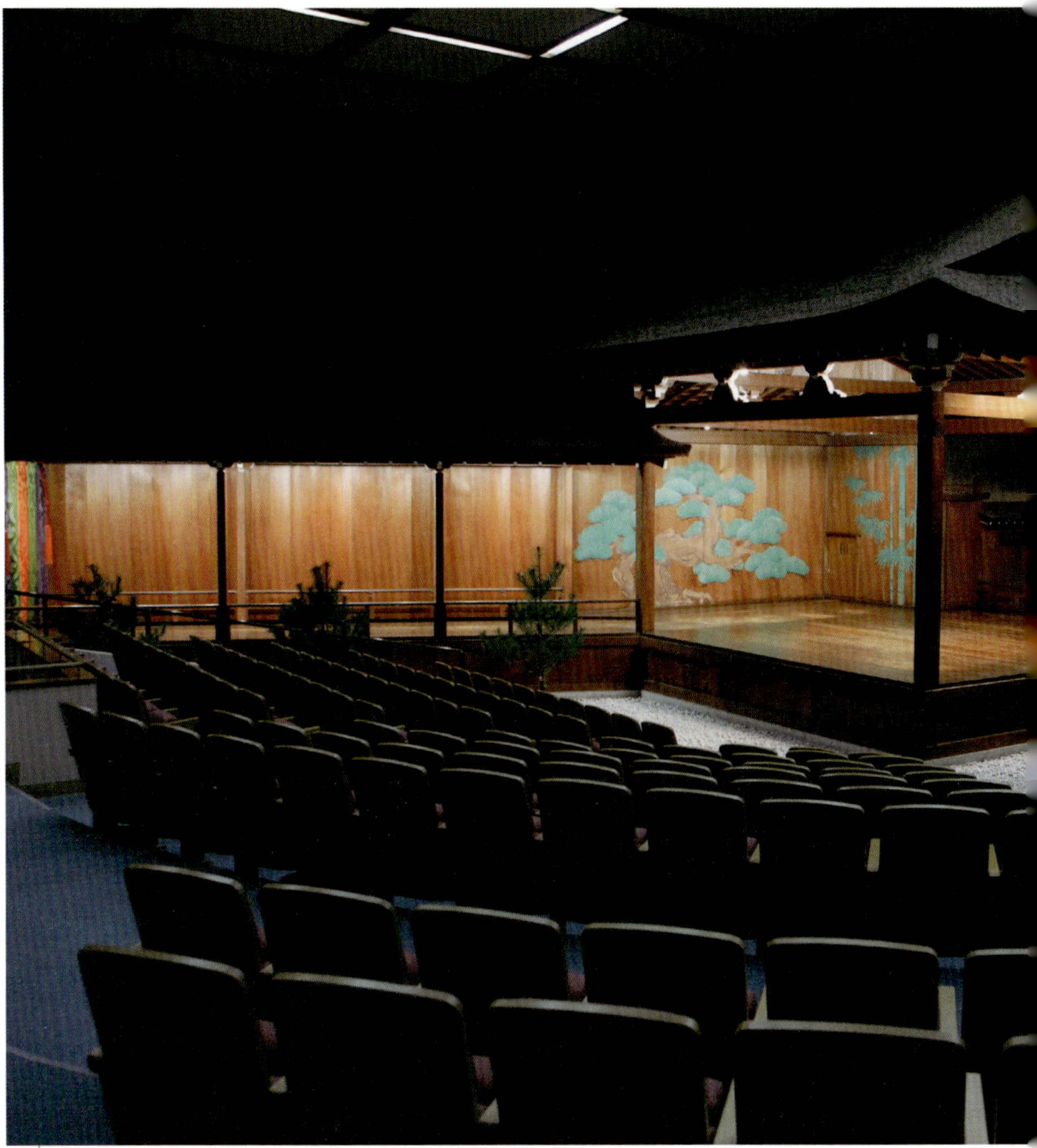

◎舞台全景

いる。

加賀藩の祖前田利家が能に好いたことはよく知られる。文禄二年（一五九三）に太閤豊臣秀吉が催した禁中《きんちゅう》猿楽《さるがく》御覧《ごらん》で能「源氏供養」「江口」のシテを勤め、秀吉・家康と狂言「耳引」を共演したのは今も語り草である。

この時代、秀吉が金春大夫安照を取り立てていたこともあり、金春座が隆盛していた。利家も金春を習い、安照の子氏勝を金沢に招いて勧進能を興行させている。二代利長、三代利常も金春を重用した。なお、利長が波吉太夫・諸橋太夫を召し抱え、利常は氏勝の子竹田権兵衛を召し抱えている。

歴代藩主が能を愛好したことが幕末・明治の混乱期に能楽界を支える大きな力になるが、それはひとまずおいて、寛文元年（一六六一）に五代綱紀は金沢へのお国入りに際し四代光高の例に倣って入国祝賀能を催した。これ以後、藩の式楽化する。また貞享三年（一六八六）四月、綱紀は徳川綱吉の命により江戸城で「桜川」を舞った。このとき、既にこの日が来ることを予測していた綱紀は前年十月から稽古を始めていた。相手をしたのが御細工者の加藤三兄弟、御手役者の竹田・諸橋・波吉ら、綱吉が贔屓する宝生大夫友春…。実はこのあたりが、いわゆる「加賀宝生」の起点になるらしい。

ちなみに金沢城内には早くから武具・馬具などを修理・管理する工房「御細工所」があった。手先の器用な武士を集めたのだが、施設を充実させたのが利常であり綱紀であった。御手役者は加賀藩における能楽師のことで、士分と認められた能楽専従者である。

◎宝生紫雪百五十回忌追善 金沢能楽会別会能「安宅」シテ・佐野由於、ワキ・宝生閑、二〇一二年九月（写真提供・金沢能楽会）

能については晩学であった綱紀が、その面白さに目覚め、藩主教育の必須科目の一つに位置付けて行なった藩の能楽改革の柱を上げると、宝生友春の次男嘉内を江戸の御手役者とすること、金沢の御手役者諸橋（喜多流）と波吉（金春流）を宝生に転流させること、御細工者に本務以外に謡・囃子を兼芸として課したことであった。宝生流は綱吉の贔屓だったのである。

　これとは別に加賀藩には町役者がいた。町人ながら能楽の技芸を供え、藩の用を勤めた。技芸に長じ代を重ねる家柄が生まれると俸禄も与えられ、苗字も許されたのであった。御手役者・町役者によって藩の能楽を勤めさせる制度は、寛永期（一六二四〜四四）には定まっていたという。現代の能楽界を代表し、人間国宝・日本芸術院会員となった笛方一噌《いっそう》流の藤田大五郎は、笛方町役者の出であった。

　明治維新で幕藩体制が崩れるとともに、加賀の能楽も衰退する。その中で復興に力を注いだのが佐野吉之助である。金沢で履物商を営んでいた佐野は諸橋権之進から技芸を学ぶとともに私財を投じ、面・装束を収集する。明治三十三年（一九〇〇）には佐野能楽堂を建設した。翌年、金沢能楽会の設立を見、定例能が毎月行われるようになる。

　昭和七年（一九三二）初代の子で二代目を名乗った佐野吉之助が市内広坂に金沢能楽堂を建てる。京都西本願寺の国宝北舞台を模したといい、入母屋造りの破風をもつ。この能舞台が石川県に寄贈され、移築されたのが現在の石川県立能楽堂（石川県立能楽文化会館）で、独立した公立の能楽堂としては嚆矢である。伝統的な芸術文化の保存と県民文化の振興に資することを目的とする。定例能のほか親子謡教室・子供狂言教室などを開催。兼六園・本多の森の一角にあり、文教地区としての環境は整っている。古都金沢の歴史が、周辺に詰まっている。

　なお、二十一世紀美術館の傍らにある金沢能楽美術館は、金沢能楽堂ゆかりの地に建てられている。佐野家が収集した面・装束などを展示する。

所在◉石川県金沢市石引四―一八―三
電話◉〇七六―二六四―二五九八
アクセス◉金沢駅からバス・タクシーなど

◉能楽堂追想……

金沢能楽堂

佐野由於◉宝生流シテ方能楽師

金沢能楽堂は、兼六園や金沢城に程近い、広坂というところにあった。近くには県庁や市役所もあり、金沢の中心であった。現在、二十一世紀美術館が建っているのもこのあたりである。能楽堂は、佐野家の本家、分家の住居に挟まれた場所にあり、それぞれの棟は廊下でつながっていた。本家の棟には二代目佐野吉之助一家、分家の棟には私の祖父で二代目吉之助の弟・安彦夫妻、父・正治夫妻と私が住んでいた。

金沢能楽堂は、桟敷席であった。当時、東京などではすでに洋装化が進み、能楽堂も椅子席が多くなってきていたようだが、金沢の場合、能楽堂にお出ましの方は着物の方が多かったように記憶している。桟敷席のため、靴や草履を脱ぐ必要があり、入口には大きな下駄箱があり、催しの際には下足番の方が数名出勤していた。桟敷席は、催しのないときには恰好の遊び場となった。私が通っていた金沢大学附属小学校は、道を隔ててすぐのところにあり、学校帰りに友人たちが遊びに来ると、清掃のために片づけられた桟敷席が広場と化して、野球などをして遊んだ。本家の吉之助夫人によく叱られたものだ。

桟敷席の一番前には低い欄干があり、その先が白州となっていたが、この白州は少し広めに取られていた。天井には明かり取りがあり、そこから入る自然光を取り込むための工夫であった。これは、初代佐野吉之助が建てた金沢能楽堂の前身・佐野能楽堂が、白州部分に屋根のない造りであったのを継承したものである。現在の石川県立能楽堂も同様に明かり取りがあり、その伝統は受け継がれている。

昔は、能楽堂に冷暖房もなく、夏の間は定例能も休みであった。代わりに練成会があり、東京から九郎重英宗家がいらして指導されていた。宗家はいつも二週間ほど金沢に滞在され、地元の愛好者と交流されていた。重英宗家は、前田家に仕えた宝生家の分家出身であり、夫人も金沢の人で、先々代の宝生紫雪先生終焉の地でもある金沢には特別な思いを持っていらしたことと思う。

私が高校生のときに、金沢能楽堂の土地を金沢市に譲ることとなり、広坂から、兼六園の横の坂を上ったところに能楽堂は移っ

◎金沢能楽堂の能舞台と見所。今では珍しい桟敷席（写真提供・佐野由於）

た。今の石川県立能楽堂である。建物は新しくなったが、能舞台は金沢能楽堂から移築されたものである。少し小ぶりで、橋掛りも短いが、板の色つやもよく、落ち着いた雰囲気で、大変に舞いやすい、いい舞台であると思う。椅子席となり、白州は一般的な幅になったが、その分見所と舞台が近くなり、能が広く浸透した金沢らしい、舞台と見所との一体感があるように感じられる。その県立能楽堂も、平成二十四年に四十周年を迎えた。近年は新幹線効果で観光客の方も増え、海外からのお客様も多く見受けられる。舞台の屋根には前田家の紋である梅鉢がかたどられているが、五代藩主綱紀公から続く加賀宝生の伝統が今もなおこの金沢で生きていることは大変にありがたいことである。これも先人たちの苦労の賜物であろうと思う。その思いを忘れず、これを次の世代、またその次の世代へとつなげていけるよう努めることが我々の役割であろうと思う。

佐渡の能舞台

池田哲夫
新潟大学名誉教授

江戸時代から続く神事能と数多の舞台

現存する能舞台…新潟県佐渡島には、太平洋戦争以前に建てられた能舞台が三十四棟現存している。現代になっても昭和六十二年（一九八七）に新たに屋内能舞台が建設されたり、平成十八年（二〇〇六）には古い能舞台の部材の一部を移転活用して能舞台が建設されており、それらを合わせると島内には三十六棟の能舞台が現存している。

よく佐渡には能舞台が多く残っており、その数は九十近くあるともいわれるが、演能の行なわれた場所は二五〇ヶ所に上っている。これらの演能は本格的な能舞台から、学校の体育館や仮設的な全く臨時的舞台に至るまで多種多様であり、島民の生活と能楽との関わりの深さを感じることができる。現存する能舞台の名称と所在地は図表に示した。

◎大膳神社能舞台。観能が地域の憩いとなっている。芝生にての観能はまさに「芝居」と言える

佐渡の能楽の始まり…周知のように、能楽の大成者世阿弥（観世元清）が、永享六年（一四三四）、時の将軍足利義教によって佐渡へ配流になっている。配流の理由や在島年数などついてさまざまな視点から研究されているが、いまだ明確になっていない。世阿弥が配流になったことにより、佐渡で能楽が盛んになったわけではない。世阿弥が佐渡配流中に島民に能を教えたという記録や、伝承すら管見下では皆無である。

佐渡で能楽が盛んに演じられるようになったのは、慶長九年（一六〇四）佐渡奉行として、佐渡金銀山の支配を家康より命じられた大久保長安が佐渡

◉現存する独立能舞台一覧

旧市町村名	名称（図中番号を示す）	所在地	建設年
両津市	①本間家能舞台	吾潟	明治十八年（一八八五）
	②諏訪神社能舞台	潟端	大正十三年（一九二四）
	③金峰神社能舞台	上横山	
	④熱串彦神社能舞台	長江	
	⑤堀内神社能舞台	加茂歌代	
	⑥諏訪神社能舞台	原黒	
	⑦住吉神社能舞台	住吉	
	⑧椎泊神社能舞台	椎泊	
金井町	⑨羽黒神社能舞台	安養寺	明治四十二年（一九〇九）、改築
	⑩金井能楽堂（金井文化会館）	中興	昭和六十二年（一九八七）
佐和田町	⑪八幡若宮神社能舞台	下長木	
	⑫二宮神社能舞台	二宮	
相川町	⑬春日神社能舞台※	下戸村	平成十八年（二〇〇六）
新穂村	⑭牛尾神社能舞台	潟上	明治三十三年（一九〇〇）
	⑮熊野神社能舞台	武井	明治二年（一八六九）
畑野町	⑯加茂神社能舞台	栗野江	
真野町	⑰大膳神社能舞台	竹田	弘化三年（一八四六）、再建
	⑱総社神社能舞台	吉岡	
	⑲八幡若宮社能舞台	四日町	
	⑳諏訪神社能舞台	豊田	
	㉑塩竃神社能舞台	滝脇	
	㉒八幡宮能舞台	背合	
	㉓白山神社能舞台	大倉谷（大立）	明治四年（一八七一）頃か
	㉔小布施神社能舞台	西三川	

へ能師等を連れて来たことによる。長安は甲州の能役者の子であった。

『佐渡相川志』には「慶長九辰年大久石見守殿舞楽ヲ好ミ和州ヨリ常太夫、杢太夫二人ヲ召ス。其外脇師、謡、笛、太鼓、大小鼓、狂言師等ニ至ル迄渡海シ来リ、山之内弥兵衛ト云フ処ニ住ス。石見殿陣屋ニテ能アリ。或ハ上相川大山祇等ニモアリ。正保二酉年四月五月ヨリ下戸春日社ノ社ニテ神事能アリ」と記されていて、長安により佐渡に始めて能座がつくられ、演能がなされたことがわかる。長安により、春日社、大山祇両社で神事能が催され、やがて国中から島内各地に広まっていった。

能師は両大夫が中心であったが、絶家後は潟上の本間能大夫がこれに代わって佐渡の中心をなすようになった。佐渡では毎年の神社の祭礼に神事能を催してきたが、これを定能《じょうのう》といった。

図表に示したように、佐渡の能舞台は、民間の所有するもの一棟と公共の所有するもの一棟を除いた残りすべて（三十四棟）が神社の境内に所在している。この分布は神事能として発展してきた佐渡の能楽のありようそのものを示しているといえよう。

能舞台の種類…先にも述べたが、佐渡では能舞台以外でも盛んに演能が催された。佐渡の能楽史や能舞台を研究し

	㉕気比神社能舞台	椿尾	
	㉖熊野神社能舞台	静平	
	㉗大山祇神社能舞台	西三川(笹川)	
羽茂町	㉘白山神社能舞台	小泊	
	㉙気比神社能舞台	上山田	
	㉚草刈神社能舞台	羽茂本郷	
	㉛張弓神社能舞台	大橋	大正三年(一九一四)
	㉜白山神社能舞台	大崎	
	㉝白山神社能舞台	滝平	
赤泊村	㉞白山神社能舞台	上川茂	明治十六年(一八八三)
	㉟徳和神社能舞台	徳和	
	㊱春日神社能舞台	三川(腰細)	明治二十五年(一八九二)

※佐渡は平成十六年(二〇〇九)に旧市町村が合併し佐渡市となった
※旧羽茂町滝平諏訪神社にあった能舞台の部材の一部を移設・活用

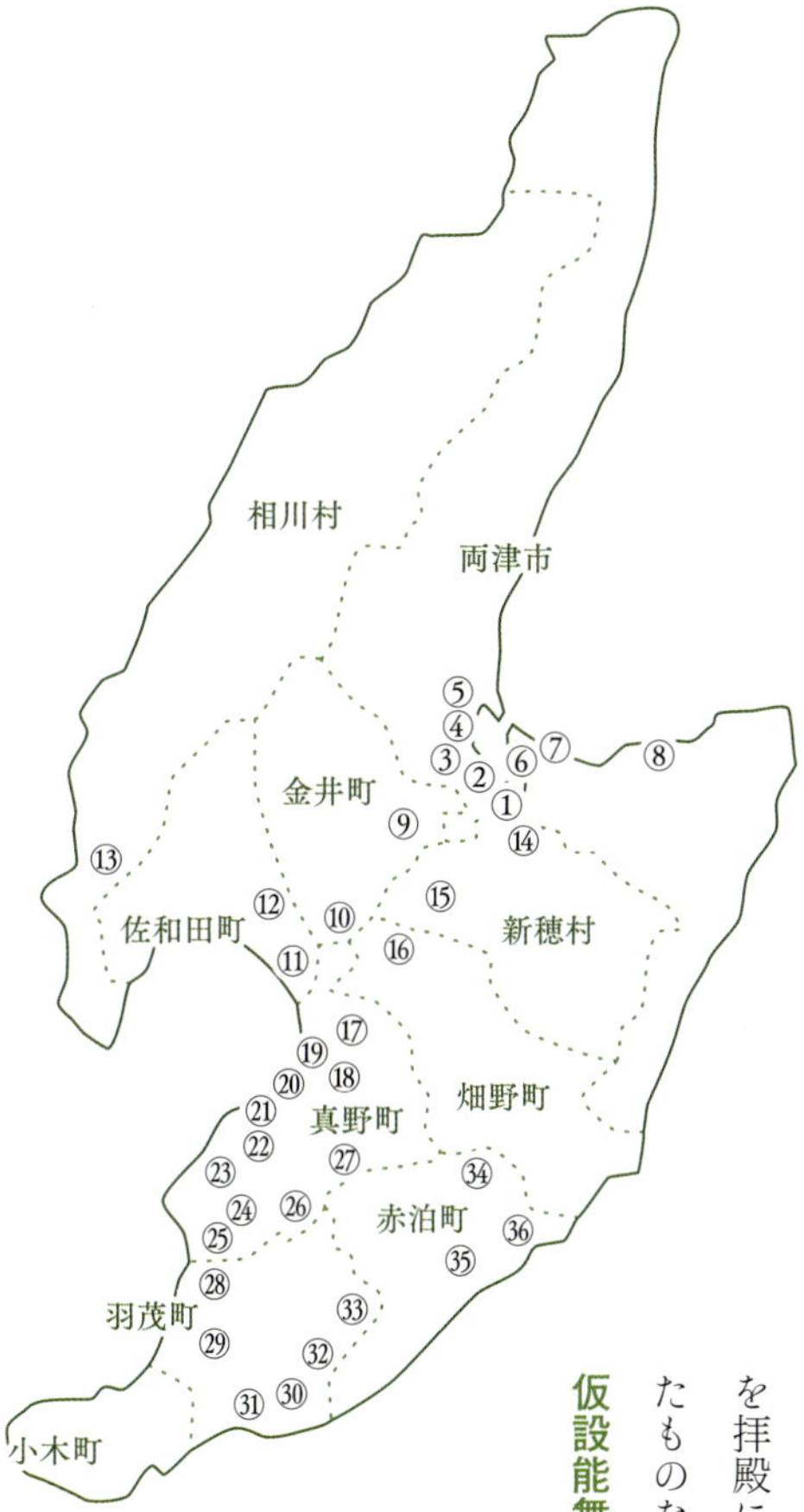

た若井三郎は佐渡の能舞台の特徴を以下の四つに分類している。

独立能舞台…本舞台が独立した建物で、能楽専用の舞台である。橋掛りや鏡間、楽屋のある舞台もあれば常時はこれらのものがなくて、演能の際に仮設する舞台もある（この形式の舞台が三十六棟現存している）。

組立能舞台…掛け舞台ともいわれている。普段は、解体・格納されており、演能の際に組み立てて使用する能舞台である。屋根などはなく簡素な造りである。

兼用能舞台…神社の拝殿や附属の建物を本舞台として演能にも用いられるように、柱の位置などを考慮してあるもので、橋掛かりを拝殿に取り付けてあるものや、演能の都度取り付けるようにしたものなどである。

仮設能舞台…他の施設をそのまま臨時に能舞台として利用したもので、神社の拝殿、寺院の本堂、学校の体育館、公民館、個人の住宅などさまざまである。

若井は、こうした演能の場所を文字記録に残る能組から丹念に調べあげ、演能の行なわれた場所が二五〇ヶ所にのぼっていることを明らかにしている。

◎本間家能舞台における「弱法師」シテ・本間英孝

能舞台の構造上の特徴…能舞台は、一般的には三間（約五・四m）の三間の本舞台に続いて、九尺巾（約二・七m）の後座がある。ところが、佐渡の能舞台では本舞台の狭いものが目立つ。このため、囃子方の後座の部分を狭くし、立ち方が十分舞えるよう（できるだけ広く使えるよう）、板張りや柱の位置などにさまざまな工夫をしたりしている。ほかにもさまざまな工夫がなされているが、佐渡の能舞台の特徴的な点を以下に三点述べておく。

神社拝殿と能舞台の配置…先にも述べたが、佐渡の能楽は神への奉納能として始まった。神事能という形からはあくまでも神前に向かって奉納する舞台配置をとるべきであるが、そうした配置をとった舞台は一棟あっただけである（現存せず）。ほとんどが神社境内の敷地の地形に応じた配置をとっている。神に奉納する形をとりつつも、演能を楽しむことに重点を置いた島民の能として定着している。

橋掛り…複式橋掛りといわれており、橋掛りを複線の通路にしてその脇正面側は普通の橋掛りで、裏側は通路専用になっている。実用的に工夫された構造といえよう。

鐘穴…天井張りに道成寺の鐘を吊るための鐘穴を設けている舞台が多い。

次に、現存する三十六棟の能舞台の中から五棟を紹介しておく。

上◎本間家能舞台
下◎羽黒神社能舞台（撮影・いずれも池田哲夫）

本間家能舞台（旧両津市吾潟）

…佐渡における能楽の拠点である本間家が所有する、佐渡では唯一個人所有の能舞台である。佐渡では本間の能舞台、潟上の舞台、梅ヶ沢の舞台などともいわれている。現在の能舞台は十五世本間令蔵が明治十八年（一八八五）に建設したもので、再建したといわれている。

能舞台の配置も、小山と鏡の間、楽屋を付属した住居棟（脇正面の見所にもなっている）などにより、舞台を囲むように、うまく音が逃げないように工夫されている。舞台は方三間で、橋掛り、鏡の間もついた島内で最も本格的な舞台である。舞台の天井は棹縁付き天井で、天井の一部に道成寺の鐘が出し入れできる鐘穴がついている。

羽黒神社能舞台（旧金井町安養寺）…鬱蒼とした杉木立の中にある茅葺き寄棟造りの能舞台で、舞台は二・五間×二間の本舞台と一間の後座からなる。明治四十二年（一九〇九）に配置を現在の位置に移築した際、橋掛りと社務所兼用の鏡の間が新設（常設）された。舞台裏には囲炉裏のある鏡の間がもとあったままに残っている。舞台寸法としては、佐渡で現存するものとしてもっとも小さいものである。

大膳神社能舞台（旧真野町竹田）…弘化三年（一八四六）再建とされる能舞台は、萱葺《かやぶき》、寄棟造りで、杉の大木を背にして舞台は社殿に向かって左側に配置されている。舞台は三間×二・五間の本舞台と一間の後座があり、本舞台の奥行きが三間になるように後座の三分の一まで食い込んで、囃子方は遠慮して、立ち方が充分舞えるように工夫してある。複式の橋掛りや松羽目の裏に鏡の間があり、装束を着け、裏通路を通り、幕口裏の溜まりで控える。ここが鏡の間の役割を果たしている。

配置や構造、舞台をとりまく環境など、もっとも佐渡らしい特徴をもった舞台である。

◎大膳神社能舞台（撮影・池田哲夫）

上◎草刈神社能舞台
下◎春日神社能舞台（撮影・いずれも池田哲夫）

草刈神社能舞台（旧羽茂町羽茂本郷）…茅葺き、入母屋造りで、舞台は三間×二・三間の本舞台と一・一間の後座からなる。舞台のみで橋掛りも失われていたが、近年になって修復の手が加えられ、複式の橋掛りや松羽目、鐘穴のついた天井張りなどが設けられた。

春日神社能舞台（旧相川町下戸村）…春日神社は、慶長十年（一六〇五）、大久保長安によって春日崎に創建されたが、元和五年（一六一九）に現在地に遷宮した。正保二年（一六四五）、ここに佐渡で最初の能舞台が建てられた。この神社には明治の初め頃まで能舞台があったとされるが、その後再建されることはなかった。平成十八年（二〇〇六）に、氏子や有志により、旧羽茂町滝平諏訪神社能舞台の部材の一部を移設・活用し現在の能舞台が再建された。

りゅーとぴあ 新潟市民《にいがたしみん》芸術文化会館《げいじゅつぶんかかいかん》

庭園を背景とする演出も可能

池田哲夫

愛称「りゅーとぴあ」、正式名称新潟市民芸術文化会館は、新潟県新潟市中央区の白山公園にあり、平成十年（一九九八）にオープンした。施設は新潟市が所有し、公益財団法人新潟市芸術文化振興財団が指定管理者として管理・運営を行なっている。

◎舞台全景

白山公園には昭和十三年（一九三八）に竣工した新潟市公会堂があったが、老朽化のため取り壊され、昭和五十二年（一九七七）、跡地とその隣接地に新潟市音楽文化会館が開館した。しかし収容能力が五〇〇人規模と小さく、大規模な文化活動を行なうには対応しきれなくなっていた。

新潟市は、こうした状況に呼応して昭和五十九年（一九八四）に市民文化会館を内容とする新潟市第三次総合計画の基本構想を市議会で議決し、昭和六十三年度（一九八八）から会館建設基金の積み立てを開始した。平成四年（一九九二）、建設位置、規模、公開提案協議方式の採用等、建設計画の概要を発表した。施設の設計は、長谷川逸子である。

「りゅーとぴあ」はコンサートホール、劇場、能楽堂のほか、二つのスタジオ、ギャラリー、茶室等を備えた音楽・舞台芸術の総合施設である。コンサートホールは、最大二〇〇〇人の収容が可能な音楽専

◎「鉢木」シテ・塩津哲生、二〇一一年二月。鏡板を外しており、背景の美しい竹林が見える

用ホールである。劇場は、最大九〇三人の収容が可能であり、演劇、オペラ、歌舞伎などの舞台芸術に対応した構造となっている。

能楽堂は、最大三八七人の収容が可能であり、檜床の舞台、檜皮葺《ひわだぶき》の屋根などを持つ本格的な室内能楽堂である。舞台は五・九八m四方、橋掛り幅二・七m、長さ一〇・四m、舞台正面の鏡板、羽目板、目付柱を取り外すことによって中庭の日本式庭園が現れ、演出に利用することができる。能・狂言に限定されず演劇や民族音楽のコンサートなどにも利用されている。付属施設として、茶室としても利用可能な楽屋などが備えられている。能舞台では、能楽普及のための基礎講座や能楽鑑賞教室なども頻繁に催されている。

所在◉新潟県新潟市中央区一番堀通町三―二
電話◉〇二五―二二四―五六二二
アクセス◉新潟駅からバス・タクシーなど

◎大阪能楽会館の後座。縦・横に張られた板張りの境目が確認できる

●コラム…

後座

シテ柱、目付柱、ワキ柱、笛柱という四本の太柱に囲まれた三間四方（約六m四方）の竪板張り面（それに地謡座とワキ座の竪板張り面を加えた平面）を主舞台とすれば、その後方に続いているのが、横板張りの後座《あとざ》である。間口三間（約六m）、奥行き一間半（松濤の旧観世会館のように二間に拡張されている場合もある）という広さで、背面を老松の鏡板、片方の側面を若竹の鏡板が囲んでいる。

竪板張り面との境界の最前線に笛方、小鼓方と大鼓方の座が横一列に並び、その隣に境界線から太鼓を置く場所の分約六〇cmほど退いた位置に太鼓方の座がある。それら囃子座の後方は、必要に応じて囃子方の後見が坐る場となるが、「翁」の上演時や本狂言の小舞の際にはそれぞれの地謡の座となる。

また囃子座は、仕舞が舞われる際にはそのための地謡の座となる。老松の鏡板の前の橋掛り寄りの角隅は演能時にはシテ方の後見（一人、二人または三人）の座であるが、本狂言の上演時には狂言方の後見座となる。その後見座の前は、曲によって「物着《ものぎ》（着替え）」の場として使われることもある。「後座」の役割はそのように多様である。

ＭＯＡ美術館能楽堂

えむおーえーびじゅつかんのうがくどう

高見輝宏
ＭＯＡ美術館

五流による演能と伝統芸能普及の場

一九八二年一月、創立者岡田茂吉生誕一〇〇周年の記念事業として、静岡県熱海市の相模灘を一望する風光明媚な高台にＭＯＡ美術館が開館した。

創立者は、日本の優れた文化を国の内外に紹介することを通して、人間の品性の向上及び平和愛好思想の醸成を図りたいと願い、そのことを踏ま

◎能舞台全景

え、能楽に注目し、館内に「MOA美術館能楽堂」を設置した。開館間もない一月十五日に舞台披きを行ない、以来能楽五流による定期演能会、能楽サークルなどを開催して伝統芸能の普及昂揚に努めており、現在に至る。

この能楽堂は能舞台としての伝統を踏襲している。さらに美術館に設置された施設であり、多様な文化の発信拠点となる文化ホールとしてのさまざまな機能も有している。

舞台の屋根は入母屋《いりもや》造り檜皮葺《ひわだぶ》き、吊り屋根になっているため柱に負荷がなく、目付柱、脇柱の両方を取り外すことができる。鏡板は松野秀世画伯が、静岡県磐田市の天狗の松と呼ばれていた松をモデルとして、竣工前の美術館の展示室で揮毫《きごう》した。座席は五〇一席。前面の柱を外した舞台では舞踊、音楽会をはじめ、全座席に同時通訳を聞くためのイヤホーンジャックが付いており、講演、

上◎「天狗の松」をモデルとした鏡板の松
下◎橋掛り

式典など様々な催しに対応する仕掛けがある。

初公演は、一九八二年（昭和五十七）一月十五日の「ＭＯＡ美術館能楽堂舞台抜き」である。能楽五流の家元と重鎮により、能

「翁」宝生英雄、仕舞「高砂」喜多実、仕舞「田村」金春信高、仕舞「國栖」金剛巌、能「羽衣」観世元正、能「乱」辰巳孝を納めていただいた。その後、能楽事業を円滑に進めるため、能楽界に通じた識者による演能者会議を通して能楽五流の理解と協力を得て、今日に至るまで定期演能会を開催している。

夏休みには子どもを対象とした能楽サークルを開催し、能楽器の体験を通して能楽に親しみ、その後能楽を鑑賞し、伝統芸術を見る目・開く耳を養いつつ感じる心を育てることを願って取り組んでいる。

一方、この能楽堂は多目的ホールの機能を有しており、舞踊家の武原はん、梅津貴昶、歌舞伎役者の坂東玉三郎をはじめとする舞の会、琉球舞踊、邦楽や洋楽など音楽会、上方落語、精神学者ヴィクトル・フランクル、ノーベル化学賞物理学者イリヤ・ブリゴジンをはじめとする講演会など文化発信事業、そして熱海市成人式、ミス熱海・梅の女王審査会、表彰式など地域の文化・産業の振興に資する事業など多様な文化の発信拠点として、公益に資する様々な事業を展開している。

一九八五年から、毎年八月一日・二日にMOA美術館薪能を開催してきており、昨年三十一回目を迎えた。美術館ムア広場に特設舞台を設け、背景には雄大な相模灘を望み、夏の熱海の風物詩となっている。

二〇一六年はMOA美術館改修工事のため、美術館での開催ができない。そこで地元の支援と協力を得て熱海海岸のサンビーチに会場を移し、秋の満月の夜に熱海の海面に出現する自然現象「月の道」を背景に、「あたみ海辺の薪能」を行なうことになった。能楽を通して地域の活性化と文化向上を願っている。

その後、二〇一七年二月十二日、新装成った会場にて、小田原文化財団の主催で、杉本博司企画、馬場あき子作の新作能「利休——江之浦」が、浅見真州・観世銕之丞他の出演により上演された。

所在◉静岡県熱海市桃山町二六―二
電話◉〇五五七―八四―二五一一
アクセス◉熱海駅よりバス・タクシーなど

名古屋能楽堂

なごやのうがくどう

林和利
名古屋女子大学教授

二種の鏡板をもつ、幅広な舞台

名古屋城正門前に立つ能楽堂。名古屋能楽堂主催の定例公演が年間十回程度あるほか、随時、様々な団体による能・狂言の公演が行なわれている。

入母屋造りの屋根と伝統的な日本建築の建物配置の外観は、名古屋城との調和がはかられている。総木曾《きそ》檜《ひのき》造り

◎能舞台全景（撮影・杉浦賢次）

の本格的な能舞台の様式を基本にしながらも、多目的利用が可能な照明と音響設備を備えているのが特徴。演能解説用のイヤホンガイド設備も設置されている。六室の楽屋はまるで御殿のようなしつらえである。

延床面積は五二〇〇㎡。六三〇席の客席数は地方自治体の常設能楽堂としては最大である。能楽の歴史や魅力を紹介する展示室や、稽古用舞台、会議室も併設されている。

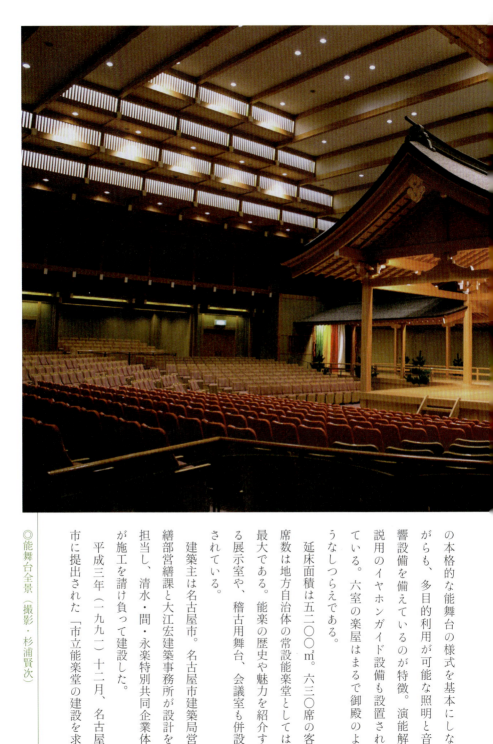

建築主は名古屋市。名古屋市建築局営繕部営繕課と大江宏建築事務所が設計を担当し、清水・間・永楽特別共同企業体が施工を請け負って建設した。

平成三年（一九九一）十二月、名古屋市に提出された「市立能楽堂の建設を求

める請願書」に署名した人は一九万八千名を数えた。それを受けて平成四年一月の市議会で請願を全会一致で採択し、基本設計・実施設計・埋蔵文化財発掘調査を経て、平成六年九月に着工し、平成九年二月竣工した。同年四月三日に開館の運びとなり、同年度の第五回愛知まちなみ建築賞を受賞した。

名古屋能楽堂の記録によれば、平成二十八年（二〇一六）八月現在、舞台の利用率は日数計算で七割近い実績を示している。そのうち能・狂言の利用は約五割なので、他ジャンルの舞台芸術にも広く活用されていることがわかる。

舞台が完成して関係者に公開されたとき、鏡板の松の絵が伝統的な老松ではなく若松だったので、マスコミも取り上げるほどの物議をかもした。揮毫《きごう》したのは洋画家の杉本健吉。「若々しい松の方が新しい能楽堂に似合う」という着想によるものだったと

右◎「春栄」シテ・長田驍、二〇一四年五月
左◎珍しい「若松」の鏡板（いずれも撮影・杉浦賢次）

いう。その後、能楽関係者有志による寄付金によって、松野秀世の手になる老松の鏡板も制作され、二種の鏡板が毎年四月一日に掛け替えられている。

また、現代人の体格に合わせた大きな舞台を実現するため、三間四方という本舞台の規定寸法を、柱の内のりにとって柱二本分広くするという便法が採用されている。さらには、足拍子を踏む定位置の舞台下に音の響きが良くなる装置が設置されているのも特徴としてあげられよう。

なお、かつて名古屋市東区布池町《ぬのいけ》（現・東区葵一丁目）にあった布池能楽堂も当時は名古屋能楽堂とも呼ばれ、名古屋市を代表する能舞台であったが、昭和二十年三月の空襲で焼失した。

所在◉愛知県名古屋市中区三の丸一―一―一
電話◉〇五二―二三一―〇〇八八
アクセス◉浅間町駅より徒歩七分

豊田市能楽堂

とよたしのうがくどう

柳沢新治
能楽ジャーナリスト

高層ビル内にある卓抜な和の空間

所在地は愛知県豊田市の名古屋鉄道豊田市駅前、市の中心地で交通至便。十三階建て高層ビル《参合館》の八、九階という、全国に類を見ない高所にある。〈場所は高いがチケットは安い〉がスローガン。一、二階は商業施設、三～七階は図書館、十～十三階はコンサートホールという複合施設の一部である。

豊田市は古くから挙母（衣・ころも）と呼ばれた土地だが、町村合併で急拡大した。市内の松平地区は徳川家発祥の地。徳川譜代の三宅氏から始まった挙母藩は元禄時代からは本多氏、江戸中期から幕末まで内藤氏で、一～二万石程度の小藩ながら、それなりの大名文化の残影がみられる。能楽堂に立礼式の茶席があって、抹茶と銘菓を楽しむ客でにぎわうのはその一例。ご存知トヨタ自動車の発祥の地でもあり本社がある。周辺には多くの関連会社があり、トヨタの成長とともに発展してきた。それだけに産業都市としての性格が強く、文化面では見るべきものが足りなかったことは否めず、コンサートホール・能楽堂の建設は文化都市への一歩として歓迎された。

開場は平成十年十一月。宝生流宗家英照師の「翁」から始まり、喜多流宗家六平太師の舞囃子「高砂」、野村万蔵（萬）師の狂言「末広かり」があって金剛

◎ろうそく能「清経」音取、シテ・塩津哲生、笛・藤田六郎兵衛、二〇一二年六月

上◎狂言「浦島」野村又三郎、二〇一二年六月
下◎ロビー。茶席で香の高い一服がたのしめる（写真提供・豊田市能楽堂）

流宗家永謹師の舞囃子「草紙洗」、金春流宗家信高師の舞囃子「猩々」、最後は観世流宗家清和師の半能「石橋」で終わるという、能楽五流宗家総出演のめでたい舞台披きであった。

能楽堂としては東西の名手を迎えて名曲・話題作の上演にあたることが第一の責務だが、豊田市のような地方都市では能楽愛好者は少なく、集客と予算面から考えて年間の能狂言主催公演数は七～八回にとどまる。筆者は開場前からアドバイザーとして企画制作にかかわったが、能楽堂のスタッフと共通の理念として、能狂言に限らず広く《日本伝統文化・芸能の発信基地》としての役割を果たすべきと認識、稼働率を高めるためにも多様な企画を展開してきた。

まず能狂言公演の事前・入門講座はもちろん、能と仏教、和歌・連歌・俳句、能にゆかりの土地や歴史などについての講座は当然として、『日本の伝統芸能シリーズ』では〝寄席が豊田にやってきた〟とのキャッチフレーズで落語・講談・寄席芸を展開、評判となった。そのほか長唄や新内・箏曲・尺八・琵琶などの邦楽、地唄舞や日舞、赤坂芸者の踊りなどから郷土芸能・民謡、さらに中国の京劇や韓国のパンソリ、モンゴルの馬頭琴・ホーミーにいたるまで幅広く取り上げた。毎回ほぼ満席の入りで、アンケートによれば、地方ではなかなか見られない企画として周辺の市町村からの来客も多い。

このほか、同じビル内にあるコンサートホールと組んで、ピアノの名手ヴァレリー・アファナシェフ演奏会を機に、能・金剛流宗家と話してもらう、北村英治氏のジャズコンサートに先立ってお話を聞く、オペラ歌手と狂言師が共演するオペラ・ブッファ「奥様女中」など、和洋のコラボレーション的な企画も展開した。

夏休み親子で楽しむ「わくわく能楽体験」「狂言体験教室」などもあり、スタッフは楽しみつつも忙しい。

能楽堂は敷居が高い（誤用だが）といわれる。幅広い企画で門戸を広げ、あそこの催しなら見て損はないという信頼を得、なじんでもらい、結果として《小屋に客がつく》ことが必要である。金食い虫・無用の長物などと言われないためには、企画とスタッフの努力で立ち向かう他はない。

所在◉愛知県豊田市西町一—二〇〇
電話◉〇五六五—三五—八二〇〇
アクセス◉豊田市駅から徒歩三分

岡崎城二の丸能楽堂《おかざきじょうにのまるのうがくどう》

ギリシャ円形劇場風の観客席

小林保治

愛知県岡崎市の岡崎公園の一角、徳川家康の誕生した岡崎城の天守閣本丸に隣接する旧二の丸の地に建てられた野外能楽堂。平成元年（一九八九）十月に、豊臣秀吉に劣らぬ能の愛好者であった家康の志を承け継ぐ拠点にしたいと、当時の市町村レベルでは初めてとされる大事業の能楽堂建設を岡崎市が成し遂げた。総檜《ひのき》造りの平屋建て、屋根は銅板葺きで、擂《す》り鉢型・階段状の観客席が前例のない特徴をなす。鏡板の松の揮毫には江戸時代以来日本画の狩野派の絵師が携わってきたが、この能楽堂の場合、地元岡崎在住の日本画家ならぬ洋画家畔柳赫《くろやなぎかく》が起用されて期待に応えた。建築家の大江新氏はこの能楽堂を評して次のように述べている。

◎見所正面から能舞台を望む

「半屋外のベンチ式三〇〇席の見所だが、古代ギリシャの円形劇場を思わせるような階段席が取り囲んでいる。能と円形配置の組み合わせにどこか不思議なミスマッチ感が漂うが、舞台から最後列までの距離は一二メートルと短く、周囲に立ち上がる客席が壁となって音響効果を高めてくれる」

（「観世」、平成十六年五月号）

私が写真家の石田裕さんと訪れたのは五月の上旬、三方が若葉色の樹木に囲まれ、観客席の天井はテント張りの屋根になっていて、周囲の騒音は二重に遮断されていた。このテント張りの天井は、設立当初にはまだ無かった。階段席は八段で半円形に広がっているが、最上段の列の後にはさらに一列の椅子席が増やせるゆとりがある。手狭な感じのする劇場だが、喜多能楽堂の正面席が一〇列であることを思えば狭小というわけではない。何よりもすばらしいのは前列の席の人々の

上◎「清経」シテ・山中雅志、二〇一六年五月
下◎鏡板の松

存在が、まったく舞台を見る妨げにならないという快適さである。これは観客にとって何より嬉しい恩恵であろう。訪れた日は、坂井孝氏の主催する「梓屯《いとん》」という面打ちの会の作品発表の日に当たっていて、井上松次郎氏ほかの演じる「六地蔵」の舞台において会員の制作したさまざまな狂言面が使用され披露されていた。

舞台の明るさは、日中でも外からの採光だけでは足らぬかと思われたが、舞台自体には正先の上方と後座の上方に照明設備があり、しかもその光は十分に強くて柔らかい。こういう所にも監修者であったという観世栄夫（一九二七〜二〇〇七）の配慮が働いていたと思われる。栄夫は七世観世銕之丞の次男に生まれ、能楽師として出発しながら、ひとたびは能楽界の外に出され、現代劇の俳優となって舞台に立ち、数々のオペラや舞踊や創作劇の演出も手がけたが、幅広い演劇人としての活動のすえ、昭和五十四年（一九七九）に観世流への復帰が許される。

それから十年、その彼がこの岡崎の能楽堂の設計当初から関わっていたとするならば、鏡板の描き手としての畔柳赫の起用にも通じるような従来の能の演じられる空間とはひとあじ違う、演じ手と観客とが近々と交感し合えるようなこれまでの常識を超えた能楽堂空間の実現を冀《こいねが》いながら監修にあたっていたのではあるまいか。観世栄夫自身は「ギリシャの古代劇場で上演されたギリシャ悲劇はおもしろくなかった」と言っていて、必ずしも円形劇場という形態そのものに絶対性を認めていたわけではなかったが、わが国で最初の小型の円形劇場風の観客席を持つ、この能楽堂への期待は小さくなかったはずである。

参考文献
岡崎市観光協会広報。観世栄夫『華より幽へ―観世栄夫自伝』（白水社）

所在◉愛知県岡崎市康生町五六一―一
電話◉〇五六四―二四―二二〇四
アクセス◉中岡崎駅から徒歩十分

甲陽舞能殿

こうようぶのうでん

佐々木高仁
武田神社宮司

信玄公の古図から復元された能舞台

武田神社のご祭神である武田晴信（信玄）公は、在世中には能楽を好み、館（現在の境内地）の古図には能舞台が描かれている。当神社では、その歴史的事実を踏まえると共に、神社とは古来より地域の文化の発信源であった故を以て、県民に広く伝統文化を伝える目的も併せて薪能の上演を計画しており、数年間に渡って各地の薪能に取材に出掛け、検討を行なっていたが、難題が多く中々計画は前に進まなかった。

しかし、平成十六年の正月明けに、山梨県出身の唯一の玄人であるシテ方観世流矢来家の佐久間二郎師と出会った。早速、翌

◎能舞台外観（写真提供・武田神社）

春には境内で薪能を開催する旨、両者合意し準備が始まったが、何分にも慣れない事業であり、多方面の意見を聞きながら体制を整えて、翌平成十七年の四月二十四日に「武田の杜薪能　風の巻」として境内中庭に仮設した舞台での開催となった。演目は「羽衣」（シテ・佐久間二郎）から始まり、間に大蔵流の狂言「伯母ヶ酒」（シテ・山本則直）を入れ、「安達原」（シテ・観世喜之）という番組であったが、甲府市内では初の薪能の上演である事もあって、約九百人の観客を集め成功裏に終わった。

　この公演の成功により、かねてから望まれていた能舞台の建設の構想が実現に向かって動き出した。早速、当時の宮司であった土橋《つちはし》勝夫《かつお》の陣頭指揮のもと、計画が立案された。

境内社叢《しゃそう》が武田氏館跡として国指定の史跡に指定されているので、早急に文化庁の許可を得る事、建設費は、神社の財政からだけではなく、広く世間に浄財を仰ぐ事、翌年五月の薪能の開催までに造営する事、以上の三点を目標に、建設を地元の長田組土木に特命して大変に短いスケジュールの中、事業のスタートを切った。

募財も建設も非常に厳しい日程のなか、関係各位の粉骨砕身の努力を以て、平成十八年五月十三日に無事、関係者並びに奉賛者の参列のもと、竣功祭を斎行するに至った。

本来、能舞台は固有の名前を付けない様であるが、当神社の能舞台には、当代屈指のシテ方の名手であり、建築に関しても色々とご指導を戴いた観世喜之師から「甲陽舞能殿」の名前を戴き、土橋宮司が揮毫《きごう》した扁額《へんがく》を舞台正面に掲げた。

追って、五月の二十一日には、能「巻絹」(シテ・観世喜之)狂言「二人袴」(シテ・山本則直)能「小鍛治」(シテ・佐久間二郎)の演目を以て「第一回武田の杜薪能　林の巻」を開催し無事にこけら落しを終えた。以来、本年(平成二十八年)までに十二回の開催を重ねている。利用状況として、四月十二日の例祭斎行に併せて行なわれる、神楽や武道の奉納行事をはじめ、現代音楽やその他の芸能行事にも利用されている。

所在◉山梨県甲府市古府中町二六一
電話◉〇五五―二五二―二六〇九
アクセス◉甲府駅よりバス・タクシーなど

●コラム…

伊豆・修善寺の旅館あさばの能舞台「月桂殿」

◎能舞台遠景（撮影・小林保治）

旧大聖寺藩主・前田利鬯《としか》より東京・深川の富岡八幡宮に寄進された能舞台を明治後期に七代目浅羽保右衛門が、海路、陸路と運ばせてこの地に移築したと伝えられる。

前田利鬯と言えば、明治十三年十月、芝公園内に近代最初の能舞台（後の靖国神社舞台）を建設するために九条道家や旧金沢藩主前田斉泰らと共に奔走し、建立後もその運営資金を援助するなど、明治期の東京における能楽復興に貢献した人物。自らも能をよくした利鬯は、自邸内に能舞台を持っていて、それが富岡八幡に寄進されたものであろうか。

あさばの能舞台は楽屋・橋掛りもみな池に面していて、観客席は池の対岸の客室と濡れ縁で、あたかも対置式能楽場のような佇まいと風情である。池の中には、北海道の大沼流山温泉の彫刻公園「ストーン・クレージーの森」を監修した彫刻家の流政之（一九二三年長崎生まれ）の設計・製作になる、能舞台と同じ三間四方の白い「石舞台」がある。

約四十年前から「修善寺芸術紀行」と題して月に一度催されていると いう伝統芸能の夕べの二〇一七年の出演者は、新内仲三郎、新内剛士、荒井靖水、観世銕之丞、野村万作、野村萬斎、藤田六郎兵衛といった顔ぶれである。歩きながら歌う「新内流し」は、ここでは舟の上で行なわれる。

身曾岐神社能楽殿

みそぎじんじゃのうがくでん

増田正造
武蔵野大学名誉教授

能装束が水に映る秀抜な景観

身曾岐神社は古神道を奉ずる神社で、東京から小渕沢に移り、四万坪の神域の中心に、鯉の跳ねる池の上の能舞台を据えた。これは創健者坂田安儀宮司が、第二次大戦後、古典演劇に革新的な活動を実践した友人の武智鉄二から「能は日本芸能の根源であるから、能舞台を神社に造るように」と勧められたものという。山梨県北杜市小渕沢町上笹尾。天照太神、

◎能舞台全景

天徳地徳祚身曾岐神を祀る。

すでに三十年近くの時間を経、背後の樹木も丈高く鬱蒼として、得がたい美を呈している。神秘的な闇に包まれ、金糸・銀糸の能装束の演技が水に映る風情は、他の能舞台の追随を許さず、千数百の参加者を魅了する。水はまた能の音の反響をやわらかく増幅する効果もある。建築途中で霊水が湧き出たという。

木造檜皮《ひわだ》葺《ぶき》入母屋《いりもや》造り、すべて木曽檜と言う贅沢さであり、地謡座の後方に貴人席の別の建物を配し、「本舞台を中心に羽を広げた鳳凰のように」、右に偏りがちな能楽堂の弊を、見事なバランスにかえている。設計は榛澤敏郎。十四世喜多六平太記念能楽堂も手がけ、共に傑出した能舞台である。

鏡板の松は、国立能楽堂では週刊誌も採り上げた反対運動が起こったが、身曾岐神社は文化勲章受章の守屋多々志画伯の筆に成る。ひそやかに毅然として、演技を映えさせる。丸三日能舞台を見つめた末、「どん

上◎八ヶ岳薪能「紅葉狩」紅葉ノ舞・群鬼ノ伝、シテ・金春安明、二〇一四年八月
下◎ライトアップされた能楽殿と鏡板の松（写真提供・身曾岐神社）

な松を描いても大自然の前では霞んでしまう、松の精霊を描く、つまり天から降りてきた松を」と悟って、一気呵成に完成したものと聞く。ほかの能舞台と異なり、地に根がついていないのはそのためである。

毎年、宵宮《よいみや》の八月三日に、観世清和はじめ各流宗家、一流の能楽師による能二番、野村萬斎など狂言一番の八ヶ岳薪能が奉納されている。

神官と巫女が松明を捧げて長い渡り廊下を歩んでの「篝火点火《かがりびてんか》の儀」の演出も見事だ。土地柄の驟雨《しゅうう》に備え、防水合羽が参集者全員に配られており、観客席が白一色で埋められるのも景観となる。

身曾岐神社の能楽殿は単なる舞殿ではなく、「鎮魂の儀である神遊びが現出する空間」という古神道の精神に貫かれている。

二〇一〇年、「黒澤明生誕100年in北杜市」には映画「蜘蛛巣城」にちなむ新作能「マクベス（辰巳満次郎）」と、監督が何度も映画に扱った「田村（友枝昭世・塩津哲生）」が、この能舞台で上演された。黒澤明念願の「映画・能の美」は資金難で挫折したが、監督が能を撮るとしたら、間違いなくこの身曾岐神社能楽殿の景観が選ばれたであろう。

一九九一年の舞台開きの「羽衣」（梅若恭行）で、「落日の紅は」とシテが扇を高くかざして遠望の型を演じた時、ちょうど舞台真正面の峰に夕陽が沈んだというのは、もはや伝説化している。

所在◉山梨県北杜市小淵沢町上笹尾三四〇一
電話◉〇五五一—三六—三〇〇〇
アクセス◉小淵沢駅よりタクシーなど

中尊寺鎮守白山神社能楽殿

ちゅうそんじちんじゅはくさんじんじゃのうがくでん

小林保治

伊達慶邦の寄進、江戸末期の能舞台

岩手県西磐井郡平泉町にある世界遺産に認定された中尊寺の、白山神社境内にある屋根は入り母屋の茅葺きの野外舞台。関山中尊寺は平安末期の長治二年（一一〇五）、藤原《ふじわらの》清衡《きよひら》が前九年・後三年の戦死者を弔うために中興、建立した。現在は天台宗東北大本山。白山神社はそれより古く、仁明天皇の嘉祥三年（八五〇）、中尊寺

◎中尊寺薪能「吉野静」シテ・佐々木宗生、二〇〇五年八月

を開山した慈覚大師円仁が加賀の白山神社を勧請して鎮守白山権現としたことによるという。

その白山権現の能舞台は、嘉永二年（一八四九）に社殿とともに焼失していたが、それを第十三代仙台伊達藩主伊達慶邦《だてよしくに》（一八二五〜七四）が嘉永六年に再建、寄進した。

この年は、六月にアメリカの使節ペリーが浦賀沖に四隻の軍艦を率いて来航して開国を迫り、七月にはロシアの使節プチャーチンが同じく軍艦四隻を率いて長崎に入港して通商を求めるなど対外的な動きの慌ただしい年であった。陸奥守に任じられていた慶邦は、幕命による仙台藩の蝦夷《えぞ》地警護の守備範囲が千島列島を含む全蝦夷地の三分の一に及ぶ、藩の財政負担の莫大さに苦しみ、警護地の一部を仙台藩領に組み込むことを幕府に承諾させ、参勤交代の延期を許可させ、藩内には倹約を呼びかけている。そうした経済状況の中での能

上◎中尊寺薪能「大会」シテ・佐々木多門、二〇〇五年八月
下◎狂言「伊文字」野村万作・萬斎・石田幸雄、二〇〇五年八月

舞台の奉納であったためか、鏡板には松も描かれていなかったという。現在の鏡板の松は昭和二十二年、能画の名手として知られる松野奏風（一八九九〜一九六三）の彩筆になるもの。奏風は後に大阪の大阪能楽会館、山本能楽堂など三十余の能舞台の鏡板を手がけている。

仙台伊達藩では「能」を「乱舞」と呼んでいて、太夫家は金春流の桜井家と大蔵家、それに喜多流の小野家の三家、シテツレ家に太夫も勤める佐藤家と小池家・熊谷家とがあった。一方、中尊寺は政宗の時代からその所領となったが、中尊寺の能のシテ方の坊には歴代関山太夫の称号が許され、舞台・能道具の一切が中尊寺からの申し出によって伊達家から交付されることになっていた。その結果、古くは神事能の猿楽や同じ平泉の毛越寺にも伝わる延年の舞とともに伝承されていたと言われるが、江戸時代には喜多流の能が行なわれるようになり、仙台伊達藩の乱舞頭小野家が代々指導していた。五代目清太夫が失脚して後、慶応二年（一八六九）からは元来は小野家のツレ家で、清太夫に代わってシテ方を勤めることになった佐藤文十郎が指導に当たった。そうした次第で中尊寺には、面装束も揃い、囃子方も狂言方もいて寺内の者だけで能が演じられていた。明治時代にも引き続き行なわれていて、その番組も伝存している。

後継者が途絶えるかというほどの伝承の危機を迎えたのは昭和十年代の日中・日米戦争の時期であったという。しかしその時期にも上記佐藤家の子孫である八世佐藤章が、関山太夫で中尊寺の能の師家として演能の中心となっていた桜本坊の当主であり、かつ執事長でもあった佐々木実高（喜多流教授）の求めに応じて稽古に訪れ、それは戦後にも続いていた。中尊寺には桜本坊のほかにシテ方を勤める家（寺）が三家あり、それぞれ町の人にも謡いを教えていたが、佐藤章の稽古は桜本坊に限られていたという。

やがて、実高の長男の宗生、その子の多門が宗家で修業、実高の次男の邦世が父の後を継いで中尊寺執事長となった。現在は白山神社能舞台も修繕され、喜多宗家も参勤するなど伊達藩政以来の喜多流の演能が行なわれ、八月には恒例の中尊寺薪能が催されている。

参考文献
「宮城県史」、「仙台叢書」一二、「仙台市史」など。

所在◉岩手県西磐井郡平泉町平泉衣関二〇二
電話◉〇一九一―四六―二二一一
アクセス◉平泉駅より徒歩二五分

まほろば唐松　中世の館
唐松城　能楽殿

まほろばからまつ
ちゅうせいのやかた
からまつじょう
のうがくでん

石田　裕
能楽写真家

風や雲が共演する開放感溢れる舞台

奥羽線羽後境駅から徒歩で十五分位の所にある。古代神話、神功皇后ゆかりの歴史が伝わる唐松岳、その杉木立を背景に中世の館として、この唐松城能楽殿は平成二年にふるさと創生事業の一環で再現された。車を降り広場を少し行くと、高台に建つ城門が左手、右手に舞台が迎えてくれる。

◎能舞台全景

舞台は屋外にあり、京都の西本願寺北舞台を模している。鏡板の松は、秋田出身の画家信田金昌氏の筆によるもので、秋田市内の久城寺において、約二ヶ月を費した力作である。

舞台を囲むように見所があるが、地裏は空いている。眼下に広場や向いの山々が一望できる。手に取るように見える雲、風の強弱、月の光、あたかも雲や風も能に加わっているかのような気持ちになる場所である。

所在◉秋田県大仙市協和境唐松岳四四—二
電話◉〇一八—八九二—三五〇〇
アクセス◉羽後境駅より徒歩十五分

古典芸能伝承の館
碧水園能楽堂

こてんげいのうでんしょうのやかた
へきすいえんのうがくどう

佐々木多門
喜多流能楽師

城下町に建つ、東北屈指の本格舞台

宮城県白石市は、伊達政宗の片腕として重責を担った片倉小十郎景綱が礎を築いた城下町であり、仙台藩の防衛の要地。蔵王の雄大な姿を背に拝し、南画にあるような不忘山に抱かれている勝景の地で、豊かな伏流水が市内をめぐって白石城の濠や街の水路となり、落ち着いた古き面影を随所に残している。政宗は能楽を愛好し、片倉景綱も笛の名手であったと伝えられ、白石の人々にも藩政時代から謡の伝統が続いてきた。

碧水園能楽堂は、ふるさと創生事業を活用し、文化

◎能舞台全景

の香り高いまちづくりの拠点施設として平成元年に着工、同三年に落成、喜多宗家を招聘した柿落《こけらおと》しの記念披露能公演が行なわれた。大寄せ茶会ができ得るほどの本格的な茶室を併設しており、能楽のみならず古典芸能の伝承や、様々な文化振興活動に活用されている。

能舞台の造りは吉野産の檜・青森ヒバ等の材を用いて、西本願寺北能舞台を手本とし、鏡板の松は江戸城本丸舞台の松を復元した。見所はガラス障子戸の壁面より外光が豊かに採れ、さらにその戸を開放すると、庭園をも取り込む演能が可能となる。元市長邸跡より引き継いだ庭園は大正時代に名園に選ばれた由緒あるもので、殊にツツジは見事で有名。補助席も含め約二五〇席ほどの規模ながら、観能するに適した贅沢な素晴らしい舞台空間である。楽屋は開放的で広々とし、普段は板の間の稽古場として使用されている。

室内に常設として建てられた本格の能舞台としては東北唯一。能楽堂建設計画の機運を何度も逸している

上◎「東北」シテ・佐々木多門、二〇一七年一月
下◎見所と舞台

仙台にとっても、能楽普及の拠り所となっている。

喜多流は開園の頃より若手楽師の研鑽の場とさせていただいており、地元の方々のご協力によって、毎年の公演のみならず、皆で合宿・稽古をした事なども楽しい思い出。数寄屋造りの茶室での休憩も他所では味わえないような時間。お土産にいただく白石温麺。なにしろ美味な水。第二の故郷の感がある。

東日本大震災では白石市も甚大な被害を受け、碧水園も能舞台及び茶室に大きな損壊があった。しかしながら、碧水園能楽堂建設を着手完成に導いた川井貞一前市長や市民が中心となって、修復を推進する活動がいち早く実行され、翌年暮には復旧工事完了という復活を遂げた。

蔵王の恵みである水を庭池に引込み「白石の王」と書く「碧」の字を冠している碧水園。市民の文化の支えとなっていると共に、また市民にその伏流水のごとく力強く支えられている。現在、喜多流と観世流の二公演が定期に催される他、芸能交流や発表の場としても親しまれている。

近くには温泉や史跡景勝も多く、地域を越えた活用の期待が出来る能楽堂である。

◎杉の一枚板で作られた貴人口

所在◉宮城県白石市字寺屋敷前二五—六
電話◉〇二二四—二五—七九四九
アクセス◉白石駅より徒歩十五分

伝統芸能伝承館《でんとうげいのうでんしょうかん》
森舞台《もりぶたい》

小林保治

竹林と松林に囲まれた美しい舞台

仙台伊達藩では金春流の桜井家と喜多流の小野家とがお抱えの乱舞頭を勤めていたが、四代綱村の時代（元禄期）に金春座のツレ家であった大蔵家七代目庄左衛門経喜とその子求馬経通が召し抱えられ、元禄四年（一六九一）には綱村は経喜から「翁」の伝授を受けており、以後大蔵家も伊達家の乱舞方として活躍することになった。三代綱宗の第四子で登米伊達家の後継者となる村直も能にすぐれ、仙台伊達家の能のシテを五回も勤めている。その村直が師事したのが恐らく大蔵家の経喜であったかと推測され、それが登米藩に金春大蔵流が伝承されてきた淵源であったかと考えられる。

登米市は登米藩の城下町、明治の初期には水沢県庁が置かれた。平成八年に発行された「森舞台」（建設当時の浅野宮城県知事の命名）の「工事過程・事業概要書」によると、この能楽堂は蘇我千賀氏より登米町に寄贈された旧高橋邸と山林（合計約六千坪余）の土地

◎入口付近の外観

に、平成七年八月に着工、翌年五月に落成している。一七〇〇㎡の敷地に、床面積合計四九三㎡（舞台棟一九三㎡、見所棟二一九㎡、展示室棟八四㎡）の建物が建てられている。総事業費は二億一千九百万余円、施工には佐久田建設と及川工務店とが共同で当たった。舞台と見所とが別棟という対置式の構成だが、正面の平地の白州と一続きの脇正面には段状の観客席用のスペースが設けられている。設計は四十一歳の建築家・隈研吾氏であった。

隈氏は「能を能楽堂という形で室内に閉じこめたのは、近代の出来事である。「森舞台」は登米町の美しい森の中に能というドラマツルギーを解放しようという新しい試み」だと語っている。この能舞台でひときわ特徴的なのは、壁面いっぱいに広がる鏡板の松の構図と脇鏡板の他に類を見ない青色の群竹である。その制作に携わった当時三十七歳の日本画家・千住博氏は、こう述べている。「実際の大きな松がそこに存在するような雰囲気を醸し出せればと考えた。私が使った絵の具は全て天然の岩絵

上◎個性的な鏡板の松と脇鏡板の郡竹
下◎舞台と別棟に設計された対置式の見所

の具であった」と。松は天然緑青の緑色、若竹は天然群青の青色で描かれている。また、「この青は若さに通じる青であり、非物質的な精神性の象徴でもある。松が虚実の実であるのに対し、竹

は虚を表している」とも言っている。この二人の起用について建設当時の町長であった中澤弘氏は、「建立の翌年に建築学会賞も頂き、今もいよいよ誇りに思っている」と語る。

午後五時に始まった薪能の演目は「雷電」であった。八人の地謡の前には見台が置かれ、謡本が開かれている。後に聞けば、それは大蔵（大倉）流ではなく、喜多流の謡本であった。

昭和二十二年八月に仙台喜多会の主催により宮城学院講堂に設けられた仮設舞台で、喜多流宗家一行（喜多実、喜多長世、後藤得三）の戦後最初の三番立ての能の公演が催され、昭和二十五年九月には、観世・宝生・喜多三流の会員による仙台能楽協会が発足した。昭和二十六年には観世宗家、二十七年には宝生宗家、二十八年には喜多宗家、翌年は宝生、観世、喜多の宗家、三十一年は宝生、喜多の宗家、三十二年には観世、喜多の宗家が来仙したが、金春・金剛流宗家の演能は全くなかった。殊に昭和二十六年十月に孝勝寺で催された、政宗に仕えた伊達藩お抱えの金春流能楽師・桜井八右衛門安澄の建碑・追善の会においても宝生・観世・喜多流の所演のみで金春関係者の出演がなかったことは、仙台伊達藩の金春流諸家と仙台市ひいては伊達登米藩の登米町との断絶を充分に伺わせるものであった。一方、前記中澤氏によれば、昭和二十二年頃から、喜多流職分の福岡周斎氏が春秋の二回、謡の稽古に登米を訪れるようになっていたとのこと。近年は同じく喜多流の佐々木宗生・多門氏が稽古に見えているという。それは薪能の「雷電」が喜多流の謡本で演じられていたことと繋がる。登米謡曲会（会員四十名）の会長である太郎丸晃氏の「いつの頃からか、謡は喜多流ということになっていた」という証言は貴重で、登米伊達藩に伝えられていたという大蔵流（大倉流）は、謡は喜多流に変わり、型の演技のみが伝存されているというのが現状のようである。

参考文献

「仙台市史」「宮城県史」、「登米町伝統芸能伝承館「森舞台」」、「平成二十八年九月十七日・登米秋まつり・登米薪能パンフレット」

所在◉岩手県西磐井郡平泉町平泉衣関二〇二
電話◉〇一九一—四六—二三一一
アクセス◉仙台駅から高速バスなど

黒川春日神社能舞台

くろかわかすがじんじゃのうぶたい

奥山けい子
東京成徳大学非常勤講師

黒川に根付く、貴重な「能」文化

山形県鶴岡市黒川にある春日神社の社殿は、黒川能の舞台である。神社での演能は二月「王祇祭」のほか三月「祈念祭」、五月「例大祭」、十一月「新嘗祭」に行なわれ、二月に黒川蝋燭

能が実行委員会によって主催される。また能太夫の代替わりのため、相手の座の太夫から翁を伝授される「山籠り」も、神社に七日間籠って行なわれる。

春日神社は大同二年（八〇七）の創建とされ、慶長七年（一六〇二）に大名・最上義光が領知し、十年後、五十六石余りの社領として寄進した。黒川の能座はその年までたどれる。神社の社殿は慶長十四年（一六〇九）に建立された。その後、庄内藩・酒井家の援助を受けてきた。

◎春日神社能舞台。「難波」上座、二〇〇七年二月

◎春日神社への参道、二〇〇九年二月（撮影・小林保治）

十八世紀に改築のため、黒川村は鶴岡と酒田で開帳能を興行し、さらに村人たちが米や銭を寄付して資金を調達し、元文四年（一七三九）に竣工して今に至る。ただし修理は行なわれてきた。昭和三十五年（一九六〇）の改築では内陣、それに続く廊下と祝詞舎が拡張され、参列所（見所）のござ敷きが板間になった。

庄内地方の由緒ある神社の長床（拝殿）は三部屋に分かれ、左右の二部屋は宮座の人々の集まりに使われ、中央の一部屋は拝礼の場となっている。黒川の春日神社の長床は、中央の部屋が能舞台となり、左右の部屋は一段低く作られていて上座と下座の人々の見所となり、それぞれ脇に橋掛りがある。橋掛りの外側に炉のある区画があり、そこが楽屋である。そのため、役者が楽屋から橋掛りを経て舞台に入るとき、上座は内陣に向かって右、下座は向かって左から

入る。それで下座は笛、小鼓、大鼓、太鼓の並び順やワキの座る位置が、通常と逆になる。

この能舞台は正面が三間だが、横板（後座）がなく橋掛りが直結するので、動きに使える空間の奥行きは三間よりも狭い。柱や幕も独得である。正面先中央の柱は法印柱と呼ばれ、春日神社の別当寺・法光院の僧の座であったことがしのばれる。また背後中央の柱は王祇柱と呼ばれて王祇様――王祇祭のご神体――を立てかける。鏡板はない。また幕の六つ目結い紋は、出羽の大名・武藤氏の紋である。歴代の役者たちの肖像が上方に掛かる。二月二日の能では、当屋を約束された「めぐりのおとな衆」の籠提灯が舞台を取り囲む。

舞台上方の棚や梁は、両座の若者の勝負の焦点となる。棚に王祇様を載せる「棚上がりじんじょ」、梁に掛けた大きな餅を落とす「餅切り」などである。神前は盃事の場である。神社の鳥居から続く石段は、王祇様が神社に戻って王祇柱に立つまでの競走「朝じんじょ」の場となる。

能舞台での演技は内陣を正面とする。大正八年（一九一九）生まれの役者・清和政右ェ門は「二月一日の朝早く能舞台のあるお宮の鳥居くぐって石段を上がる時の気分は、ほかでは絶対に経験できないし、口では言えないものがある。春日神社だけの気分だと思う。舞台で舞う時は、神様が自分についてくれるような気がする。また、正面の神様からじっと目をつけられているような気がする。師匠からは、正面の神様をみつめて舞えといつも言われてきた」と語った。

演者は正面の神様を見つめ、家族や知人が観客となる。遠来の客もいる。神社の隣に黒川能伝習館、道を隔てて王祇会館が並ぶ。庄内平野の一角にあり、鳥海山、羽黒山、月山を望む黒川で、春日神社の能舞台は地域の信仰に沿った建築構造を保ち、人びとによって維持されて、演能を支える。

参考文献
桜井昭男編著「黒川村春日神社文書」
桜井昭男「黒川能と興行」
佐藤玄祐「歯がみして生きて―聞き書き・昭和の櫛引の人びと」
戸川安章「櫛引町史―黒川能史編」
戸川安章「修験道と民俗宗教」
横道萬里雄監修「黒川能」など

所在◉山形県鶴岡市黒川字宮ノ下二九一
アクセス◉鶴岡駅よりバス・タクシーなど

喜多流大島能楽堂《きたりゅうおおしまのうがくどう》

大島衣恵
喜多流能楽師

福山藩士の子孫一家の営む個人舞台

広島県福山市光南町、住宅街の一角にある喜多流大島家の能楽堂である。

一九一四年（大正三）に大島寿太郎が建てた福山市新馬場（現・福山市霞町）の大島能舞台を前身に持つ。一九四五年（昭和二十）福山空襲で同舞台は焼失したが、戦後まもない一九四八年（昭和二十三）に大島久見が舞台を再建し、一九七一年（昭和四十六）に現在の能楽堂を新たに建設した。三階建てのビルの中にある能舞台は当時としては珍しく、舞台抜きは十五世喜多実師・後藤得三師など宗家一行の来演を得て三日間盛大に行なっている。一九五八年（昭和

◎舞台全景（撮影・池上嘉治）

三十三）から始めた定期公演は年に四、五回のペースで続いており、二〇一六年末には二五〇回を迎える。

福山市は江戸時代初期からの城下町で、当時から能が盛んであった。初代藩主水野勝成は徳川家康の従弟にあたり、能は喜多流を嗜み特に「八島」を好んで舞ったといわれる。また現在のJR福山駅北側に残る福山城築城の折は伏見城から多くを譲り受けたとされ、その中に豊臣秀吉ゆかりの組立式能舞台があった。福山城内で使用されていたが三代藩主水野勝貞の時代に岡市鞆町の沼名前神社に寄進され、現在国指定重要文化財の指定をうけている。

喜多流大島家は福山藩士だった大島七太郎が明治維新後、師匠の羽田平之助・紋右衛門の後を継ぎ、明治二十七年より十四世喜多六平太に師事。能楽大島家初代として備後一円の能楽普及に尽くした。二代目大島寿太郎は大正三年、福山市内に能舞台を建て度々演能するなど、地元の能楽発展に力を注ぎ、

右◎鏡板
左◎「木賊」シテ・大島政允、二〇一三年十二月（撮影・池上嘉治）

大正六年には新作能「鞆浦」を創作、演能している。

三代目大島久見は空襲により焦土と化した故郷で能楽復興を果たすべく、戦後すぐに活動を再開、昭和二十三年には能舞台を再建した。また、能楽師も見所の方々も共に能を学ぶ場であるとの思いから「能楽教室」と銘打った定期公演を昭和三十三年から開始。そして昭和四十六年、現在の「喜多流大島能楽堂」を建設した。

鉄筋コンクリート造りのビルで、一階は改修を重ね能楽堂玄関、ロビーと展示サロン室「樫木端《かしのきばな》」、フリースペース「伝」を併設し能装束や関係書籍、写真などの展示を行なう。また子ども達や初心者向けの能楽講座など開催し、能楽に親しんで頂く場として活用している。能舞台は二階にあり、見所は椅子席で補助椅子を含め約三八〇席である。こじんまりと手狭でもあるが、来場者の方からは「アットホームで良い大きさ」との評価も頂く。

現在は四代目の父・政允を中心として東京を拠点に活動している弟・輝久一家と私、経営面は母と二人の妹たちも含め家族総出で当たっている。年四回の定期公演の他、地元を題材にした新作

能の創作演能、社中発表会、能楽講座の開催など行ない、地方都市「福山」へ全国各地、また世界各国からも足を運んで頂ける能楽堂を目指して能楽普及に努めている。

所在◉広島県福山市光南町二—二—二
電話◉〇八四—九二三—二六三三
アクセス◉福山駅からバス・タクシーなど

嚴島神社能舞台《いつくしまじんじゃのうぶたい》

出雲康雅
喜多流能楽師

海中に建つ毛利元就ゆかりの舞台

嚴島は広島湾の西南にあり、大野瀬戸で本土と隔てられた周囲約三〇キロの島である。島の西北に今年（二〇一六）世界遺産認定二十周年を迎えた嚴島神社がある。

嚴島神社は周辺の島嶼部の住民は、太古より原始林に覆われた弥山を主峰とする、この島の山容に霊気を感じ、島そのものを神体として信仰してきた。

◎能舞台全景

最初の社殿は推古天皇即位元年（五九三）に、土地の豪族佐伯鞍職《さえきのくらもと》により現在の地に創建されたと伝えられている。その後久安二年（一一四六）、二十九歳で安芸の守となった平清盛により、仁安三年（一一六八）に寝殿造りを模した社殿が海中に造営された。

能舞台の建立は判然としないが、現在の能舞台の場所で演能されたと思われる記録に、永禄十一年（一五六八）に、八世観世大夫が下向した際、初めて江の中に舞台を張らせて九番の演能があり、後刻棚守房顕《たなもりふさあき》の屋敷で同じく舞台を張らせて十一番が演じられたことが『房顕記』に見える。それより以前は高舞台（舞楽用舞台）で舞われていたようである。

この江の中の舞台こそ今の舞台の前身であろう。そして「舞台を張らせて」という言葉から考えると仮説の建物であったと思われるこの舞台を、毛利元就が陶晴賢《すえはるかた》と戦った嚴島合戦の戦勝記念に、元就が神社に寄進したのではなかったか。

また慶安の記録にはすでに「能舞台」と誌されているところから推して、その頃には仮説ではない本舞台が出来ていたことは間違いがないと思われる。その後慶長十五年（一六一〇）十一月、広島藩主浅野綱長によって「能舞台・橋掛・楽屋」が造立されたことが、『大願寺文書』の「棟札下書」にある。大きな特色としては、能舞台・橋掛り・楽屋が海中に建てられてあること、脇座・地謡座・後座までつながっているため、貴人戸を欠き、笛柱を独立させている。さらに白州梯子《しらすはしご》がなく、その代わりに廻廊から舞台正先へ向かって飛び石が十五個置かれている。鏡板および橋掛り、羽目板の取り外しが利くことは、社殿殊に廻廊の一部が海上からの眺めを妨げるのを避けるためである。演能の際には切り戸口までの通路が作られる。他に床の構造や彫刻等の珍しい造作もあるが、ここでは触れない。

明治維新となって行政も大きく変わり、明治六年（一八七三）より演能は再興されたが、明治四十四年（一九一一）より以降、祭典は新暦で行なわれるようになった。春の大祭は「桃花祭」と呼ばれ、四月十五日の午後五時より催行されるが、十六日から三日間は桃花祭御神能という名称で、初日・二日目は翁付きで各五番が演じられる。現在も四月十六・十七・十八の三日間、神社所有の面・装束を使用して催され、秋には満潮に合わせて、友枝昭世観月能が催されている。なお平成五年五月に予定されていた御鎮座千四百年奉祝能は、平成三年九月の台風による舞台・橋掛り・楽屋の倒壊の影響で、一年遅れの平成六年十月に催された。

上◎「翁」翁・出雲康雅、二〇一〇年四月
下◎舞台裏から弥山の方を望む

所在◉広島県廿日市市宮島町一―一
電話◉〇八二九―四四―二〇二〇
アクセス◉宮島桟橋から徒歩二十分

アステールプラザ能舞台

粟谷明生
喜多流能楽師

収納可能な珍しい移動式能舞台

広島県広島市中区加古町にあるアステールプラザは、文化活動を目的に建てられた複合施設で、二階中ホールには移動式の能舞台、「アステールプラザ能舞台」がある。本舞台は正規の三間四方の広さがあり、天井には『道成寺』のみに使用する鐘をつり上げるための滑車もある本格的な能舞台である。

観世流の山中雷三（山中義滋）氏がはじめて勤められた際、鐘を落としたあと能舞台が一時移動出来なくなったエピソードがあるが、今は改善さ

れている。

橋掛りは、長さも横幅も演能には充分な広さがあり、特に後座は広く、囃子方の後ろに後見、その後ろに二列の地謡が並ぶ「翁」でも充分に余裕を持って座れるのは演者には助かる広さだ。

音響もよく、演者には楽に謡える、笛や小鼓などの囃子方の道具の音色も見所によく聞こえるすばらしい環境である。

ただ敷板は、天然木化粧合板スプルースを使用しているためか、独特の木目の流れがあり、演者の運び（摺り足）に少し不自然さを感じるのは、正直なところだ。

近年の能楽堂と同様に脇正面が設置されているが、通常中正面と呼ばれる斜めから見る場所はないため、舞台に対して左側の席の観客は終始右を見ての鑑賞となるのは、長時間となると辛い、とはお客様からの声だが、これは改善は無理だろう。

◎能舞台全景

◎「賀茂」シテ・粟谷明生、一九九九年二月

平成三年より「ひろしま平和能楽祭」が、ひろしん文化財団によりはじまり、今に続いている。

私も平成四年より十年間、年二回、「花の会」(同人・粟谷能夫、出雲康雅、大村定、粟谷明生、中村邦生、長島茂)にて演能公演をさせていただいたが、芸どころ広島に能楽堂がなかった頃は見真講堂などで公演をしていた昔に比べ、本格的な能舞台が出来たことは、広島や近郊の能楽愛好家にはとても嬉しく重宝している。

所在◉広島県広島市中区加古町四―一七
電話◉〇八二―二四四―八〇〇〇
アクセス◉舟入町駅より徒歩五分

◉コラム…能舞台の模型

【早稲田大学演劇博物館所蔵万延元年再建江戸城本丸能舞台模型】

江戸末期の万延元年（一八六〇）に再建された江戸城本丸あったという能舞台を、おそらくその図面に基づいて正確に縮尺模型化したものと思われる。製作者は、万場米吉《まんばよねきち》氏。寸法は縦九〇cm、横一〇一cm、高さ五九・五cmだが、縮尺の数値は不明である。この江戸城本丸表舞台については、平面図も伝えられていて、後の能楽堂建設の主たる公型（規範）となった。舞台上には、笛・小鼓・大鼓・太鼓の囃子方や地謡、ワキ方とワキツレ、橋掛りに姥と翁のように見える二人の人物がいる。言われているようにこれは「高砂」の前場であろう。万場米吉は、明治十二年に結成された、玩具の蒐集《しゅうしゅう》の同好会である「竹馬会」の同人であった。会長は運送業の清水晴風、メンバーは竹内久遠、蘭医の林若樹、大槻如電（『言海』を編纂した大槻文彦の祖父）、都々逸坊扇歌、談州楼燕枝、後には巌谷小波、蘭医の坪井正五郎、内田魯庵等々も加わった。この玩具愛好趣味が、米吉をミニチュア模型の製作に駆り立てたようで、演劇博物館には、彼の手になる昭和天皇即位時に使用されたという舞楽舞台の模型（縮尺二十分の一）も展示されている。

野田神社能楽堂

のだじんじゃのうがくどう

小林責
武蔵野大学名誉教授

浄財で再生した中国地方屈指の本格舞台

明治時代後期に書写された『神事能由来記』によれば、幕末・明治期の毛利家当主であった敬親と元徳を祭神とする野田神社に初めて能舞台が建てられたのは、明治十四年のことであった。その後明治十九年（一八八六）三月に明治維新直後から現在地に鎮座していた毛利元就を祀る豊栄神社とともに野田神社が造営されることになった際に既存の能楽堂も改築されたようだ。当時の記録には、「能楽堂　拾七坪五合」とあって、本舞台・地謡座・後座を一括した能舞台本体部分は完備していたらしいが、橋掛り・鏡の間・楽屋と思われる付帯部分の坪数は

◎「道成寺」シテ・本田光洋、一九九六年七月（写真提供・本田光洋）

すこぶる矮小で不備であったと想像される。場所は現在の一の鳥居の向かって左前方で、いま市道になっているあたりだったようである。

　そのまま五十年が経過する。昭和十一年に摂社に祀られていた毛利元徳の野田神社配祀と王政復古七十年を記念して、新参道造修に伴い、能舞台が移転する。そのとき設計を担当した小林設計事務所の「野田神社能舞台并附属家改築工事仕様書」は、このように「改築」と称しているが、利用できたのは本体部分だけで、実際は新築に近かったのではないだろうか。現在の鏡板の松も、防府住の画家・植木《うえき》華城《かじょう》の揮毫《きごう》で装飾的かつ力強い佳作であるが、この際に描かれたものである。同じく小林建築事務所の出した予算書によれば、工費は二万五六七〇円四五銭であり、この費用は公爵毛利家の寄付によっ

上◎同前
下◎舞台下に設置された瓶（写真提供・いずれも本田光洋）

ている。工期は地鎮祭が九月二十日で、柿落《こけらおと》しが臨時大祭の行なわれた十二月八、九両日であった。

場所は当時の神苑の西南隅だった。ほどなく昭和十四年には日中戦争長期化の非常事態により能舞台は閉鎖、第二次世界大戦後に閉鎖は解かれたが、山口における能楽の衰微により、ほとんど使用されることがなくなってしまった。そのうえ、昭和四十三年には山口市都市計画事業により市道が境内を分断し、社殿から遠い神苑や参道は野田学園中学・高等学校の運動場に割譲《かつじょう》され、能舞台は運動場の一角に孤立した恰好になってしまった。私も、鷺流とのかかわりで昭和四十八年から山口市を訪ねているので、当時の能舞台の様子は知っているが、使われるのも稀に催される山口鷺流狂言保存会の折くらいのもので、荒れるにまかせられ、まことに痛ましい状態であった。

ようやく平成二年度の山口市教育委員会による能舞台の調査があり、翌年四月に「市指定有形文化財」の指定を受けたことが転機となり、「野田神社能楽堂移設事業奉賛会」が設立された。「一括引移転工法」が採用され、自重およそ一五〇トンと推定される能楽堂の土台下部を四十個のジャッキで持ち上げ、約三〇〇本の鉄管のコロを敷設、二基のウインチで巻き上げつつ移動するという難工事で、平坦地で一日に一〇m、傾斜地は三、四mという移動速度であったが、平成三年五月八日に着工、十月十五日に完了した。敬服したいのは、これに要した総事業費七二三三万九九九〇円が、野田神社の宮司真庭宗雄氏以下の方々の尽力により山口県内外から寄せられた浄財でまかなわれたということである。こうして野田神社の能楽堂は再生した。寸法を記すと、本舞台は五・七二六m四方、地謡座は幅一・二五七m、後座は奥行三・二m、橋掛りは長さ一〇・九一m、幅二・六八五m、舞台との角度は一一三度。橋掛りが長く角度が深いのが特色で、まさに中国地方でも屈指の本格的能舞台ということができる。

参考文献

野田神社『野田神社能楽堂移設修理工事報告書』平成七年三月

所在◉山口県山口市天花一―一―二
電話◉〇八三―九二二―〇六六六
アクセス◉上山口駅から徒歩十分

高知県立美術館能舞台

こうちけんりつびじゅつかんのうぶたい

福島 尚
高知大学教授

長宗我部・山内氏に繋がる土佐の舞台

高知県高知市高須の高知県立美術館にある多目的ホール型の能楽堂である。

土佐において能楽は、『長宗我部《ちょうそかべ》地検帳《ちけんちょう》』の「猿楽テン」「サルカクヤシキ」などの記載や『元親記』の長宗我部信親の太鼓・謡《うたい》・笛・鼓の師匠名についての記述から戦国末期の長宗我部氏の時代に上演されていたことがわかる。江戸時代における能の武家の式楽化に伴い、山内藩政期には、土佐藩は能役者を召し抱えた。

◎狂言「蝸牛」野村万蔵、小笠原匡、二〇〇六年七月

その内、シテ方は喜多流の戸部家と堀池家とが並立して幕末・維新に至っている。元禄期までの演能はほとんどお抱え役者によるものだが、享保頃になると藩主やその一門も、また宝暦・明和期からは一般藩士も演能するようになり、天保期以降は、他藩邸での上演や家元喜多六平太との競演も行われた。十二代藩主豊資・十五代藩主豊信（容堂）は喜多流の曲の伝授を受けるなど稽古熱心であった。明治維新によってその大きな後ろ盾であった幕藩体制が瓦解したことで、能楽は存立の危機を迎えたが、明治二十年代に至って旧藩士や豪商による催能が演者をも兼ねて行なわれるようになった。明治・大正期には喜多流の演能者が活躍、中でも旧藩お抱えの戸部家の一族である戸部厚敬が南与力町に拠点を置いた戸部回雪台グループの活躍はめざましく高知能楽界の基となった。一方、金子橋の称名寺に本拠を置いた観世倶楽部や小高坂の松髯堂での謡の会などで、観世流も盛んになっていった。しかし、明治四十年代になると謡の全県にわたる隆盛にもかかわらず能は殆ど催されなくなった。

昭和二十年の高知大空襲によって市内のほとんどの舞台や稽古場の焼失して以後、能楽・謡の発表の場は、和風ホテル・由緒ある寺院・公的施設などであったが、昭和六十三年（一九八八）に

◎「船弁慶」シテ・香川靖嗣、二〇〇八年

県立美術館の建設計画が発表されるや、高知の能楽界は県への能楽堂設置の働きかけを開始、高知能楽堂建設期成会を設立（同年九月二十八日）し、平成元年二月から署名運動・募金活動を展開した。その結果、待望の能楽堂が完成し平成五年十一月二日の開館式「式典能楽」の日を迎え、落成記念として、同月二十五日には観世流祝賀能が、十二月五日には喜多流祝賀能が挙行された。平成六年四月二日に高知能楽堂建設期成会は高知県能楽協会へと発展的に解消、うち六会派によって高知能楽会も組織された。以降、本能楽堂を拠点に、各種演能・謡の会が開催されているが、現在、次世代へ向けての伝統の継承が重要な課題となっているということである。

能舞台は電動格納式、高知県魚梁瀬産大径木の優良檜材を使用、床板は無節《むふし》・柾目《まさめ》、四本柱は集成厚貼り。客席四六五席。株式会社絹川工務店施工、最終仕上げは須崎市の高橋和生棟梁が担当。平成五年（一九九三）三月完成。

参考文献

高知県能楽協会『高知県能楽協会のあゆみ　創立二十周年記念』（平成二十七年）

所在◉高知県高知市高須三五三—二
電話◉〇八八—八六六—八〇〇〇
アクセス◉県立美術館通より徒歩五分

◉コラム…

能舞台の模型【金沢能楽美術館の模型】

◎金沢能楽美術館に展示されている模型（撮影・小林保治）

佐野玄宜氏によれば、加賀藩の御手役者であった諸橋権之進（相馬勝之）の芸を継承した佐野吉之助が明治三十三年に佐野舞台を完成させた翌年、金沢能楽会が設立された。それから一〇〇年、平成十三年に、一一〇〇回に及ぶ定例能の歴史を持つ金沢能楽会が百周年記念事業の一環として、平成十八年十月に開館したのが金沢能楽美術館であるという。

そこに展示されている能楽堂の模型は、昭和七年一月に竣工した旧金沢能楽堂をモデルにしていると言われている。旧金沢能楽堂は昭和四十七年四月に石川県立能楽文化会館の中に移設された。

別掲早稲田大学演劇博物館の模型が能舞台のみのものであるのに対して、平成十八年に制作されたと思われるこの模型は、見所を含むいわゆる能楽堂の全容が見られる模型で、見所も舞台に近接する座敷席とその後方を取り囲むようにして設けられている局席《つぼねせき》の様子も伺われて珍しい。

現在残されている旧金沢能楽堂の写真にはこの「局席（部屋席）」が写っているものはなく、おそらくこの復元は昔を知る古老の助言に基づいてなされたものとみるべきであろう。舞台に近い、いわゆる「枡席」の後方にそれを取り巻くようにある局席のある構造は京都・丸太町にあった旧京都観世能楽堂のつくりとも一致していることから、戦前の能舞台に共通した形態を伝えているものとみておきたい。

大濠公園能楽堂《おおほりこうえんのうがくどう》

表きよし

九州の能楽の発展を支え続ける拠点

福岡市中央区大濠公園にある福岡県立の能楽堂。福岡の能楽の催しは博多区にある住吉神社能楽殿を中心に行なわれていたが、この能楽殿は昭和十三年に建築されて戦火をくぐり抜けた木造建築のため老朽化が目立つようになり、公立の能楽堂を望む声が高まった。福岡在住の能楽師や能楽愛好者が県に陳情を繰り返した結果、県も能楽堂建設へと動き出し、大濠公園北側の国道二〇二号線に近い交通至便な場所が建設地に定められた。昭和五十九年十月に工事が始まり、昭和六十一年三月末に竣工、石川県立能楽堂・国立能楽堂に次ぐ全国で三番目の公立能楽堂としてオープンした。

設計は国立能楽堂と同じく大江宏氏で、延床面積は二六一六・六㎡。見所は正面一八九席、中正面一七三席、脇正面一〇八席で、

◎橋掛り

それぞれの後ろに一二〇人分の桟敷席があるため、収容人数は五九〇人である。ゆったりとした空間が確保されており、落ち着いて能楽の世界に浸ることのできる環境である。見所の外側には広縁や歩廊、広間が配置されており、歩廊では能楽に関する小規模な展示が行なわれている。広縁や歩廊の窓からは大濠公園の広大な池が望めるので、観能の前や休憩時間にはゆったりした時間を過ごすことができる。

観世流・宝生流・喜多流などの役者による公演が行なわれており、平成二十八年を例に挙げると三十ほどの公演があった。その中には狂言の会も多く含まれている。新たな観客を発掘しようとする意欲的な催しもあり、八月一日には能楽を鑑賞した後に能楽堂の庭から西日本大濠花火大会を見物する「能と花火を楽しもう」という催しが行なわれており、これは十年以上も続けられている。

また大濠公園能楽堂では結婚式を挙げることができる。舞台上で誓いのことば・三々九度・指輪交換などを行なうが、三々九度の際には謡があり、指輪交換後には仕舞または舞囃子が祝舞とし

◎「石橋」シテ・粟谷幸雄、ツレ・粟谷充雄

て演じられる。一般の結婚式場とは違った雰囲気の中で式を挙げられるので、思い出に残る結婚式となるであろう。

能楽堂の中庭には梅津只円（一八一七〜一九一〇）の小さな像が置かれている。梅津只円は十二世喜多六平太能静について修行した喜多流の能楽師で、江戸時代には福岡藩黒田家お抱えの能役者として活動し、明治二年、黒田長知について上京、頼まれて十四世喜多六平太能心の指導に当たり、位の重い曲をいろいろ伝授したことが知られている。

時代にも九州能楽界を支えるとともに喜多流の発展に貢献した。福岡藩は能楽に熱心な藩だったが、その流れが今もしっかりと受け継がれている様子を、只円は満足げに見守っていることだろう。

所在◉福岡県福岡市中央区大濠公園一―五
電話◉〇九二―七四一―二〇〇四
アクセス◉唐人町駅から徒歩六分

あとがき

本書は二部から成ります。第一部は能楽堂・能舞台自体についての探究、第二部は我が国に現存する主要な能楽堂・能舞台の記録集となっております。第二部については各能楽堂・能舞台の解説の執筆にあたって関係者の方々に格別なご協力をたまわりました。またその写真については石田裕氏の献身的な奮闘をいただきました。加えて、前島吉裕氏や今駒清則氏をはじめとする各地で活躍している能楽写真家諸氏のご協力が忘れられません。さらに舞台を引き立てる演能中の写真の掲載をご同意下された能楽師の方々に、この場を借りてあつく御礼を申し上げます。

本書は当初、昨春の刊行の予定でありましたが、銀座に開館する観世能楽堂の収録について観世宗家と宗家事務所にご協力いただけるとのことから、それを待つことになり、それを機に東北地方や中国地方さらには四国・九州地方の舞台についてのテコ入れを致しました。佐渡の舞台に関しては池田哲夫氏に全面的な取り組みをお願いすることができました。第一部についても、今駒清則氏のご教示によって松野奏風・秀世家のご親族の方々との連絡がとれ、鏡板の松にまつわる両氏の記録をまとめて取り上げる運びになりました。

本書の企画については、勉誠出版の池嶋洋次会長、岡田林太郎社長にご賛同をたまわり、編集は松澤耕一郎、武内可夏子の両氏にご担当いただきました。デザイナーでもある松澤氏の掲載写真とそのレイアウトについての特段の取り組みと合わせて、深く感謝を申し上げます。

二〇一七年十一月

小林保治
表　きよし

協力者一覧

［掲載順］

執筆者・執筆協力者

奥冨利幸　大江新　松野秀世　松野奏風　長谷川三香　観世清和　野村四郎
松田存　宝生和英　塩津哲生　観世銕之丞　観世喜正　三上紀史　梅若万三郎
浅見真高　セルリアンタワー能楽堂　中村雅之　北條秀衛　中森貫太　鍋嶋敏夫
石黒吉次郎　青木道喜　金剛永謹　大江又三郎　味方健　河村晴道　天野文雄
金春安明　大西智久　大槻文藏　山本章弘　澤木政輝　大山範子　中西薫
児玉信　佐野由於　池田哲夫　高見輝宏　林和利　柳沢新治　佐々木高仁
増田正造　佐々木多門　奥山けい子　大島衣恵　出雲康雅　粟谷明生　小林責
福島尚

演能写真協力者

観世清和　観世三郎太　野村四郎　観世元昭　浜野金峰　福島幸夫　松田存
加藤眞悟　宝生英照　和久荘太郎　宝生和英　香川靖嗣　梅若玄祥　梅若万三郎
角当行雄　角当直隆　本田芳樹　片山博太郎　金剛巖　茂山千作　金剛永謹

金剛龍謹　高林昌司　金春康之　友枝昭世　宝生閑　大槻文藏　山本章弘
大西智久　味方梓　味方玄　佐野由於　本間英孝　塩津哲生　長田驍
藤田六郎兵衛　野村又三郎　山中雅志　金春安明　佐々木宗生　佐々木多門　野村万作
野村萬斎　石田幸雄　大島政允　出雲康雅　粟谷明生　本田光洋　野村万蔵
小笠原匡　粟谷幸雄　粟谷充雄

◇写真提供者・協力者

早稲田大学図書館　観世文庫　法政大学鴻山文庫　都立中央図書館特別文庫
野上記念法政大学能楽研究所　奏風・秀世記念松野藝文館　今駒清則　梨ノ木神社　観世宗家
前島吉裕　前島久男　亀田邦平　大江新　鎌倉能舞台　金剛能楽堂　山本能楽堂
辻井清一郎　シュペネマン・クラウス　株式会社ウルム空環意匠　金の星・渡辺写真場
佐野由於　金沢能楽会　佐野玄宜　池田哲夫　杉浦賢次　豊田市能楽堂　武田神社
身曾岐神社　池上嘉治　早稲田大学演劇博物館　本田光洋　金沢能楽美術館

[編集]
小林保治（こばやし・やすはる）
1938年生まれ。早稲田大学名誉教授、博士（文学）。喜多流謡教士。日本中世文学専攻(特に説話文学、仏教文学)。主著に『説話集の方法』(笠間書院)、『中世文化の発想』(勉誠出版)。編著に『能・狂言図典』(小学館)、『能楽ハンドブック』（三省堂)、『謡曲画誌』『能・五十番』（いずれも勉誠出版)、『超訳　方丈記を読む』(新人物往来社)などがある。

表きよし（おもて・きよし）
1958年生まれ。国士舘大学・21世紀アジア学部教授。能楽研究（特に能楽史研究）専攻。主著・主要論文に『中世文学研究』（共著、双文社出版)、「壇の浦合戦を素材とする能」（中世文学31)、「江戸時代の長崎の能楽」（能楽研究25)、「長府藩の能楽」（能楽研究28）などがある。

[写真監修]
石田裕（いしだ・ゆたか）
1949年生まれ。能楽写真家。能楽写真家協会会員。「能楽写真家協会　能楽写真展（2017年)」など、出展多数。

カラー百科　見る・知る・読む
能舞台の世界（のうぶたい の せかい）
2018年3月30日発行

編者 ―――― 小林保治・表きよし
写真監修者 ―― 石田裕
発行者 ―――― 池嶋洋次
発行所 ―――― 勉誠出版㈱

〒101-0051 東京都千代田区神田神保町3-10-2
電話 (03)5215-9021　FAX(03)5215-9025
出版詳細情報 = http://www.bensei.jp

印刷・製本 ―― ㈱太平印刷社

ISBN978-4-585-27041-6　C0574

能面を科学する
世界の仮面と演劇

木彫りの面が、なぜかくも多彩な表情を見せるのか――能面の表情を科学的に追求。材質研究、放射光X線などの技術を駆使、能面の内側まで見つめる画期的成果。

神戸女子大学古典芸能研究センター 編・本体四二〇〇円（+税）

狂言六義全注

狂言の歴史として、また室町時代から江戸時代初期にかけての口語の資料としてきわめて重要な天理図書館蔵『狂言六義』。同書を読みやすく翻字、詳注を施した。

北原保雄・小林賢次 著・本体一九四一七円（+税）

訓蒙図彙
江戸のイラスト辞典

江戸時代に作られたわが国最初の絵入り百科辞典、解説もあらたに復刊！　約八千の語彙と約千五百点の図を収録、日本語・日本文学、風俗史、博物学史の有力資料。

小林祥次郎 編・本体一五〇〇〇円（+税）

前田育徳会尊経閣文庫所蔵
七十一番職人歌合

諸種多様な職人の風俗を絵画と和歌で描き出し、中世日本の人々の営みを伝える最善本を全編フルカラーで紹介。当時の歴史・文化・技術・風俗研究における貴重資料。

前田育徳会尊経閣文庫 編・本体二五〇〇〇円（+税）

中世文学の回廊

説話・軍記・演劇・和歌など多様な文学ジャンルが華々しく栄えた中世文学。最新の研究成果を織り込みながら、中世文学の魅力をわかりやすく紹介する。

小林保治 監修・本体三五〇〇円（＋税）

中世文化の発想

中世に盛行した文学のさまざまな表現方法を追究。文学から見えてくる日本の中世的世界の手法を明らかにするとともに、今後の中世文学研究への新しい視点を提示。

小林保治 著・本体一六〇〇〇円（＋税）

フルカラー◉見る・知る・読む

源氏物語

絵巻・豆本・絵入本などの貴重な資料から見る『源氏物語』の多彩な世界。物語の構成・概要・あらすじ・登場人物系図なども充実。この一冊で『源氏物語』が分かる！

中野幸一 著・本体二二〇〇円（＋税）

カラー図説

勅撰和歌集入門

和歌文学理解の基礎

当時の人々の美意識や恋愛感を映し出す勅撰和歌集を歴史的背景や作者の心情など多角的な側面から、和歌文学研究の第一人者が判りやすく解説。

有吉保 著・本体三二〇〇円（＋税）